山石系列 | 采办机构

美国国防采办相关组织机构研究

Research on Organizations related with Defense Acquisition in the United States

赵超阳 李宇华 王 磊 谢冰峰 等编著

国防工业出版社

·北京·

内 容 简 介

国防采办组织机构是国防采办工作体制的核心，是理解美国国防采办的基本框架和重要基础。本书以美国国防部采办、技术与后勤副部长组织机构体系为主要研究对象，以国防采办全过程运行所涉及的多要素、多领域、多方面工作为基本构成，按照聚类为章、自成体系、相对独立的思路，较为全面的介绍了需求生成、研究与发展、国防采办项目、国防合同、试验鉴定、后勤与维修保障、国防采办经费、国防采办情报保障、国防采办人力资源、国防采办监督、国防采办评估咨询、核生化，以及能源、设施与环境等方面的组织管理机构，勾画出美国国防采办的体系图景，反映了美国国防采办工作的内在运行特点和规律。本书既可为采办管理相关领域专家学者提供参考，也可作为广大国防爱好者的业余读物。

图书在版编目(CIP)数据

美国国防采办相关组织机构研究/赵超阳等编著.
—北京:国防工业出版社,2017.9
ISBN 978-7-118-11412-6

Ⅰ.①美… Ⅱ.①赵… Ⅲ.①国防建设—科学研究组织机构—研究—美国 Ⅳ.①E712.39

中国版本图书馆 CIP 数据核字(2017)第 227383 号

※

*国防工业出版社*出版发行
(北京市海淀区紫竹院南路23号 邮政编码100048)
三河市腾飞印务有限公司印刷
新华书店经售

*

开本 710×1000 1/16 印张 18¼ 字数 315 千字
2017 年 9 月第 1 版第 1 次印刷 印数 1—2000 册 定价 89.00 元

(本书如有印装错误，我社负责调换)

国防书店：(010)88540777	发行邮购：(010)88540776
发行传真：(010)88540755	发行业务：(010)88540717

编著者名单

赵超阳　李宇华　王　磊　谢冰峰
张代平　魏俊峰　李杏军　朱　斌
张玉华　程享明　卢胜军　冯　靖
董齐光　强　弢　蔡文君

前　言

一

提到美军武器系统——像核动力航母、F-35战机这些作战利器,首屈一指、世界一流这些溢美之词可能会跃然而出,但究竟是谁催生出这些支撑美军强悍战力和霸主地位的军事技术和武器装备呢?这些武器装备不是简单直接购得,它是从五角大楼里那些大大小小、密密麻麻的房间里酝酿和孵化出来的,是由美军许多结构复杂、专业各异的组织机构召开无数会议碰撞协调出来的,也是美国国会、多个联邦行政部门,以及科技界、企业界等广泛参与运作出来的。简而言之,武器装备就是采办出来的。

这里提到的"采办",一般专指国防采办。国防采办(Defense Acquisition)是指军方为满足军事任务或保障军事任务的需要,就武器和其他系统、物品或劳务(包括建造)提出方案、计划、设计、研制、试验、签订合同、生产、部署、后勤保障、改进以及处理的过程[①]。其中,武器系统的采办最为复杂。采办(Acquisition)与采购(Procurement)有所不同,按照美国《国防采办管理概论》的解释,采购是"为政府购买物品和劳务的行动",采办包括"科研、生产、采购和使用与保障",涵盖为获取武器系统等所做的各种工作,因此采购只是采办工作的一部分。

美国国防采办有"小采办"与"大采办"之分。"小采办"主要指国防采办实施过程,即规划计划与预算下达后的方案论证、技术开发、研制生产和维修保障等全寿命过程;"大采办"涵盖涉及采办的所有事项,包括支撑需求生成工作的联合能力集成与开发系统(JCIDS)、支撑规划计划与预算论证工作的规划计划预算与执行系统(PPBES)和支撑项目采办实施工作的国防采办系统(DAS)。其中,支撑项目采办实施工作的国防采办系统(DAS)就是"小采办"。

联合能力集成与开发系统是美军需求生成管理制度,主要是根据作战需要确定发展什么的问题,是国防采办的源头,为采办工作提供任务需求牵引。首先

---

① 中国国防科技信息中心.国防采办辞典[M].北京:国防工业出版社,2001.

各有关单位根据联合作战需要,提出发展需求;然后国防部和各军种分别组成需求审查机构,根据需求类别进行分级分类评审;最后确定需要进行采办的需求,并以各类需求文件的形式输入到国防采办系统。

规划计划预算与执行系统是美军确定中远期规划、发展计划以及预算和执行的工作制度,它将采办项目纳入其中,并为采办工作提供方向指引和资源保障。国防部组织军种等部门,按照一定程序制订发展规划计划,并提出相应的经费预算,采办需求在这一过程中落实为计划项目和预算申请;国防部整个预算先后经总统审合、国会批准,并最后经总统签署后,国防部和军种相关机构执行和落实计划和预算。

国防采办系统是美军规范采办项目实施全寿命过程的工作制度。美军主要采取国防部集中领导、军种分散实施的管理体制,即:在国防部,采办、技术与后勤副部长集中领导全军采办工作,主要负责制定方针政策,审查管理重大采办计划,协调三军采办工作;各军种主要负责具体项目的全寿命采办工作。

美军从大采办的角度建立三大决策支持系统,并使三个系统专业发展、协调配合、相互制衡。美军强调,三方面工作"有效互动"是美军采办顺利实施的关键所在。正是这三个系统所包含的诸多机构的"有效互动",美军的国防采办系统才能像一部庞大而复杂的机器,源源不断地产生出许多世界领先的军事技术和武器装备。

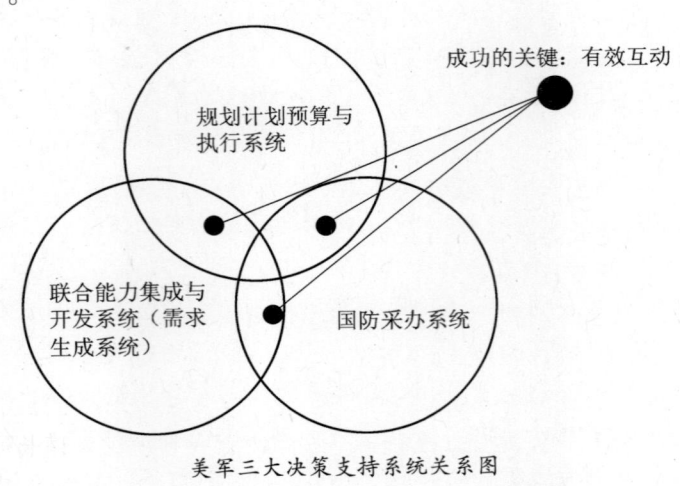

美军三大决策支持系统关系图

二

不管"大采办"还是"小采办",大大小小的机构都是这些复杂系统运行最富活力、最为具体、相互联结的依托,所有采办的蓝图酝酿、项目管理、节点审查、要素保障等活动都离不开这些机构。一般来说,机构设置、职权划分及其相互关系总称为体制,美国国防采办组织机构及其相互关系构成了美国国防采办工作体制,而国防采办工作体制直接关系到采办综合效能,关系到国防建设长远发展。国防采办组织机构是国防采办工作体制的核心,是理解美国国防采办的基本框架和重要基础。如果将国防采办工作体制比喻为一台大型的计算机,组织机构就是这台计算机的硬件,这些硬件如何配置,使之既能发挥最大运算功能,同时又能相互匹配,避免或解决硬件之间的冲突,是一个需要系统考虑和科学设计的重要问题。鉴于此,本书试图从组织机构的角度,选择与美国国防采办相关的主要组织机构进行梳理、归类和分析,以探视美国国防采办工作的内在运行特点和规律,进而为我国国防采办组织机构建设完善提供有益的参考和借鉴。

目前,美国国防采办工作体系规模庞大、机构众多、关系复杂,而且嵌套于美国国防建设体系,因此,需要结合美军领导管理体制来认识国防采办组织机构。总体上看,国防采办组织机构可分为三个层次:第一层为国家宏观决策层,由总统、国会及其相关机构构成,负责从国家层次对国防采办进行宏观决策;第二层为国防部统管层次,负责对国防采办管理进行统一领导;第三层为军种和国防部相关业务局执行层次,负责国防采办的具体组织实施。

在国家宏观决策层,美国总统兼任武装部队总司令,是三军最高统帅,通过国防部长及其办公厅经各军种部长对全军实施行政领导,通过国防部长经参谋长联席会议主席至各联合作战司令部对作战部队实施作战指挥。国会是最高立法机构,在国防采办方面拥有立法权、人事任命权、监督调查权等,国防预算的授权和拨款均须通过国会立法来进行。

国防部统管层次主要包括国防部长办公厅、参谋长联席会议、相关直属局和专业机构。国防部长办公厅由国防部长、常务副部长、5名副部长(分别负责采办、技术与后勤,政策,财务与审计,情报,人事与战备)、若干助理部长(分别负责立法事务、公共事务、情报监督等),法律总顾问、作战试验鉴定局局长和总监察长等组成。其中,采办、技术与后勤副部长统管国防采办工作。国防部长办公厅下设18个直属业务局和9个直属专业机构,其中,国防合同管理局、国防合同审计局、国防财会局等负责国防采办某一领域的业务管理。参谋长联席会议是总统、国防部长最高军事咨询机构,下设联合参谋部作为常设机构,联合参谋部设有分别负责人力与人事,情报,作战,后勤,战略规划与政策,指挥、控制、通信与计算机/网络,联合部队发展,部队结构、资源与评估等8个职能局。在采办工作中,参谋长联席会议主要从联合作战角度统管需求,参与规划计划与预算论证,并介入国防采办工作。

军种和国防部相关业务局执行层次主要包括陆军部、海军部(含海军陆战队)、空军部以及具有采办任务的国防高级研究计划局、导弹防御局等国防部直属业务局。各军种部分别由部长办公厅、参谋部(海军为作战部)及其下属司令部和专业机构等组成。各军种部部长主管包括采办在内的军种建设工作,各军种部也都设有采办助理部长。军种参谋部(海军为作战部)下设负责相关采办工作的司令部,如在武器系统采办方面,陆军参谋部、空军参谋部都设有装备司令部,海军作战部设有若干系统司令部,这些司令部再下设负责具体采办项目管理的机构。

采办工作要落实、落地,还要有最基层的管理机构,这就是采办项目管理办公室。与我们平常认识不同的是:采办项目管理办公室不是一个长期固定设置的机构,而是一个同特定采办项目同生死、共进退的机构,且工作过程中人员有来有往、动态调整;同时,采办项目管理办公室不是一个普通普适、专业专司的管理机构,而是一个涉及多方面业务领域、专业化程度高、以矩阵式管理为主的工作机构,因为不管是武器系统的采办,还是设施、服务的采办,都是专业性极强的工作。采办项目管理办公室虽是采办底层机构,但"麻雀虽小,五脏俱全",一般配备计划、合同、质量、财务、系统工程、成本价格、试验鉴定、维修保障、系统集成等专业人员,采办过程涉及到的诸多事务都要处理,可谓"上面千条线,下面一根针"。美国国防采办以采办项目管理办公室为基石,构建起了由国防部采办、技术与后勤副部长到军种采办助理部长,再到计划执行官和采办项目管理办公室的管理链条和工作体系。

三

美国国防采办形成现在的组织架构和工作体系,经历了数十年改革、发展、演进的复杂过程,反映了美国国防采办的发展规律和内在要求,也体现了美国国家组织体制和政治文化的特点和要义。综观美国国防采办改革历史与现实情况,美国国防采办组织机构体系的设置与构建体现出三个鲜明特征。

集中领导与分散实施相结合。 美军的历史是先有军种,后有国防部。独立战争时的军队主要是陆军,后来再成立海军,到第二次世界大战时,陆军部(当时称为战争部)和海军部一直都非常强势。即使1947年国家军事部(国防部前身)和空军部成立,三个军种的独立性依然很大,甚至与国家军事部平起平坐,且都想把自己做大做强,由于采办工作涉及资源巨多,经常成为三军争抢重点。1949年美国将国家军事部改为国防部,进一步加强了对三军的统管,以确保军令政令统一,减少三军重复内耗。后来经过多次改革调整,国防部收权和统领的意图和主线始终贯穿其中。国防采办作为国防建设的重要内容,也经历了一个从分散到集中的发展演变过程,逐步形成了目前国防部集中领导与各军种分散实施相结合的管理体制。国防部采办、技术与后勤副部长负责统一领导和管理全军采办工作,主要职能是:制定国防采办和科技发展的方针、政策和程序;编制规划、计划和年度预算;审查和管理重要武器系统的研制与采购计划;制定和管理三军联合研究与发展计划等。国防部设国防高级研究计划局、导弹防御局、国防威胁化减局等直属业务局,直接管理一些跨军种、特殊领域的重大系统研发或采办项目,并设立国防合同管理局、国防后勤局、国防财会局和国防审计局等直属业务局,统一管理全军采办项目的合同监管、后勤保障、合同经费支付和合同审计等工作。与国防部相对应,陆、海、空三军采办管理体制完备,规模较大,机构设置较为齐全,并掌握着80%以上的采办项目管理办公室。由于三个军种历史和特点不同,尽管军种部长之下均设有采办助理部长,但其名称和职能范围却不同,其中:陆军是采办、后勤与技术助理部长;海军是研究、发展与采办助理部长;空军是采办助理部长。

分工负责与相互制衡相统一。机构因事而设,不同的组织机构负责不同的事务,但一个机构要能成事,必须与其他机构相互协调配合,这是美国宪法的分权制衡思想使然。因此,机构与机构之间,时常处于相互联结、互相作用的工作状态,而且为了使这种关系能够顺畅,美国建立了许多以协调为主的委员会,形成了多个机构协同办公的工作机制。尽管时常看到不同机构之间流畅的运行"外表",但他们之间也隐藏着矛盾和斗争,只不过是美国人用他们特有的智慧、文化和习性,让矛盾与合作能够和谐相处。国防采办领域内也是如此。从国家顶层看,在涉及采办预算的整个国防预算批准上,总统与国会各有分工,但又相互牵制,国会不同意、不通过,总统在国防建设上就没有经费保障,国会按自己意图强加修改后通过的国防授权法案和国防拨款法案,若总统不签字也无法生效,双方必须通过无数协商才能达到妥协一致。从采办机构看,采办项目管理办公室的改革历程和运行管理也体现了这一特点。过去采办项目管理办公室由国防部负责采办的副部长、军种部长、军种参谋长(海军为作战部长)、军种装备司令部四级管理,层级多,军种权力很大。1986年,美军设立军种采办助理部长,该助理部长接受双重领导,既向国防部负责采办的副部长报告项目采办事宜,又向军种部长报告行政管理及本军种采办情况,构建形成了一条独立于行政管理线的专业性的采办业务指挥线。军种部长与军种参谋长等从采办业务指挥线中分离出来,采办项目管理办公室的各类人员由军种参谋长管辖的装备司令部派出,但业务却由军种采办助理部长领导,且项目主任由这一助理部长提名,这样,出人的不能管事,管事的不能管人,管人和管事分开,分工负责又相互制约。另外,美国国防采办工作还非常注重评估监督组织体系建设,依法建立起内部与外部相结合的采办评估监督体制,国防部内部有总监察长、合同审计局、采办绩效与原因分析办公室、成本评估与计划鉴定局等,外部有国会政府问责办公室等,对国防采办项目进行多角度的评估监督与权力制衡。

采办机构与支撑力量相配合。国防采办工作是一项复杂的系统工程,需要多方面力量参与和配合,除了主要采办管理组织机构外,还涉及与国防采办直接或间接相关的其他组织机构,如人力资源、试验鉴定、情报、审计监察、设施与环境、评估、安全管理等工作机构。以人力资源为例,采办队伍是采办工作的重要组成部分,美军人力资源管理体系对此提供支撑,从国防部人事与战备副部长,到人力资源倡议局这些业务管理局,再到负责专业化人员培训的国防采办大学等,都与采办工作紧密相关。美国国防部在长期采办实践中有效构建了相互配合的工作体系,把采办工作作为国防建设的一部分,形成了国防建设系统内要素之间、机构之间的互联互通;同时,把采办这一涉及巨额经费、大量企业、各类联邦机构的复合体事务放在经济社会运行的大系统中操作,建立了军民相关机构相互协调、相互影响的工作机制,实现了国防采办系统与整个国家大系统的融合。

四

本书以美国国防部负责采办、技术与后勤的副部长组织机构体系为主要内容,以国防采办全过程运行所涉及的多要素、多领域、多方面工作为基本构成,按照聚类为章、自成体系、相对独立的原则,主要分为十三章。

第一章是需求生成方面的组织机构,涉及采办的源头问题,主要包括参谋长联席会议和联合参谋部、三个军种相关机构,这些机构主要负责采办需求生成论证和审批,为国防采办项目提供需求文件,对国防建设长远发展发挥需求牵引作用。第二章是研究与发展方面的组织机构,主要包括国防部和军种两个层次的相关管理和研发机构,美国国防部采办、技术与后勤副部长下的研究与工程助理国防部长负责整个国防部的研发管理工作,尽管根据2017财年国防授权法案,国防部要于明年将技术发展管理工作独立出来,单独设立研究与工程副部长,但是本书的组织机构仍按照原组织机构进行介绍。第三章是国防采办项目管理机构,主要是对由采办执行官、计划执行官和项目主任构成的采办项目管理组织体系进行详细介绍,项目管理办公室可谓是认识美国国防采办的一把钥匙,承载着国防采办项目全寿命管理的各种要素。第四章是国防合同管理机构,主要介绍为国防采办提供合同履行监督与服务的国防合同管理局情况。第五章是试验鉴定管理机构,主要介绍研制试验鉴定、作战试验鉴定相关组织机构。第六章是后勤与维修保障管理机构,主要介绍国防部后勤与装备战备助理国防部长、国防后勤局等。第七章是国防采办经费管理机构,主要介绍国防采办预算申请、成本估算、合同审计、合同经费支付等方面的组织机构。第八章是国防采办情报保障机构,主要介绍与采办相关的国防情报系统组织机构,这些机构为项目全寿命采办管理提供情报、安全保障和目标特征数据支撑。第九章是采办人力资源管理机构,主要介绍与国防采办人员管理培训相关的组织机构。第十章与第十一章分别是采办监督管理机构与采办评估咨询机构,主要介绍美国国防部对采办过程进行监督和评估的相关机构,这是体现美军采办管理特点和美国文化特色的重要部分。第十二章是核生化国防项目采办管理机构,主要介绍美国国防部采办、技术与后勤副部长下设的核生化管理机构,这是国防采办管理中的特殊领域。第十三章是能源、设施与环境管理机构,主要介绍美国国防部负责采办、技术与后勤的副部长下设的与能源、设施与环境相关的组织机构,这些机构为采办项目健康、可持续发展提供专业化的配套条件保障。

需要说明的是,这十三章并不能涵盖全部采办机构,只涉及其中一部分机构,而且囿于专业限制,对部分机构只能概略介绍。本书尽可能用这些机构勾画美国国防采办的大致图景,展现国防采办的复杂性,反映国防采办工作的一些特点规律,以期达到管中窥豹的目的。

为了便于读者更准确地把握和理解相关国防采办组织机构的职能任务与工作关系,本书选择了部分机构的国防部指令作为附录,包括国防部采办、技术与后勤副部长,国防部总监察长,国防高级研究计划局等。另外,本书还增加了相关机构的官员简介,为了保持对国防部重要岗位的全面认识,本书把奥巴马政府和特朗普政府前后两任官员简介都予列出,供读者参考。

五

写作过程中,解放军后勤学院仰礼才教授、周璞芬教授,防化研究院夏治强研究员,洛阳外国语学院任国军博士给予了热情而细致的指导和帮助。中国国防科技信息中心刘林山、吕彬、真溱、赵相安、李洁、马春燕、彭灏等领导和专家给予了大力指导和支持,蔡超、张翔、田志锋、王阳、于琛琛、万礼赞、曾昊、刘同、白舸、蔡文君等同事也提供了多方面的帮助。作者单位在国防采办管理研究方面成果丰富,形成了以国防科技和国防采办为主体内容的"山石"系列书籍和大量研究报告,本书末尾列出了部分"山石"系列书目供读者参考,本书的写作始终得益于这些丰厚的知识积淀和学术滋养。同时,本书还收集研读了许多资料,学习借鉴了国内外相关专家学者的研究成果，在此表示衷心感谢。

本书由赵超阳策划提出，赵超阳、李宇华、王磊、谢冰峰、张代平、魏俊峰、李杏军、朱斌、张玉华、卢胜军、冯靖、董齐光、强弢、程享明、蔡文君等承担了相关章节的撰写工作。其中，李宇华还做了大量繁琐而细致的组织、补充和修改工作，书中的人物简介大都是她翻译整理的。最后，赵超阳和李宇华进行了全书统稿。附录部分列出的国防部相关指令的译校者都在译文后进行了标注，这类翻译工作要求很高，大部分是编者翻译的，其余部分是其他专家翻译的，在此一并表示真诚谢意。

本书既可供国家和军队相关部门领导开拓思路，也可为采办管理相关领域科研工作者和相关院校专家学者的科研和教学工作提供素材和参考，亦可作为广大军事爱好者的业余读物。希望本书的出版，能够有益于各方人员更好地认识美国国防采办组织机构的基本情况、体系设置和内核要义，进而引发读者对国防采办工作进行深入研究和思考。

因时间仓促，本书还有很多疏失之处，敬请各位读者批评指正。

作者

2017 年 2 月

目 录

第一章 需求生成机构 1

 第一节 国防部层次需求生成相关机构 1
  一、参谋长联席会议 1
  二、联合参谋部 2
 第二节 军种层次需求生成相关机构 4
  一、军种参谋部/作战部 4
  二、军种需求管理机构 5
 第三节 需求生成组织体系运行 7
  一、需求生成工作历史发展 7
  二、基于实体机构的需求生成系统组织单元 8
  三、需求生成过程 16

第二章 国防研究与开发管理机构 19

 第一节 研究与工程助理国防部长 19
  一、历史沿革 19
  二、机构现状 21
  三、支撑机构 21
  四、职能部门 23
 第二节 国防高级研究计划局 24
  一、局长办公室 25
  二、技术办公室 26
  三、专项计划及技术转移办公室 28
  四、职能保障办公室 29
 第三节 国防技术信息中心 30
  一、组织机构 30
  二、主要职能 31

三、工作任务 ·· 31
　第四节　国防创新试验小组 ·· 33
　　　一、成立背景 ·· 33
　　　二、发展历程 ·· 34
　　　三、职责及运行 ·· 34
　第五节　军种研究与开发组织机构 ·· 36
　　　一、陆军研究与发展开发机构 ·· 36
　　　二、海军研究与发展开发机构 ·· 37
　　　三、空军研究与发展开发机构 ·· 39

第三章　国防采办项目管理机构 ·· 40

　第一节　概述 ·· 40
　　　一、项目管理的历史沿革 ·· 40
　　　二、国防采办项目管理组织体系 ···································· 41
　　　三、国防采办程序 ·· 42
　第二节　国防部采办项目管理统管机构 ································ 43
　　　一、采办、技术与后勤副国防部长 ································ 43
　　　二、采办助理国防部长 ·· 48
　　　三、国防部相关职能机构 ·· 50
　　　四、国防部其他采办项目管理相关机构 ·························· 58
　第三节　军种采办项目管理机构 ·· 61
　　　一、陆军国防采办管理主要机构 ···································· 61
　　　二、海军国防采办管理主要机构 ···································· 63
　　　三、空军国防采办管理主要机构 ···································· 65
　第四节　采办项目管理办公室 ·· 67
　第五节　一体化产品小组 ·· 68
　　　一、顶层一体化产品小组 ·· 69
　　　二、工作层一体化产品小组 ·· 69
　　　三、项目层一体化产品小组 ·· 70
　第六节　项目管理办公室案例——联合攻击战斗机项目管理办公室 ·· 71
　　　一、联合攻击战斗机项目管理办公室的构成 ·················· 71
　　　二、联合攻击战斗机项目管理办公室的职责 ·················· 71

第四章　国防合同管理机构 …… 73

第一节　国防合同管理历史沿革 …… 73
一、军种分散管理时期(1964年前) …… 73
二、国防部加强集中统管时期(1964年至1999年) …… 74
三、国防合同管理局深化改革时期(2000年至今) …… 74

第二节　国防合同管理组织机构 …… 75
一、国防合同管理局管理体制 …… 75
二、国防合同管理局职能定位 …… 79
三、国防合同管理局人员情况 …… 81
四、国防合同管理局后勤保障 …… 82

第五章　试验鉴定管理机构 …… 84

第一节　试验鉴定概述 …… 84
一、试验鉴定的分类 …… 84
二、试验鉴定贯穿采办全寿命过程有关情况 …… 86

第二节　国防部试验鉴定管理机构 …… 86
一、研制试验鉴定助理国防部长帮办 …… 87
二、作战试验鉴定局 …… 89
三、试验资源管理中心 …… 91

第三节　军种与业务局的试验鉴定管理机构 …… 92
一、陆军 …… 92
二、海军 …… 93
三、空军 …… 94
四、海军陆战队 …… 94
五、国防信息系统局 …… 94

第四节　美军试验靶场与试验设施 …… 96
一、国防部重点靶场情况及其主要试验领域 …… 96
二、非重点靶场与试验设施及其主要试验领域 …… 98
三、美军靶场人员与经费情况 …… 101

第六章　后勤与维修保障机构 …… 103

第一节　后勤与装备战备助理国防部长 …… 103
一、后勤与装备战备助理国防部长职责 …… 103

  二、维修政策与计划助理国防部长帮办 ……………………… 105
  三、装备战备助理国防部长帮办 …………………………… 106
  四、项目保障助理国防部长帮办 …………………………… 107
  五、供应链集成助理国防部长帮办 ………………………… 108
  六、运输政策助理国防部长帮办 …………………………… 109
  七、资源管理办公室 ………………………………………… 110
 第二节　国防后勤局 …………………………………………… 110
  一、国防供应中心 …………………………………………… 111
  二、国防分发中心 …………………………………………… 112
  三、地区分局 ………………………………………………… 112
 第三节　军种后勤保障机构 …………………………………… 113
  一、陆军装备司令部相关机构 ……………………………… 115
  二、空军装备司令部相关机构 ……………………………… 115
  三、海军海上系统司令部与航空系统司令部相关机构 …… 115

第七章　国防采办经费管理机构 …………………………………… 117

 第一节　国会和联邦政府相关机构 …………………………… 117
  一、国会相关机构 …………………………………………… 117
  二、联邦政府相关机构 ……………………………………… 119
 第二节　国防部相关机构 ……………………………………… 119
  一、主计长 …………………………………………………… 120
  二、成本评估与计划鉴定局 ………………………………… 122
  三、国防财会局 ……………………………………………… 123
  四、国防定价局 ……………………………………………… 125
 第三节　军种层次相关机构 …………………………………… 125
  一、陆军国防采办经费管理机构 …………………………… 125
  二、海军国防采办经费管理机构 …………………………… 127
  三、空军国防采办经费管理机构 …………………………… 128

第八章　国防采办情报保障机构 …………………………………… 129

 第一节　美国国防情报工作组织体系 ………………………… 129
  一、情报事务副国防部长 …………………………………… 129
  二、国防情报局 ……………………………………………… 131
  三、国家安全局 ……………………………………………… 132

  四、国家地理空间情报局 ·· 133
  五、军种情报机构 ·· 133
 第二节 国家测量与特征情报管理办公室 ······························ 133
  一、情报系统 ··· 135
  二、采办系统 ··· 136
  三、作战与训练系统 ·· 138

第九章 国防采办人力资源管理机构 ································ 140

 第一节 国防部人力资源管理机构 ·· 140
  一、人事与战备副国防部长 ·· 140
  二、国防部人力资源局 ··· 143
  三、军种人力资源管理机构 ·· 143
 第二节 国防部人力资本倡议局 ·· 144
  一、主要职能 ··· 145
  二、工作关系 ··· 145
  三、国防采办队伍 ·· 147
 第三节 国防采办大学 ·· 152
  一、国防采办大学总部 ··· 152
  二、五大校区 ··· 153
  三、国防系统管理学院 ··· 154
  四、合同管理学院 ·· 154
  五、资源投入 ··· 154
  六、培训模式和内容 ·· 155

第十章 国防采办监督机构 ·· 159

 第一节 国会相关部门 ·· 159
  一、相关委员会 ··· 159
  二、政府问责办公室 ·· 160
 第二节 联邦政府道德办公室 ·· 163
 第三节 国防部采办监督机构 ·· 164
  一、国防法律服务局 ·· 164
  二、国防部总监察长 ·· 165
  三、国防合同审计局 ·· 169
  四、国防部组成部门内部监督机构 ··································· 171

第四节　相关社会组织 …………………………………………… 172

第十一章　国防采办评估机构 ……………………………………… 174
第一节　独立评估机构 …………………………………………… 174
　一、政府评估机构 …………………………………………… 174
　二、国防部评估机构 ………………………………………… 175
第二节　专家咨询组织 …………………………………………… 177
　一、国防部咨询机构 ………………………………………… 177
　二、具有国家和政府背景的咨询机构 ……………………… 178
　三、智库等外部咨询机构 …………………………………… 179

第十二章　核化生项目管理机构 …………………………………… 181
第一节　核化生国防项目助理国防部长 ………………………… 181
第二节　核事务助理国防部长帮办 ……………………………… 183
第三节　化学与生物武器防御助理国防部长帮办 ……………… 184
第四节　威胁化减与军备控制助理国防部长帮办 ……………… 186
第五节　国防威胁化减局 ………………………………………… 188
　一、职责任务 ………………………………………………… 188
　二、人员与经费 ……………………………………………… 189
　三、工作关系 ………………………………………………… 189

第十三章　能源、设施与环境管理机构 …………………………… 190
第一节　能源、设施与环境助理国防部长 ……………………… 190
第二节　设施能源助理国防部长帮办 …………………………… 191
第三节　作战能源助理国防部长帮办 …………………………… 192
第四节　设施投资与管理局 ……………………………………… 193
第五节　环境、安全和职业健康助理国防部长帮办 …………… 194
第六节　经济调整办公室 ………………………………………… 194

附录 …………………………………………………………………… 195
国防部 5100.01 指令——美国国防部及其主要机构的职能 …… 195
国防部 5134.01 指令——国防部采办、技术与后勤副部长 …… 198
国防部 5118.03 指令——国防部主计长 ………………………… 208
国防部 5143.01 指令——国防部情报副部长 …………………… 215

国防部5106.01指令——国防部总监察长 …………………………… 227
国防部5141.02指令——作战试验鉴定局 …………………………… 234
国防部5134.03指令——研究与工程署署长 ………………………… 239
国防部5105.64指令——国防合同管理局 …………………………… 242
国防部5105.22指令——国防后勤局 ………………………………… 246
国防部5105.36指令——国防合同审计局 …………………………… 253
国防部5105.73指令——国防技术信息中心 ………………………… 258
国防部5134.10指令——国防高级研究计划局 ……………………… 262

参考文献 ………………………………………………………………… 267

第一章 需求生成机构

需求是采办工作的源头。如何生成科学有效的需求,直接决定着采办工作的任务和效率。美军在长期发展过程中,逐步建立起一套较为完善的需求生成系统,主要是以满足联合作战需求为导向,由参谋长联席会议副主席牵头,对军种和国防部相关部门提出的涉及联合作战能力建设的重大需求进行审查和统筹。这一过程中,参谋长联席会议、国防部相关业务局以及军种相关机构等多部门参与,形成了纵横联结、协同作业、相互影响的较为复杂的工作机制,为后续采办工作提供了重要指引和任务需求,有力推动了美军军事能力的快速发展。本章首先介绍国防部层次与需求生成有关的机构,然后介绍军种相关机构,最后阐释建立在上述实体机构基础上的需求生成系统的运行过程。

第一节 国防部层次需求生成相关机构

在美军需求生成系统中,参谋长联席会议及其常设机构联合参谋部地位重要,作用特殊,以这两者为主体形成的联合需求监督委员会主要负责需求审查工作,与军种相对应,该委员会属于国防部层次的机构。

一、参谋长联席会议

第二次世界大战期间,为了和亲密盟友英国在军事上加强协调,美国总统罗斯福设立了一个代表陆军、陆军航空兵和海军的"美国参谋长联席会议",罗斯福的亲信和助手威廉·莱希海军上将领导该组织,并充当与总统的联络人。1947年,美军根据《国家安全法》建立永久性的参谋长联席会议,并于1949年设立了主席职位。由于美军是先有陆军和海军两个军种,再有统一的国防部,国防部和参谋长联席会议的权力与军种的权力一直存在摩擦,其职权难以有效行使。1986年,《戈德华特–尼科尔斯国防部改组法案》通过,正式确立了参谋长联席会议主席的权力,并首次以法律形式规定,参谋长联席会议主席是总统、国家安全委员会和国防部长的首席军事顾问,参谋长联席会议的组织机构包括参谋长联席会议主席办公室、联合参谋部以及军种参谋长。参谋长联席会议由以下成员组成:参谋长联席会议主席、副主席、陆军参谋长、海军作战部长、空军参谋长、海军陆战队司令。在参谋长联席会议主席的指导下,联合参谋部为参谋长联席会议的工作提供支持和保障。2012年,根据国防授权法案的规定,国民警卫局局长成为参谋长联席会议的正式成员。

参谋长联席会议的主要职能包括:①向总统、国家安全委员会和国防部长就军事问题提供专业咨询与建议;②制定战略计划和对军队进行战略指导;③指导协调三军联合作战;④根据战略、作战等计划,审核军队各有关部门提出的人员、物资、装备等方面的主要需求等。参谋长联席会议没有作战指挥权,但是总统和国防部长的指挥权一般通过参谋长联席会议进行下达。

(一)参谋长联席会议主席

参谋长联席会议主席是法定的美军最高级军官,是总统、国家安全委员会和国防部长的首席军事顾问,上将军衔,每届任期2年,最多可连续担任3届。

根据国防部5100.01指令,参谋长联席会议主席的主要职责包括:①为总统与国防部长履行军事指挥职能提供建议和协助;②制定武装部队战略指南;③制定战略规划;④分析评估国防部采办计划的军事需求;⑤评估指挥、控制和通信方面的联合军事需求;⑥提供关于联合人事事务,联合条令,教育与训练,联合作战司令部工作,军事援助计划等方面的建议或指南等。

(二)参谋长联席会议副主席

参谋长联席会议副主席由1986年《戈德华特-尼科尔斯国防部改组法案》确立。副主席是法定的美军第二高级军官,仅次于主席,上将军衔,承担主席指定的职责。考虑历史和现实的原因,副主席一般不能与主席来自同一军种。主席空缺或不能履行职责时,由副主席代替主持工作。副主席每届任期2年,最多可连续担任3届。

二、联合参谋部

联合参谋部由参谋长联席会议主席全权领导,协助参谋长联席会议主席履行职责,主要职能包括:拟制《国家军事战略》《联合战略规划指南》等战略文件和相关战略规划,审核战区的作战计划,制定联合条令并指导联合训练,协调兵力调动和作战保障等。联合参谋部主要设有8个职能局以及综合管理局、国家军事指挥中心等机构。

(一)人力资源与人事局(J-1)

人力资源与人事局主要为参谋长联席会议主席提供一流的人力与人事咨询服务,确保美军保持最高程度的战备水平和持续作战能力。J-1主要职能是:与各单位加强沟通、理解和合作,组织联合战争能力评估(JWCA)和每月联合战备力量审查(JMRR),通过人力与人事问题的识别、分析和行动来加强整体战备力量;为联合参谋部提供高素质的人才;为联合参谋部和其他机构提供高质量的人力资源支持。

(二)情报局(J-2)

情报局主要为国防部长、参谋长联席会议主席、联合参谋部和联合司令部提供支持。J-2局长作为针对情报、监视和侦查的联合作战能力评估主任,受到联合需求监督委员会的监督。J-2直接支持军事行动,管理联合作战评估的相关情报。

(三)作战局(J-3)

作战局主要协助参谋长联席会议主席承担总统和国防部长的首要军事顾问的责任,把联合参谋部的规划、政策等转化为行动,给作战指挥官提供指导,并就当前的作战和计划在总统、国防部长和作战指挥官之间进行沟通。

(四)后勤局(J-4)

后勤局统管后勤计划和执行,支持联合作战,推动联合部队的战备,最大化保障联合部队指挥官的行动自由,给参谋长联席会议主席就后勤问题提供建议。

(五)战略规划与政策局(J-5)

战略规划与政策局主要负责评估全球安全环境,考虑未来趋势,为参谋长联席会议主席提供全方位战略与政策支撑。

(六)C4与赛博局(J-6)

C4与赛博局主要负责指导指挥、控制、通信和计算机/网络能力发展,确保联合过程的相互间可操作性。J-6指导各部门联合信息环境业务,为参谋长联席会议主席提供专业支撑。另外,作为联合参谋部首席信息官(CIO),J-6局长为参谋长联席会议主席和联合参谋部提供商业级别的信息技术(IT)服务和支持。

(七)联合部队发展局(J-7)

联合部队发展局主要职责包括:指导联合训练,推进联合教育,管理联合条令,指导规划联合部队建设。

(八)部队结构、资源与评估局(J-8)

部队结构、资源与评估局主要负责为参谋长联席会议主席提供资源和部队结构分析以及建议。J-8局长是联合需求监督委员会(JROC)秘书。

(九)综合管理局

综合管理局主要是在通信、行政管理、预算、财务、档案管理、信息技术、勤务、资源、信息安全等方面,为参谋长联席会议主席和联合参谋部提供支持。

第二节 军种层次需求生成相关机构

美军各军种部都有各自的需求管理体系,需求生成工作在军种层次的主管部门是各军种参谋长及其下属机构。在需求生成过程中发挥核心作用的是军种需求监督委员会,其人员构成也主要来自军种参谋部。

一、军种参谋部/作战部

各军种参谋部/作战部在需求管理工作中发挥着主导作用,主要需求管理的决策部门一般由参谋部/作战部有关官员牵头。

(一) 陆军参谋部

陆军参谋部是陆军部长的军事参谋和办事部门,也是陆军最高军事职能部门。陆军参谋部平时主要负责陆军部队的行政管理、军事训练、拟定作战和动员计划、制定武器系统发展计划和各种条令条例;战时负责向各联合作战司令部提供作战部队。陆军参谋部主要由参谋长、常务副参谋长、副参谋长、助理参谋长、陆军参谋部主任、陆军工兵主任、陆军军医主任、陆军牧师长等组成,向陆军部长、副部长、助理部长和陆军参谋长提供专业性协助。

陆军参谋部设陆军参谋长1人,由总统经参议院的质询和同意任命的1名陆军将官担任,任期4年。总统只能任命有担任联合职务的丰富经历的军官为参谋长,且这一经历需包括作为将官在联合职务岗位上至少任满1个任期。但是,如果确认其任命决定为国家利益所必须,总统可以放弃上述关于军官任命的规定。参谋长在任该职期间拥有上将军衔,同时保留其永久军衔。除法律另有规定外,参谋长在陆军部长的授权、指导和控制下履行其职责,并直接对陆军部长负责。

陆军参谋长的主要职责和权力包括:统辖陆军参谋部;向部长转交陆军参谋部的计划和建议,并就这些计划和建议接受陆军部长咨询;在陆军参谋部的计划和建议被部长批准后,作为陆军部长的代表将其付诸实施;对陆军部长所确定的陆军的人员和编制实施监督,这一监督应与有关法律对联合或特种作战司令部总司令所授权限一致;履行有关法律条款为其所规定的职责;履行总统、国防部长或陆军部长分配的其他军事职责。此外,陆军参谋长还应履行参谋长联席会议成员的职责。

(二) 海军作战部

与陆军参谋部名称不同,海军部长的军事参谋与办事机构称为海军作战部。海军作战部设部长、常务副部长、副部长等。海军作战部长是美海军最高军事指挥官,上将军衔。海军作战部长主要职责包括:负责海军的指挥、训练、使用和管理;制定和贯彻执行海上战备计划和海军建设发展规划;组织实施战役、战术训练;制定和实施海军物资、技术保障计划;领导海军侦察、通信和航海保障勤务等。

(三)空军参谋部

空军参谋部是空军部长的军事参谋和办事部门,也是空军最高军事职能部门。空军参谋部主要由参谋长、常务副参谋长、副参谋长、助理参谋长、总军士长等组成。

空军设空军参谋长(CSAF)1人,由总统经参议院的质询和同意任命空军将军级军官担任,任期4年。空军参谋长是美国空军军阶最高的军官,是参谋长联席会议成员之一。空军参谋长领导空军参谋部,在空军部长的授权下,空军参谋长负责空军在本土以及海外超过70万现役、国民警卫队、后备队、文职人员的组织、训练与装备保障。此外,空军参谋长还负责联合战斗司令部中空军人员的人事和资源调配。

二、军种需求管理机构

以陆军为例,美国陆军采办需求管理工作通过多年建设已较为成熟,有履行独立职能的组织体系和规范化的运行流程。

陆军训练与条令司令部(TRAOC)是陆军主要需求发起部门,主要负责统管需求的提出、收集和整理工作。在需求问题的提出上,一方面训练与条令司令部会组织专门工作小组完成某种需求文档的起草工作,另一方面其他职能部门也可提出需求,而后交由陆军训练与条令司令部完成需求文档的统一整理工作。

陆军参谋部作战与计划副参谋长(G-3)领导的办公室,主要负责组织相关部门及人员对陆军需求发起部门提出的能力需求文档进行初步审查和评估,审查合格后再提交给相关部门进行内部联合审查。

陆军参谋部资源与评估副参谋长(G-8)领导的陆军需求监督委员会(AROC),是陆军需求审查集中议事机构,主要负责审查和评估需求实现项目所需的费用、进度、性能要求等参数。

陆军参谋长直接领导的陆军需求审查委员会(RRC),是陆军最高需求审查议事机构,从陆军整体建设层面,综合考虑各种因素,分析和研究所提需求的合理性和需求实现的有效性,批准经确认后的需求分析文档和需求实现方案。

陆军参谋部资源与评估副参谋长(G-8)领导的下属职能机构,主要负责完成需求实现方案的论证、拟制、监督和执行工作,是陆军需求实现项目的把关部门。G-8也是国防部联合需求监督委员会和陆军需求审查委员会之间的主要联络人,负责军种需求和联合需求的区分和确认工作。

陆军参谋部相关副参谋长的职能分工与参谋长联席会议下属的联合参谋部业务部门设置基本对应,这里不再详述。由于陆军训练与条令司令部在陆军需求生成中具有基础和关键作用,这里主要介绍陆军训练与条令司令部及其相关下属机构。

(一) 陆军训练与条令司令部

陆军训练与条令司令部是美国陆军最重要的一级司令部,位于弗吉尼亚州,下辖15处训练设施、27所院校和大约10200名教官。

陆军训练与条令司令部有4项主要职能任务:①征募和训练士兵。士兵是陆军的中心,训练与条令司令部负责挑选应征者,并将他们转变为具有强壮体格、适应精神和勇士精神的战士。②培养具有适应性的领导者。陆军训练与条令司令部着眼确定目标领导者,训练并教育他们适应不确定的环境。③设计陆军未来部队。陆军训练与条令司令部为当前和未来陆军确定并集成全面的解决方案。④优化陆军体制编成。陆军训练与条令司令部为陆军的编制体制改革提供理论支撑和论证试验。

(二) 陆军能力集成分析中心

陆军能力集成分析中心是陆军训练与条令司令部的下属机构,是美国陆军需求管理的具体实施机构。

陆军能力集成分析中心于2006年2月15日成立,在陆军部队能力需求的设计、发展和一体化方面为陆军领导及陆军训练与条令司令部提供支持,主要研究和确定陆军部队综合需求,制定陆军条令、组织、训练、装备、领导和教育、人员和设施(DOTMLPF)等解决方案。

陆军能力集成分析中心是陆军的智囊团,基本职能是瞄准未来,确定陆军未来面对的威胁和未来面临的任务,研究所需的作战方案,整理所需的结构和能力,推动计划实施。陆军能力集成分析中心为陆军制定的方案,可以为陆军发展提供战略指引和作战方向。

陆军能力集成分析中心的另一项基本职能是能力集成,包括让战士配备恰当的装备,在恰当的地点、以恰当的时间进行训练,并进行成本效益分析和效费比评估。另外,在确定所需的能力和DOTMLPF一体化有关业务中,陆军能力集成分析中心主任在陆军中具有综合协调权,支持未来陆军的全方位发展和转型工作。

此外,陆军能力集成分析中心提供管理结构,该结构可以确定能力差距,指导DOTMLPF需求的分析支持,包括为陆军的关键科学与技术需求验证研究和发展的优先事项,发展和验证描述作战能力的综合作战结构。

陆军能力集成分析中心下设现代化司令部、能力发展局、国际陆军计划局等机构。其中：现代化司令部主要对新兴能力进行了整合和评估，以便为陆军提供DOPMLPF的建议；能力发展局主要负责指导和整合基于能力的评估，确定所需的能力、差异和解决方案；国际陆军计划局主要负责管理和协调训练与条令司令部的国际活动，加强与盟军和条约合作伙伴之间开展DOTMLPF信息交流，以便加强当前和未来的作战能力。

第三节 需求生成组织体系运行

当前，联合能力集成与开发系统是美军需求生成的工作载体，该系统通过参谋长联席会议、各军种以及国防部长办公厅（OSD）之间的紧密合作和相互作用，论证和审查美军各类需求，并与国防采办系统和规划计划预算与执行系统相互关联。在对相关机构进行简要介绍的基础上，本节主要是对需求生成机构之间的动态运行过程进行阐述。

一、需求生成工作历史发展

美军需求生成机制的建立与发展是一个从分散到统管并不断深化完善的过程，大体经历了军种分散管理、国防部初步统管和国防部深度统管三个历史发展阶段。

（一）军种分散管理阶段（1986年以前）

国防部成立前，美军军事需求和国防采办由各军种自行管理，军种之间技术体制和标准要求不统一，难以形成联合作战能力，同时导致大量重复建设，资源浪费严重。国防部成立后，美军致力于加强国防部对军种的统管，尤其是《1958年国防重组法》颁布后，大力倡导"联合"理念，并开始尝试在需求生成工作中开展各军种的合作。但由于各军种传统势力过于强大，在国防部倡导的合作中更多考虑本军种自身利益，需求管理工作仍然处于三军分散管理状态。

（二）国防部初步统管阶段（1986—2003年）

为解决长期以来困扰美军的联合作战和重复建设问题，国会出台1986年国防改组法案，设立参谋长联席会议副主席职位，由其领导联合需求监督委员会，负责需求生成管理，审查各军种发展的武器系统是否符合联合作战的需要，是否存在重复建设问题。这一时期构建的需求生成论证审查机制称为"需求生成系统"，一定程度上缓解了长期以来存在的"烟囱林立"和各军种重复建设问题。但由于联合需求监督委员会的论证要求不具体、审查机构不健全、方法手段不完备，国防部对军种需求的审查在一定程度上流于形式，没有很好地发挥统筹军种需求的实质性作用。

（三）国防部强化统管阶段（2003年至今）

随着信息技术的飞速发展，一体化联合作战成为主要作战样式，对美军需求管理提出了更高的要求。为此，美国国防部于2003年发起"需求革命"，对需求生成机制实施重大改革，以"联合能力集成与开发系统"取代了"需求生成系统"，强化了国防部对军种联合需求的顶层设计和指导，建立健全了需求审查组织机构，优化规范了需求审查工作流程，实现了对需求的深度统管。由于"联合能力集成与开发系统"侧重于加强联合作战需求统管力度，各军种在单一军种采办方面仍有较大自主权，军种间重复建设问题还没有完全根除。

二、基于实体机构的需求生成系统组织单元

参谋长联席会议副主席领导的联合需求监督委员会是需求生成工作组织管理的最高审查与决策机构。联合需求监督委员会下设初审官、功能能力委员会和联合能力委员会等机构，作为辅助决策和办事机构，履行需求审查与决策职能。国防部各部局和各军种的需求主办部门，对内负责内部的需求管理，对外负责向联合需求监督委员会提交需求草案，参见图1-1。

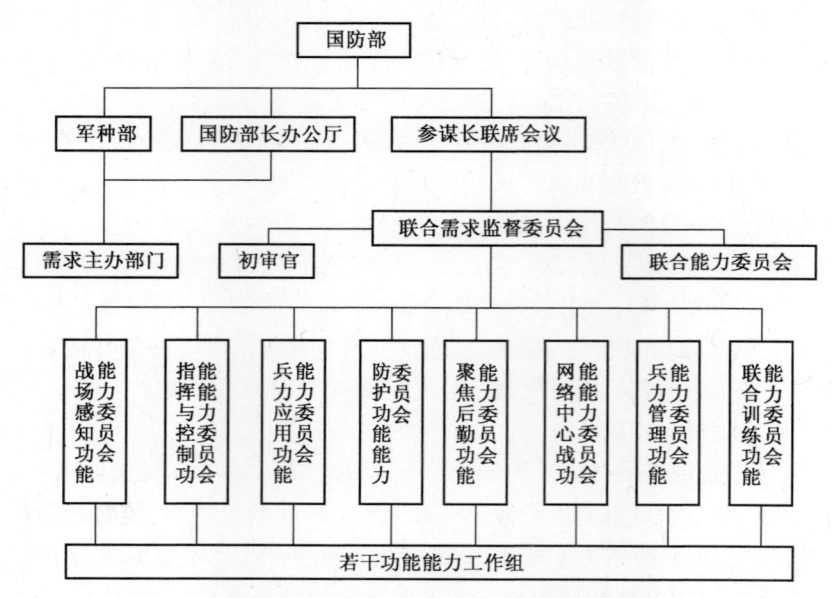

图1-1 "联合能力集成与开发系统"的组织体系

（一）初审官

初审官（Gatekeeper），是联合需求监督委员会领导下的评审官员，由联合参

谋部J-8局的副局长担任。初审官的主要职责是在各功能能力委员会的支持下,对能力发展需求实施初审,并对相关的能力需求实施分类。初审官在需求评审过程中,对于不符合国防部有关顶层政策文件的提案,或者直接否决,或者要求军种修改。对于通过审查的能力提案,依据国防部采办项目等级标准和对一体化联合作战的影响,将评审项目分为四类:第一类为联合需求监督委员会关注的重大项目;第二类为联合一体化项目;第三类为联合信息项目;第四类为各军种独立项目。四类提案分别由不同部门审查、确认和批准。此外,初审官还承担以下职责:存档能力需求文件/数据和验证备忘录,供今后工作参考;管理用于保障"联合能力集成与开发系统"过程和有关联合需求监督委员会活动的知识管理/决策支持系统及相关的网站;记录与"联合能力集成与开发系统"过程相关的指标,提交到知识管理/决策支持系统用作支撑信息;协调负责系统和资源分析的国家情报副主任(ADNI/SRA),通过情报界能力需求(ICCR)或联合能力集成与开发系统,共同组织落实军事情报计划(MIP)和由情报界(IC)投资的国家情报计划(NIP)能力的相关工作;协调代理首席管理官,促进与国防业务系统相关需求的初审官基本职能,保证协调好各个过程。

(二) 联合需求监督委员会

联合需求监督委员会(JROC)成立于1986年,是美军原"需求生成系统"和当前"联合能力集成与开发系统"组织体系中的最高决策机构,主席由参谋长联席会议副主席担任,成员包括陆军副参谋长、海军作战部副部长、空军副参谋长、海军陆战队副司令。联合需求监督委员会主要职能是审查和批准重大采办项目的发展需求,并根据功能能力委员会和联合能力委员会的建议,审批相关的能力文件,确定采办项目的关键性能参数。

在美军进行"需求革命"后,联合需求监督委员会本身的人员构成并未发生变化,只是主要职能从以往被动地监督审查各军种需求以防止各军种采办重复建设,转变为从美军联合作战的高度制定政策和规划,主动管理和审查采办需求。

1. 组织构成

联合需求监督委员会由主席、成员和秘书处构成。

联合需求监督委员会主席由参谋长联席会议副主席(VCJCS)担任,主要职责包括:①监督"联合能力集成与开发系统"过程及相关组织,监督相关阶段性审查和进展,支持联合需求监督委员会的各项工作;②代表联合需求监督委员会,与三军、作战司令部和其他国防部各部门保持联系。

联合需求监督委员会成员包括三军和作战司令部的上将级军官。其中,军种代表必须参加联合需求监督委员会的所有活动,人选须向国防部长报告后,经本部门推荐并且获得参谋长联席会议主席批准。联合需求监督委员会主席有时也会邀请作战司令部代表参加相关活动,该司令部的相关责任领域或功能问题都需要联合需求监督委员会考虑。作战司令部代表通常是作战司令部的司令或副司令。

联合需求监督委员会设有秘书和秘书处。联合参谋部负责部队结构、资源和评估的J-8局长(DJ-8)担任联合需求监督委员会秘书。联合参谋部J-8/联合能力部(J-8/JCD)秘书处的分支机构作为联合需求监督委员会的秘书处,履行联合需求监督委员会指导或指定的联合需求监督委员会管理职责。秘书处具体职责包括:制定召开联合需求监督委员会会议、组织联合需求监督委员会工作和保证促进联合需求监督委员会业务经营的议程;协调联合参谋部的活动,为联合需求监督委员会主席提供支持;对三军、作战司令部和其他国防部各部门简要报告需要联合需求监督委员会的决议或建议的问题;任命一名联合需求监督委员会记录员,记录联合需求监督委员会的措施,维护联合需求监督委员会的历史记录。通过发布相关的联合需求监督委员会备忘录(JROCM),记录和实施联合需求监督委员会的决定和建议;负责所有内部报告和外部报告;制定和建立联合需求监督委员会与联合能力委员会的管理规程;为联合需求监督委员会提供联合参谋部联系人。

2. 具体职责

联合需求监督委员会是国防部范围内最高级别的委员会之一,具体职责包括:组织进行"联合能力集成与开发系统"过程活动,根据相关规程进行年度能力差距评估(CGA),确定能力需求验证、整理能力需求档案的先后次序;参与参加联合概念开发(JCD)过程;协助参谋长联席会议主席准备主席的计划建议(CPR)、主席的计划评估(CPA)和主席的风险评估(CRA);接受国防部长或参谋长联席会议主席的指令,对国防部的计划、基础设施、保障功能、人力和生活质量问题进行联合评估;协助参谋长联席会议主席起草供作战司令部指挥官、现役军官和联合参谋部使用的年度战略指南;执行监督委员会级别的任务领域评估,审查和批准能够修正联合作战缺陷或作战司令部冗余的计划与建议,同时保证互操作性,并减少平行和重复的发展工作;开展风险评估,在关键作战与支持领域制定重点;验证联合能力技术演示(JCTD)提案中的任务需求,提交给国防部采办、技术与后勤副部长审批;与作战司令部定期召开会议,保证现在和未来的作战能力能够符合联合能力和纲领性优先级要求,并及时得到确定、妥善定义和重视;履行其他指定的职责,支持参谋长联席会议主席对总统、国家保密局、国防部长、国会或其他人的建议。

(三) 联合能力委员会

联合能力委员会比联合需求监督委员会低一级,是联合需求监督委员会的辅助决策机构。

1. 组织构成

联合能力委员会由主席、成员和秘书处构成。

联合能力委员会主席由联合参谋部J-8局局长担任，主要负责：为联合需求监督委员会提供支撑，履行联合需求监督委员会赋予的职责，包括与三军、作战司令部和其他国防部各部门的联系；协调对"联合能力集成与开发系统"过程的监督工作，处理需要联合需求监督委员会审查的其他问题；将相关问题预先报告给联合需求监督委员会，对相关问题讨论做好准备。

联合能力委员会成员由与三军和作战司令部的将级军官或同级的文职官员组成。其中，军种代表由联合需求监督委员会的军种官员指定，代表军种利益，针对联合能力委员会验证过的能力需求，具有做出重要决策的权限。联合需求监督委员会主席有时也会邀请作战司令部代表参加相关活动，该司令部的相关责任领域或功能问题都需要联合需求监督委员会考虑。作战司令部代表是该司令部指定的指挥官。

联合能力委员会设有秘书处，由联合参谋部J-8/联合能力处主管担任联合能力委员会的秘书。联合参谋部J-8/联合能力处秘书处分支机构作为联合能力委员会的秘书处，履行由联合能力委员会下令或指定的联合能力委员会管理职责。秘书处具体职责包括：向三军、作战司令部和其他国防部各部门简要报告需要联合能力委员会决议或建议的问题；通过联合需求监督委员会的备忘录，记录联合能力委员会的决定和建议；负责所有的内部报告和外部报告；为联合能力委员会提供联合参谋部联系人。

2. 具体职责

联合能力委员会就能力需求文件内的问题提出建议，以辅助联合需求监督委员会做出决策。具体职责包括：执行进行"联合能力集成与开发系统"过程工作，参加年度能力差距评估；在联合需求监督委员会进行验证前，审查和批准能力需求文件，对简单问题进行修正；按照相关要求，与联合能力委员会的联合参谋指定人员一起验证能力需求文件；确定需要联合需求监督委员会需要讨论的问题，对需要联合需求监督委员会进行审查的问题提出建议；履行其他支持参谋长联席会议主席和联合需求监督委员会的职责。

（四）功能能力委员会

功能能力委员会是一系列委员会的统称，是美军需求生成机制组织体系中的核心评审机构，与美军划分的"战场感知"、"指挥与控制"、"兵力应用"、"兵力防护"、"聚焦后勤"、"网络中心战"、"兵力管理"和"联合训练"8个联合能力领域相对应，每个委员会专注于各自领域的工作。经过整合，目前共有6个功能能力委员会,如表 1-1 所列。

表 1-1 联合需求监督委员会批准的功能能力委员会和功能能力委员会主席

联合能力领域	功能能力委员会名称	功能能力委员会主席
1,8	部队支持(FS) (兵力管理和联合训练)	联合参谋部 J-8/部队管理、运用和支持副局长
2	战场感知(BA)	联合参谋部 J-2/战场感知副局长
3	部队应用(FA)	联合参谋部 J-8/部队管理、应用和支持副局长
4	后勤(LOG)	联合参谋部 J-4/战略后勤副局长
5,6	指挥、控制、通信与计算机/网络	联合参谋部 J-6/指挥、控制、通信与计算机/网络副局长
7	防护	联合参谋部 J-8/部队防护副局长

1. 人员构成

功能能力委员会由主席、成员、秘书处、功能能力委员会将级军官/海军将军级军官(GO/FO)综合组以及上校(O-6)级综合组构成。

功能能力委员会主席由联合需求监督委员会指定,一般由联合参谋部各业务局局长或联合作战司令部的有关领导担任,通常为将级军官或相应级别的文职官员。具体职责包括:协调其他有关功能能力委员会,管理功能能力委员会联合能力领域相关的能力需求文件;代表功能能力委员会,为联合需求监督委员会和其他部门提供建议和文件评估;参加功能能力委员会将级军官/海军将官综合组会议;协同联合参谋部 J-8/特许计划协调员(J-8/SAPCOORD),处理特许计划/需求的相关事务;协调联合参谋部初审官和主管部门组织,处理替代补偿控制措施的相关工作;必要时,确定额外的功能能力委员会成员,保证联合参谋部和其他利益相关方能够有效参与审查工作,并提供功能能力委员会审查的主题内容;确定功能能力委员会下属工作组(WG)的人员组成;推荐能够提供最佳价值的能力需求档案替代方案。如有需要,功能能力委员会可设立联合主席,目前有 2 个功能能力委员会决定保留联合主席:供应链集成助理国防部长帮办(DASD)受邀成为后勤功能能力委员会的联合主席;联合参谋部 J-8/联合一体化防空和导弹防御组织副主任(J-8/DDJIAMDO)受邀成为负责综合防空和导弹防御事务的防护功能能力委员会的联合主席。

功能能力委员会成员包括常设人员和临时人员。常设人员主要是委员会对应的联合参谋部J-1至J-8局的人员以及联合部队司令部人员。非常设人员是根据评审项目的需要临时加入的,主要是来自各军种、各联合作战司令部、采办技术与后勤副国防部长办公室、情报副国防部长办公室、空军空间副部长办公室、网络与信息一体化助理国防部长办公室、主计长办公室、计划分析与鉴定局以及国防情报局等部门的上校(O-6)级别军官或相应级别的文职官员,这些人员负责对本部门需求文件的相关问题进行说明。

功能能力委员会设有秘书处,由中校(O-5)级军官或同级别文职官员担任秘书。秘书处由功能能力委员会主席指定,履行功能能力委员会指示或指定的管理职责。具体职责包括:履行功能能力委员会主席或领导指派的管理职责;参加功能能力委员会和功能能力委员会工作组的会议;安排会议、记录会议记录、跟踪活动项目以及处理活动项目;根据功能能力委员会的日程表、文件和简报等,更新知识管理/决策支持系统相关信息;维护功能能力委员会的网站,发布功能能力委员会信息;协调联合需求监督委员会秘书处和联合能力委员会秘书处,保证在准备会议时或正式讨论会之前72小时内收到联合能力委员会和联合需求监督委员会的简报和文件;为联合能力委员会提供必要的连续性以及联合参谋部联系人。

功能能力委员会下设将级军官/海军将军级军官(GO/FO)综合组。联合参谋部J-8/需求副局长担任功能能力委员会将级军官/海军将官综合组主席,成员包括功能能力委员会主席、联合参谋部J-8/资源和采办副局长(J-8/DDRA)、联合参谋部J-7/国防信息处处长(J-7/DDI),或这些成员指定的代表。三军和联合需求监督委员会的顾问受邀派出将级军官/海军将官/SES级别的代表,给将级军官/海军将军级军官综合组提意见。综合组职责主要包括:保证联合能力领域间的综合能力;确定能力区之间的潜在联系;评估功能能力委员会核心功能的有效性和潜在发展;为联合能力委员会和联合需求监督委员会提供建议。

功能能力委员会还设有上校(O-6)级综合组,由联合参谋部J-8/联合能力处处长担任主席,成员包括功能能力委员会领导、联合参谋部J-8/需求副局长(J-8/DDR)、联合参谋部J-8/资源和采办副局长(J-8/DDRA)、联合参谋部J-7/国防信息处处长(J-7/DDI),或上述成员指定的代表。三军和联合需求监督委员会的顾问受邀派出上校(O-6)/GS-15(文职行政级别为15级)级别的代表,为上校(O-6)综合组提供相关建议。功能能力委员会上校(O-6)综合组职责主要包括:保证联合能力领域间的综合能力;确定能力区之间的潜在联系;评估功能能力委员会核心功能的有效性和潜在发展;为功能能力委员会将级军官/海军将官综合组提供建议。一般来说,功能能力委员会将级军官/海军将官综合组与功能能力委员会上校(O-6)级综合组每两周进行一次交互。

2. 具体职责

功能能力委员会比联合能力委员会低一级,主要职能是对需求提案进行审查和确认,对联合需求监督委员会的审查提供支持,为联合能力委员会和联合需求监督委员会就能力需求档案内的问题提出建议,并组织联合能力委员会或联合需求监督委员会指示下的其他活动。具体职责包括:执行"联合能力集成与开发系统"过程的相关活动,参加年度能力差距评估;在联合能力委员会进行审查前,开展能力需求文件管理,审查和评估能力需求文件,对文件中存在的简单问题进行修正;参与联合概念开发;确定需要联合需求监督委员会或联合能力委员会需要讨论的主题,对需要联合需求监督委员会或联合能力委员会进行审查的问题提出建议;履行支持参谋长联席会议主席、联合需求监督委员会和联合能力委员会的其他指定职责;按照任务需要,联系和组织联合参谋部、三军、作战司令部和国防部其他部门有关专家提供支持。

(五)功能能力委员会工作组

功能能力委员会工作组是功能能力委员会的下一级组织,就能力需求文件中的问题给功能能力委员会提出建议,并完成功能能力委员会指示的其他活动。功能能力委员会工作组是功能能力委员会对能力文件进行评估的实施机构,每个功能能力委员会都有若干功能能力工作组协助工作。

功能能力委员会工作组组长由上校(O-6)级军官或者同等级文职官员担任。工作组的设置由功能能力委员会主席确定。组长职责包括:协助功能能力委员会主席,管理功能能力委员会工作组联合能力领域相关的能力需求文件;协同联合参谋部J-8/特许计划协调员(J-8/SAPCOORD),处理特许计划/需求的相关工作;监督功能能力委员会工作组会议;对功能能力委员会工作组的内容简报和主管部门的问题陈述进行审查和确认,以更好地向功能能力委员会、联合能力委员会和联合需求监督委员会进行陈述;保证吸收整个国防部的各方观点,包括联合参谋部和其他利益相关方;参加功能能力委员会上校(O-6)级综合组会议。

功能能力委员会工作组成员包括军人、文职官员,以及承包商服务保障领域的专家,这些人来自联合参谋部、三军、作战司令部以及其他国防部各部门,也是能力需求文件的主办部门代表。

功能能力委员会工作组的具体职责包括:完成"联合能力集成与开发系统"过程中的相应工作,参加年度能力差距评估;在功能能力委员会进行审查前,对能力需求文件和相关问题进行初始审查和评估;参加联合概念开发;执行功能能力委员会主席下达的其他指令。

(六)需求主办部门

需求主办部门(Sponsor)是指在各军种、国防部各业务局、国防部各直属机构中,负责对某一具体能力建议进行通用能力文件起草、定期汇报、提供经费支持能力发展和采办过程的机构。三军需求主办部门主要包括:陆军训练与条令司令部、海军作战部长办公室和海军分析中心、海军陆战队战斗发展司令部、空军的某些作战司令部(如空中战斗司令部、空中机动司令部等)。另外,联合需求监督委员会的各功能能力委员会也可以提出联合能力需求,并指定某一部门作为需求主办部门。需求主办部门对所制定的能力文件负有重要责任,在提交评审与最终进入采办过程之前,都需要需求主办部门进行签字确认。同时需求主办部门还负责与联合需求监督委员会以及功能能力委员会保持密切沟通,确保需求管理工作的顺利进行。

(七) 其他机构

除以上"联合能力集成与开发系统"中的主要组织外,还有一些机构发挥了一定的辅助作用。

一是独立的评估组织,主要指联合参谋部J-8局内的三个部门。这些独立的评估组织可评估所有的功能能力委员会和领导特别感兴趣的主题,并发挥专业知识为功能能力委员会、联合能力委员会和联合需求监督委员会提供支撑,例如:联合参谋部J-8/联合需求评估部(J-8/JRAD)完成与需求相关的评估;联合参谋部J-8/能力与采办部(J-8/CAD)完成与采办计划相关的评估;联合参谋部J-8/计划与预算分析部(J-8/PBAD)完成与预算相关的评估。

二是联合武器安全技术顾问团(JWSTAP)。顾问团主要为联合参谋部J-8/部队防护副局长(J-8/DDFP)提供武器安全方面的建议。顾问团主席由全体顾问团成员提名,报联合参谋部J-8/部队防护副局长批准。顾问团的成员来自采办、技术与后勤副国防部长下属机构、作战试验鉴定局、国防部炸药安全委员会、军种部、特种作战司令部、海岸警卫队(如需要)等机构,都是军事作战(在联合作战环境中的部署概念)、武器安全(处理、存储和运输)以及采办(设计、部署、试验和鉴定)等领域的资深专家。顾问团具体职责包括:作为项目主管部门和联合参谋部J-8/部队防护副局长的专家咨询来源,提供在联合作战环境(JOE)中的武器安全需求方面的建议;审查关于武器和弹药的能力需求文件,保证根据全寿命周期管理解决武器安全需求(全寿命周期管理包括作战、存储、处理、运输和毁坏/去军事化);协调项目主管部门和联合参谋部J-8/部队防护副局长(J-8/DDFP),制定解决武器安全需求问题的可行性解决方案。

三是联合需求监督委员会咨询支撑组织。为更好地对能力需求进行审查和验证,美军在"联合能力集成与开发系统"中借助了联合参谋部之外的专家力量,根据联合需求监督委员会的指令,鼓励向联合需求监督委员会提出建议。这些咨询支撑组织主要包括顾问和参加机构。担任联合需求监督委员会的法律顾问有采办、技术与后勤副国防部长,主计长,政策副国防部长,成本评估与计划鉴定局局长,作战试验鉴定局局长。国防部长还指定了其他国防部官员作为顾问,主要有情报副国防部长、人事与战备副国防部长、国防部首席信息官、副首席管理官、空军部长(采办、技术与后勤副国防部长针对空间项目指派)。参加机构可以申请参加联合需求监督委员会会议,针对当前或未来联合作战能力方面的问题,为联合需求监督委员会主席、联合能力委员会主席或功能能力委员会主席提供建议。这些机构主要包括国家地理空间情报局、国防信息系统局、国家安全局/中央安全局、国家侦查局、导弹防御局、国防威胁化减局、国防情报局、国防安全合作署、国防后勤局、国防高级研究计划局、国防合同管理局、国民警卫局、国家安全局、国家情报主任办公室、管理与预算办公室、国务院、国土安全部等。

三、需求生成过程

"联合能力集成与开发系统"的需求生成工作程序包括顶层文件制定、需求论证、需求初审、需求确认和批准等四个阶段。"联合能力集成与开发系统"规定的需求管理运行程序包括《联合能力文件》《初始能力文件》《能力发展文件》《能力生产文件》等四种能力文件的制定、确认和审批过程。各种能力文件的制定和审批程序大致相同,即:经需求发起部门的需求分析后,先由初审官进行初步审查和分类,再分别交由相应部门进行确认和批准。

(一)顶层文件制定

参谋长联席会议依据国家安全战略和军事战略,制定《联合作战概念》《联合功能概念》《一体化体系结构》等国防部顶层需求文件,规划未来15到20年美军的联合作战方式、潜在威胁和军事能力需求,并通过军事任务分类集成,提出联合能力的领域需求,以及实现各领域能力的一体化体系结构(包括作战行动、武器系统和技术标准),作为需求发起部门开展需求论证、联合需求监督委员会开展需求审查的主要依据。

(二)需求论证

需求发起部门(主要是各军种和国防部相关业务局)依据国防部顶层需求文件,经过功能领域分析、功能需求分析以及功能方案分析等环节,形成《联合变更建议文件》《初始能力文件》等能力文件。进入采办阶段后,《初始能力文件》还要经过逐步细化,形成《能力发展文件》《能力生产文件》,指导研制和生产活动,如图1-2所示。

需求论证过程通常分为如下步骤:

一是功能领域分析。功能领域分析是需求分析的第一步,需求发起部门根据国防部顶层需求文件,分析确定实现军事目标所需的作战任务、条件和标准。

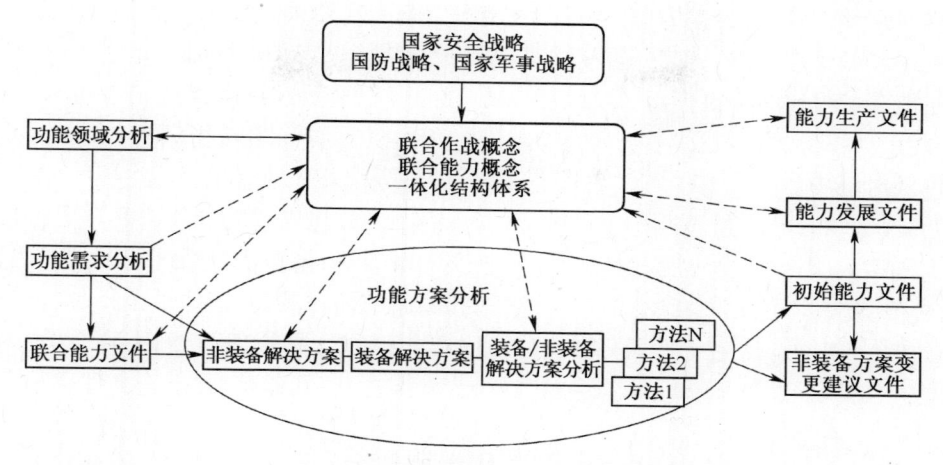

图1-2 "联合能力集成与开发系统"需求论证过程

二是功能需求分析。在功能领域分析的基础上,需求发起部门评估现有的作战能力,分析确定相关领域存在的能力差距、能力冗余以及能力发展的优先顺序。对于涉及联合作战的功能需求,只有分析形成《联合能力文件》,才能进入功能方案分析。对于不涉及联合作战的功能需求,则无须经过《联合能力文件》分析过程,直接进入功能方案分析。

三是功能方案分析。功能方案分析是需求分析阶段最重要的环节。在功能领域分析与功能需求分析的基础上,需求发起部门针对存在的能力差距,进行功能方案分析,确定弥补能力差距或发展新型作战能力所有可行的方案。优先方案是非装备解决方案,主要通过完善条令、组织、训练、领导、人员与设施等,弥补能力的不足。如果非装备解决方案无法弥补能力差距,就制定装备解决方案。

需求分析阶段结束后,最终形成《联合能力文件》草案、《联合变更建议文件》草案、《初始能力文件》草案。在进入采办阶段后,《初始能力文件》还要经过逐步细化形成《能力发展文件》《能力生产文件》。

(三) 需求初审

需求发起部门在完成能力文件草案的编制后,将能力文件草案提交"联合能力集成与开发系统"的知识管理/决策支持数据库,初审官正式启动能力文件初审工作。初审官根据能力文件提案所涉及的具体能力领域,对能力文件提案实施评审,并在5天内发布评审结果。对于不合格的能力提案,初审官将予以否决,或打回军种再修订;通过初审的提案,初审官按照与联合作战的相关程度和重要性进行分类,分别提交给相应的功能能力委员会、联合能力委员会、联合需求监督委员会进行进一步的详细评审。对于初审官审查确定为第三、四类的项

17

目,则无须功能能力委员会再行评审,只须经需求发起部门确认后,根据初审结果对能力文件进行完善、签署后即可生效。"联合能力集成与开发系统"的审查和批准过程如图1-3所示。

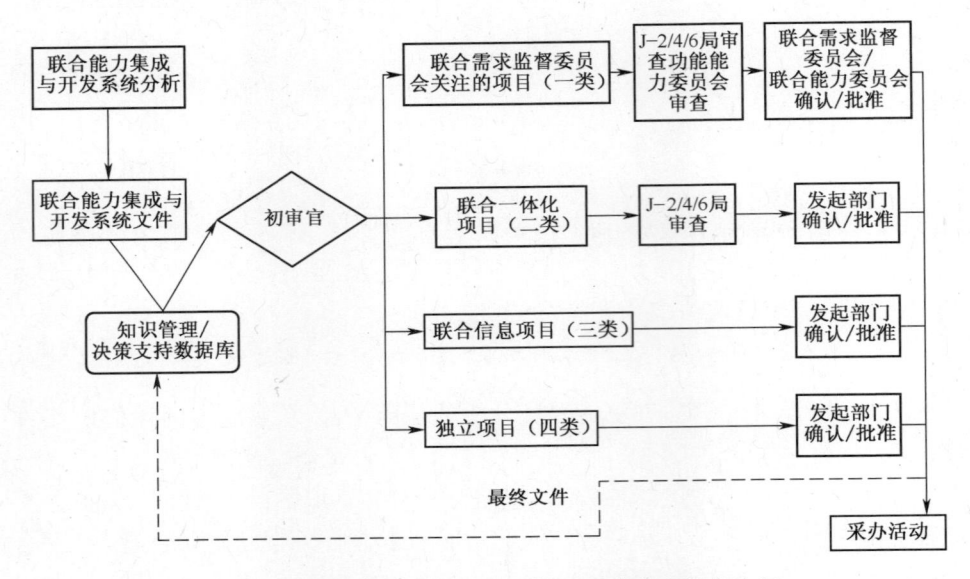

图1-3 "联合能力集成与开发系统"的审查和批准过程

（四）需求确认和批准

对于初审确定为"联合需求监督委员会关注"的重大项目,由联合参谋部J-2、J-6、J-8等业务局从情报、指挥以及互操作/保障性等方面进行审查。能力文件由需求发起部门根据评审结果进行完善后,交由功能能力委员会进行进一步的审查。功能能力委员会的审查意见连同能力文件草案提交联合能力委员会确认后,交由联合需求监督委员会批准。

对于初审确定为二类的联合一体化项目,也需要先由J-2、J-6、J-8等业务局进行相应审查,然后由需求发起部门根据评审结果对能力文件进行完善,最后由需求发起部门确认签署后生效,并将有关文件存入知识管理/决策支持数据库。

第二章 国防研究与开发管理机构

国防研究与开发工作是美军长期保持军事领先优势的重要基石。在美国国防资源分配体系中,国防研究与开发(R&D)属于国防预算中的第6大类[①],全称为研究、开发、试验鉴定(RDT&E)。其中,6.1、6.2和6.3主要开展国防研究与开发工作。国防研究与开发和国防采办紧密联系,其中:形成的系统级科技成果(如原型样机)可通过向采办部门交付,促进新的采办项目立项;形成的单项科技成果(如理论方法和器件)可通过各种技术转移计划服务于作战、组织、训练等各个方面,也辐射到国防采办全寿命周期各阶段。

美国国防研究与开发工作实行国防部集中统一领导、各业务局和三军分散组织实施的管理体制,其中:国防部采办、技术与后勤副部长下设的研究与工程助理国防部长统一领导国防部研究与开发工作;国防部相关业务局和三军国防科研管理机构(主要是三军研究实验室或科研局)分别负责特定领域和本军种科研管理工作;军内科研机构、大学和企业等承接科研项目,开展具体研发工作。

第一节 研究与工程助理国防部长

根据美国国防部相关指令,研究与工程助理国防部长是美国国防研究与开发体系中的领导核心和国防部首席技术官,主要负责制定国防科技战略和指导文件,审定国防研究与开发政策及规划、计划、预算,组织跨军种国防研究与开发项目,统管和监督美国三军军内科研机构。

一、历史沿革

1947年,根据《国家安全法》,研究与开发委员会随国家军事部组建而成立,研究与工程助理国防部长便"脱胎"于此。

[①] 在美国国防资源分配体系中,国防研究与开发属于第6大类,全称为研究、开发、试验鉴定(Research, Development, Test and Evaluation,英文简写为RDT&E),分为7个小类:6.1基础研究;6.2应用研究;6.3先期技术开发;6.4先期部件开发与样机;6.5系统开发与演示验证;6.6管理保障;6.7作战系统开发。

1949年，根据《国家安全法修正案》，国家军事部更名为国防部，下属的研究与开发委员会继续行使职能。

1953年，艾森豪威尔总统改组国防部，新增了6个助理国防部长（Assistant Secretary of Defense，ASD）职位，研究与开发委员会被撤消，相应职能主要由应用工程助理国防部长（ASD for Applications Engineering）和研究与开发助理国防部长（ASD for Research and Development）承担。而后，应用工程助理国防部长更名为工程助理国防部长（ASD for Engineering）。

1957年3月，国防部在工程助理国防部长与研究与开发助理国防部长基础上，合并设立研究与工程助理国防部长。

1958年，为应对苏联发射卫星带来的技术挑战，美国加强军事技术研发工作，根据《国防部改组法》将研究与工程助理国防部长改设为国防研究与工程署署长，新机构被赋予更加强有力的职权，当时的职级甚至高于副国防部长。

1977年10月，为理顺国防部职级关系，美军将研究与工程署署长改称为研究与工程副国防部长。

1986年，根据《军事改革法》，美军进一步调整组织体系，合并研究与工程副国防部长办公室与设施与后勤助理国防部长（ASD（I&L）），设立采办副国防部长，加强全军采办统管力度。研究与工程副国防部长降格并恢复原名称"国防研究与工程署"署长，置于采办副部长领导之下。

2011年1月，奥巴马总统签署《国防授权法》，重新对国防部进行调整，将国防研究与工程署署长改名为研究与工程助理国防部长。

2016年底，在以谋求技术优势为核心的第三次抵消战略深入推进之际，美国会审议通过《2017财年国防授权法》，要求国防部拆分采办、技术与后勤副国防部长职能，分设研究与工程副国防部长和采办与保障副国防部长，新体制将于2018年2月1日正式运行。改革后，研究与工程副国防部长将以更加强劲的力度推进国防研究与开发工作。

人物专栏

前任研究与工程助理国防部长简介[①]

2015年12月14日，史蒂芬·P·韦尔比被正式任命为研究与工程助理国防部长（ASD（R&E）），同时担任国防部首席技术官和国防部长科学、技术、研究与工程领域的首席参谋助理。作为研究与工程助理国防部长，韦尔比领导制定

[①] 截至2017年7月，根据美国国防部网站显示，新的研究与工程助理国防部长一职还未正式任命，处于代理状态。

相关政策和指南,拟定和实施国防部研究与工程计划,组织开发并利用能够使美国持久保持技术优势所需的技术;监管国防部实验室研究与工程相关的基础科学和样机研究方面的事务,促进国防部内部、国防部与其他联邦及非联邦机构和组织之间的协调与合作,并确保与盟国和友好国家之间的技术交流。

韦尔比曾担任系统工程助理国防部长帮办,负责整个部门工程政策的制定,并监督执行。具体职责包括工程设计、复杂军事系统的开发研制以及对国防部主要采办项目的投资进行工程审查、分析和技术风险评估。韦尔比领导国防部工程与生产以及质量和制造部门中的4万多名科技人才,并且还担任国防标准化主管,指导国防部计划,以发展和维护政府及商业领域攸关国防的技术标准。

韦尔比在技术和产品开发方面拥有超过28年的政府和行业经验,包括担任国防高级研究计划局(DARPA)的高级领导职位。他的经验包括开发先进的航空与空间系统、机器人、先进武器、高性能软件和军事传感器系统。

韦尔比拥有库柏高等科学艺术联合学院化学工程学士学位、得州农工大学工商管理硕士学位,以及约翰霍普金斯大学计算机科学和应用数学硕士学位。

二、机构现状

研究与工程助理国防部长办公室的下属机构可以划分为3个支撑机构、4个职能部门以及国防高级研究计划局和联合简易爆炸装置控制组织。支撑机构主要包括联合储备办公室、技术净评估办公室和国防技术信息中心是研究与工程助理国防部长办公室的辅助机构,但对整个美国国防科技发展具有非常重要的作用。职能部门包括研究助理国防部长帮办办公室,系统工程助理国防部长帮办办公室,新兴能力与样机助理国防部长帮办办公室,研制、试验鉴定助理国防部长帮办办公室。图2-1所示为研究与工程助理国防部长办公室组织体系。

三、支撑机构

支撑机构包括联合储备办公室、国防技术信息中心和技术净评估办公室,主要为国防科技管理提供相关支撑工作。

联合储备办公室负责建设一个比国防部范围更广的知识信息网络,全面储备国防部以外的科学、技术、工程相关的信息和知识,使美军可以方便地使用军外研究与工程实验室、大学和企业的技术资源。

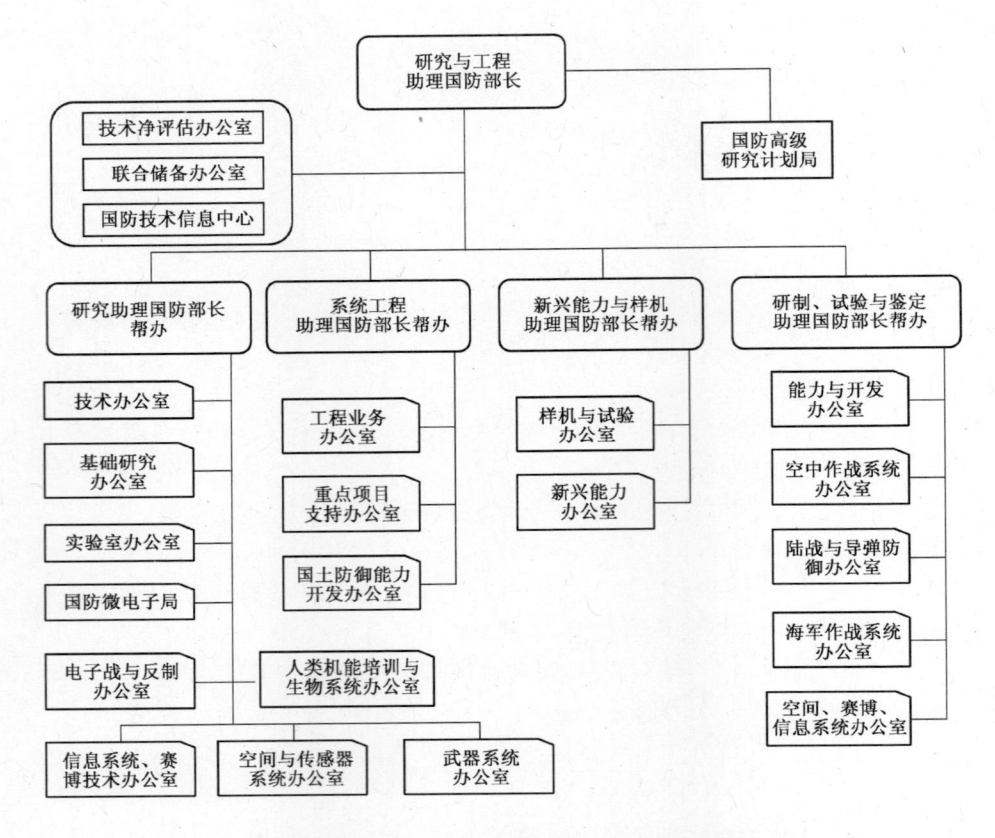

图 2-1 研究与工程助理国防部长办公室组织体系

国防技术信息中心负责搜集所有在国防部研究、开发、试验鉴定计划工作范围内产生的信息，并根据客户需求，迅速、准确和可靠地提供必要的研究、开发、试验和鉴定信息。

技术净评估办公室于 2015 年设立，主要职能任务是：根据其他机构提供的世界技术发展情报，采用净评估方法（即集多种学科和分析方法于一体的系统分析框架），与其他国家进行对比分析，评估美国军事技术能力和潜力、趋势和未来前景，以预测未来威胁和发展机遇。该办公室的工作结果具有诊断性和前瞻性的特征，主要为研究与工程助理国防部长决策提供建议和支持。

20 世纪 70 年代，美国防部曾在研究与工程署（研究与工程助理国防部长办公室前身）之下设立技术净评估办公室，主要目的是研究对比美国与苏联的技术发展情况，为美国制定技术发展战略和相关决策提供支撑。后来因"冷战"结束，该办公室也随之撤销。

四、职能部门

职能部门是研究与工程助理国防部长办公室的主体机构,包括研究助理国防部长帮办办公室,系统工程助理国防部长帮办办公室,新兴能力与样机助理国防部长帮办办公室,研制、试验鉴定助理国防部长帮办办公室。

（一）研究助理国防部长帮办办公室

研究助理国防部长帮办办公室负责统一管理和协调美军的基础研究、应用研究、先期技术开发、微电子研究等工作,制定相关研究计划,并监督和审查这些计划的实施,管理军内研究实验室。

技术办公室主要负责研究开发生物系统、信息系统、材料和微系统、空间与传感系统、武器系统、先进零部件和样机,以及技术安全。

实验室办公室负责制定相关计划和政策,以推动军内研究机构(包括研究实验室)的科学研究工作。

基础研究办公室负责领导和监管国防部基础研究计划,推动优势领域以及对国防能力具有颠覆意义技术的基础研究;完善管理机制和政策,提高科研效能,并促进科研人员间的交流合作。

除上述部门外,还包括国防微电子局、电子战与反制办公室、人类机能培训与生物系统办公室、信息系统与赛博技术办公室、空间与传感器系统办公室、武器系统办公室等从属机构。

（二）系统工程助理国防部长帮办办公室

系统工程助理国防部长帮办办公室主要负责系统工程(技术管理)管理,为国防采办部门提供系统工程理论、技术和方法的相关支持,为系统工程相关工作提供设计和评估监督。

工程业务办公室负责为系统工程助理国防部长帮办提供战略路线,指导研究工作,以提供改进的系统工程方法、过程和工具。同时,还对支持体系和网络中心服务的工具进行评估。

重点项目支持办公室负责指导新项目正确起步,建立前期的项目监督过程,确保项目的各阶段都能应用适当的系统层级规程。在项目中实施预先评估,修正项目中产生的问题。同时,还负责审查和批准系统工程计划。

国土防御能力开发办公室负责提供跨系统工程、软件工程和专业工程领域的政策和指南,为采办工作人员制定长期战略,加强系统工程的应用。同时,领导国防部内所有正规专业领域(系统规划、研究、开发与工程和过程质量管理),包括管理软件开发需要的资质。

（三）新兴能力与样机助理国防部长帮办办公室

新兴能力与样机助理国防部长帮办办公室主要负责管理国防部技术转移和

科技成果转化应用工作,下设样机与试验办公室、新兴能力办公室。两个办公室分别负责管理快速采办计划、联合能力演示验证(JCTD)计划、技术转移倡议、国防采办挑战计划和国外比较试验计划等技术转移相关工作。

(四)研制、试验鉴定助理国防部长帮办办公室

研制、试验鉴定助理国防部长帮办办公室负责制定国防部内研制、试验鉴定的相关管理政策,按照不同的专业领导,指导和评审国防部重大采办项目的研制、试验鉴定活动,下设试验鉴定能力与开发办公室和四个系统办公室。

能力与开发办公室主要负责研制、试验鉴定队伍的建设与培训,具体包括:制定研制、试验鉴定队伍建设、培训的政策和工作计划;为研制、试验鉴定队伍的教育、培训和认证等工作提供支持、监督和指导;制定试验鉴定队伍绩效评估标准等。

四个系统办公室分别为空中作战系统办公室,陆战与导弹防御办公室,海军作战系统办公室,空间、赛博和信息系统系统办公室。这些系统办公室负责协助研制、试验鉴定助理国防部长帮办制定相应领域的研制、试验鉴定政策,指导和监督相关军种与业务局开展研制、试验鉴定工作。

第二节 国防高级研究计划局

国防高级研究计划局(DARPA)是研究与工程助理国防部长的直属机构,是国防部尖端科技攻关项目的组织、协调和管理机构。DARPA主要关注高投入高风险高回报、对各军种联合作战有巨大促进作用、对推动武器系统发展有重大影响的技术领域;重点研究各军种由于某些原因(风险过大、军种需求不明确、对现有系统具有挑战性)不予支持的项目;牵头组织、协调和管理跨军种联合科技计划。作为国防高技术管理机构,DARPA使命任务是保持美国技术领先地位,防止对手技术突袭,并力图给对手造成技术突袭,为美军形成"革命性"优势培育先进的技术和系统,促进国防科技创新发展。

经过多年探索,DARPA已形成一套灵活与稳定相结合的扁平化组织管理体系,该体系主要由局长、业务办公室和项目主任三级构成,兼备庞大的外围支撑力量,不仅适应尖端科技研究的特点,而且为DARPA项目管理提供了有力保障。其中,业务办公室主要分三类:①技术办公室,负责谋划和推动DARPA各技术领域发展、聘用和管理所属项目主任,指导帮助项目主任开展项目立项、信息发布、建议书审查等工作;②专项计划及技术转移办公室,主要从事技术转移或临时性专项计划工作;③职能保障办公室,负责为DARPA日常运营提供支撑。图2-2所示为DARPA组织结构。

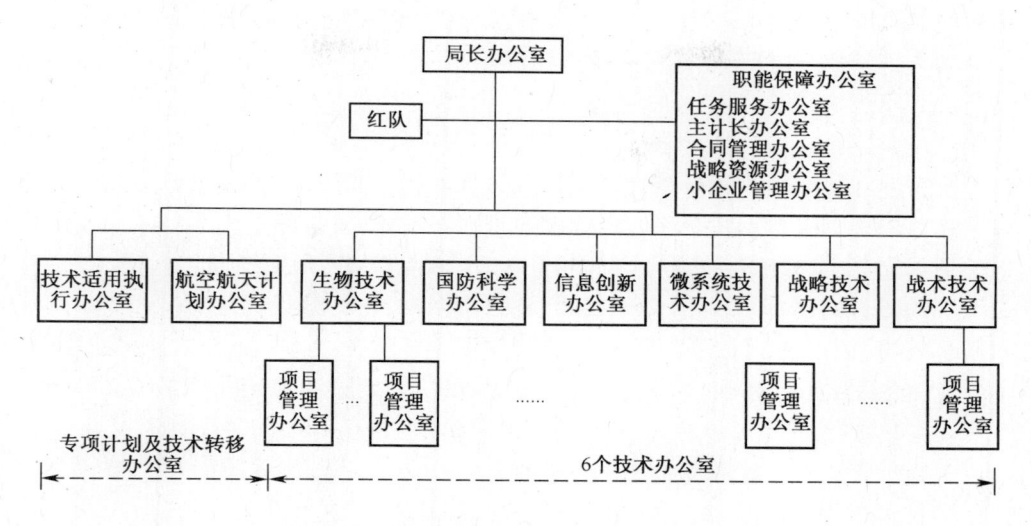

图 2-2　DARPA 组织结构

一、局长办公室

局长办公室是 DARPA 最高决策部门,负责统管 DARPA 的行政与科研业务,统筹 DARPA 未来发展。其中,局长职责主要包括:①发起研究项目并分配经费,批准相关经费支出;②制定 DARPA 工作程序;③经批准,采购或建造任务所需的研发或试验设备设施;④必要时,直接与国防部各部局联系,或与其他政府官员、公众、外国政府代表、外国科研单位和非国防部科研单位联系,征求建议或请求援助;⑤与履行或支持 DARPA 任务的机构签订资助、合作协议和其他授权协议,并进行管理;⑥经批准,通过组建咨询委员会、聘用临时性雇员或专家、顾问等方式,履行职责;⑦开发、建立并维持一个有效并持续运行的报告管理系统;⑧授权在报纸、杂志或其他公共刊物上刊登广告、通知或项目招标书,满足 DARPA 高效管理和运营要求;⑨发布 DARPA 规章、指示等。

为辅助局长等高级管理人员进行决策,DARPA 建立了红队专家组织,在 DARPA 发展过程中发挥着重要的决策咨询、评估与监督作用。DARPA 红队由独立、博学的专家组成,负责报告技术发展情况,为战略规划编制提供支撑;就项目需求进行当前或远期的对比性客观分析,制定计划和方法,进行数据评估,分析技术成熟度及其不足,识别 DARPA 面临的挑战和弱点,对 DARPA 运行情况提出质疑与挑战。红队中设有高级顾问小组,由各学科领域顶级专家组成,负责向局长和高级管理人员提供意见和建议,发现和引导军事需求分析,分析工业部门、大学和政府实验室的新技术推动工作,并就有关技术工作向局长报告。他们还对技术办公室的研究工作进行跟踪和分析，识别新的项目机遇，协助编制技术领域发展路线图，并对其军事效用做出评估。

人物专栏

前任国防高级研究计划局局长简介[①]

阿拉提·普拉巴卡尔（Arati Prabhakar）博士，美国国防高级研究计划局（DARPA）第20任局长。1959年2月出生于印度新德里，3岁随家庭移民美国，1979年获得得克萨斯技术大学电子工程学士，1980年和1984年分别获得加利福尼亚州理工学院电子工程硕士和应用物理博士学位，为应用物理专业首位获得博士学位的女性。

普拉巴卡尔1984—1986年为国会技术评估办公室（该机构已撤销）研究员，1986年加入DARPA，任职项目经理，亲手创建了DARPA微电子技术办公室（现为微系统技术办公室），先后主管和领导了半导体技术、光电子技术、红外成像技术和纳米电子技术等项目的发展，1993年离开DARPA；1993—1997年任国家标准与技术研究院院长；1997—1998年任Raychem公司首席技术官和高级副总裁；1998—2000年任Interval Research智库副总裁和总裁；2001—2011年加入风险伙伴投资公司为公司合伙人；2012年再次回到DARPA担任局长。

二、技术办公室

技术办公室是DARPA的核心部门，截至2017年1月，6个技术办公室运行情况简介如下。

（一）生物技术办公室（BTO）

近年来，生物技术已经成为科技界的热门研究领域。生物技术办公室（BTO）主要任务是融合生物学、工程学、计算机科学、传感器设计和神经系统学等研究领域，探究生物系统的力量，探索自然过程的复杂机制，并论证如何将其应用到国防任务中，设计出受生命科学启发的下一代技术，发展革命性的新能力，保障美国的国家安全。

[①] 截至2017年7月，根据美国国防部网站显示，新的国防高级研究计划局局长还未任命，处于代理状态。

BTO现设1名主任、1名副主任、1名助理主任和8名项目主任(共计11人),管理着"电子处方药"、"神经工程系统设计"、"可靠神经接口"、"革命性假肢"、"安全基因"、"勇士织衣"等28个项目。

(二)国防科学办公室(DSO)

国防科学办公室(DSO)被称为DARPA中的DARPA,因为它是很多重大前沿技术的发源地,同时也孕育出很多新的DARPA部门(如生物技术办公室等)。国防科学办公室主要任务是跟踪和识别科学与工程领域的新思想,在基础科学与实际应用之间架设桥梁,并将这些新思想转化为新军事能力。

DSO设有主任、副主任、助理主任、项目分析师、项目安全师各1名,项目主任12名(共计17人),管理着"原子到产品"、"下一代社会科学"、"开放制造"、"超快激光科学与工程"、"量子辅助传感与读出"等40个项目。

(三)信息创新办公室(I2O)

信息技术是DARPA长期关注的重要技术领域。信息创新办公室(I2O)主要任务是探索信息科学领域的革命性技术,特别是在网络空间等新兴领域,通过新概念、新工具的开发与利用,提高作战人员决策的速度和精度,确保美军在决定战争胜败的信息技术领域保持领先优势。

I2O设有主任、副主任、助理主任、项目安全官、项目分析师各1名,项目主任20名(共计25人),管理着"大机制"、"洞察"、"网络空间X计划"、"透明计算"等47个项目。

(四)微系统技术办公室(MTO)

作为研究微系统的先驱,微系统技术办公室(MTO)利用"芯片级平台"为国防部未来系统的变革提供帮助。微系统技术办公室主要任务是开发和利用微电子器件、光子器件和微机电系统技术,开展集成微系统方面的开拓性研究,使美军未来武器系统的性能或功能取得革命性进步。

MTO设有主任、副主任、助理主任、项目保障助理各1名,项目主任14名(共计18人),管理着"多样化异类集成"、"神剑"、"芯片内/芯片间增强冷却"、"频谱协作挑战赛"、"可信集成电路"等42个项目。

(五)战略技术办公室(STO)

战略技术办公室(STO)是主导国防部重大战略技术发展的重要机构,主要任务是研发具有全球或战区级影响力的、涉及多个军种的高新技术,以执行国防部在战略领域的新任务,包括发现高难度目标、通信战、电子战、网络战等。

STO设有主任、副主任、助理主任、项目分析师各1名,项目主任18名(共计22人),管理着"100GB射频骨干网"、"自适应导航系统"、"移动热点"、"深海导航定位系统"等29个项目。

（六）战术技术办公室（TTO）

战术技术办公室（TTO）是面向军种、引领军种高技术发展的技术办公室，主要任务是研发接近工程研制阶段的航空、航天、海上和地面的武器系统或子系统，通过跟踪高风险、高回报的战术技术，为高级武器系统、作战平台和空间技术开发提供快速响应、灵活移动的战斗能力，从而在战术层面上避免外来技术突袭和谋求对敌技术突袭。

TTO 设有主任、副主任、助理主任、项目安全官、项目分析师各 1 名，项目主任 18 名（共计 23 人），管理着"机器人挑战赛"、"小精灵"、"地面 X 车辆"、"凤凰"、"空间监视望远镜"、"垂直起降试验飞机"等 27 个项目。

三、专项计划及技术转移办公室

专项计划及技术转移办公室主要从事两类工作：临时性专项计划和技术转移。其中，临时性专项计划是为加快某些领域先进能力的协调、开发和部署工作而设立，对美国国家安全有重大影响，项目管理方式与 DARPA 传统项目不同。技术适用执行办公室原属于技术办公室类别，2015 年与新成立的航空航天计划办公室一并纳入专项计划及技术转移办公室类别。

（一）技术适用执行办公室（AEO）

DARPA 始终重视技术成果的转化应用。技术适用执行办公室的任务就是更快、更有效地把 DARPA "改变游戏规则"的技术转化为实战能力。该办公室的重点工作是规划与实施 DARPA 在研项目的技术演示验证活动，同时通过加强与作战部门的沟通交流，推进 DARPA 相关科技成果尽快转化为战斗力。

该办公室负责筹备和协调 DARPA 在研高技术项目的试验工作。通过与作战指挥及后勤部门合作，该办公室迅速将最新的科技成果注入军队的作战和训练中，以提高作战能力。项目经理直接从试验工作中搜集技术样机的测试反馈，从实测数据中逐步了解该技术在实战中可能的表现。这些试验数据，不仅帮助 DARPA 改进所资助的研发项目，还帮助 DARPA 调整战略计划和方向。这样的合作对作战指挥和后勤部门也大有好处。作战指挥及后勤部门可以很早地接触到 DARPA 的新技术，并且更好地理解这些新出现的技术如何改变作战系统。

技术适用执行办公室处理与作战指挥部门合作的项目为"DARPA 前沿工作组"（DARPA Forward Cell, DFC），它支持一组名为"DARPA 联合作战试验"的工作，通过为部队提供即时作战能力并调研战场，发现有待改进的地方，以便为 DARPA 远期技术投资方向提供依据。该办公室设有主任、副主任、业务与财务主任助理各 1 名，项目经理 2 名。

（二）航空航天计划办公室

为响应美国国防部提出的航空航天创新倡议（AII），确保美国在未来竞争环境下持续保持空中优势，2015年，DARPA设立航空航天计划办公室（APO）。目前，该办公室主持AII-X项目，负责设计和验证先进的飞机技术，推进美国新一代飞机技术发展。AII-X项目除投资平台技术外，还关注缩减未来系统的前期准备工作时间，可加强对美国至关重要的国防工业基础设计团队的实力。在这一项目中，DARPA将与空军和海军合作，开发和验证能够抵御未来风险、具备经济有效的空中作战能力的尖端技术。

四、职能保障办公室

DARPA职能保障办公室也经常发生调整变动。目前，主要包括5个办公室。

（一）任务服务办公室

任务服务办公室的主要任务是机构发展模式设定、变革领导方式、问题解决、政策制定、风险管理、人员与工序优化、机构管理、关系构建等。该办公室涉及到DARPA任务的各个方面，包括为研究计划及其运行提供支持，监督机构业务运作，为DARPA提供创新、风险管理、任务响应的各类服务（包括安全、情报、反情报、保密、信息技术、设备、差旅、档案管理、信息自由法案响应等）。该办公室主任是DARPA的首席信息官、首席保密官、国际合作主管，属于高级行政官员（SES）类别。

（二）战略资源办公室

战略资源办公室负责DARPA所有人员的人事管理工作，包括雇佣、任命、人事调配、薪资福利管理、绩效评价、退职管理等工作。

（三）主计长办公室

主计长办公室是DARPA内部的资金和预算的管理与监督机构，主要负责预算编制和监督、资金控制、资金转移、总分类账户管理、资金结算、未清算资金统计、流程审计、采购数据录入/分析/保存等，同时参与合同签订和执行过程，监督过程中资金使用情况。

（四）合同管理办公室

合同管理办公室主要负责监管内部合同履行，有权参与和管理DARPA内各种研究和开发项目合同、授权书、合作协议以及其他所有交易事务。合同管理办公室扮演DARPA采购顾问的角色，并在精选的、关键的技术领域给予建议。大多数DARPA合同的签订和监管都会邀请军队用户参与，为DARPA技术转移提供必要帮助。

（五）小企业管理办公室

小企业管理办公室主要负责管理 DARPA 的小企业创新研究计划（SBIR）和小企业技术转移计划（STTR）。SBIR 主要任务是通过全社会公开招标，资助小企业开展前期技术研发创新，为武器系统提供技术储备。SBIR 主要目的是：激励高技术小企业创新；利用中小企业蕴藏的技术力量，满足美军对新技术的军事和商业需求；扶持社会弱势和经济弱势群体。STTR 主要任务是通过招标采用小企业与私营企业、非营利研究机构合作等方式，资助小企业将成熟的技术转化应用到武器系统研制等部门。

第三节 国防技术信息中心

国防技术信息中心（DTIC）是研究与工程助理部长直属的支撑机构之一，是美国国防科技信息的集中统管和服务保障机构。DTIC 通过信息管理、共享和服务，加速国防技术的传递，架起国防部采办界、科技界、各部局实验室及作战人员之间的桥梁，为保持美国国防科技的领先优势起到了重要支撑作用。

一、组织机构

DTIC 总部设在美国弗吉尼亚州贝尔沃堡，有 400 多名工作人员，设有一名主任和两名副主任。主任由采办、技术与后勤国防副部长指定，一名副主任主要负责信息资源的管理与服务以及信息分析中心（IAC）计划管理，另一名副主任主要负责信息技术的研发与服务。DTIC 根据承担的主要任务，设 5 个处和 1 个 IAC 计划管理办公室，各部门职责分工如下：

（1）国防单位信息支持处主要负责维护国防部各部门的网站，并提供必要的信息技术支持；

（2）业务处主要负责 DTIC 内部的日常管理，如人员管理、后勤管理等；

（3）信息系统支持处主要负责为 DTIC 内部单位和人员提供信息技术支持；

（4）用户服务处主要负责解决用户在使用 DTIC 信息资源中遇到的困难，并主动对用户开展资源推介、信息检索及下载、专题等类型的服务；

（5）资源管理处主要负责国防部各部门的科技信息资源收集、加工、管理等工作；

（6）IAC 计划管理办公室主要负责国防部与信息分析中心之间的合同管理，监督和指导信息分析中心的业务工作，促进其产品开发与服务。

DTIC 组织机构如图 2-3 所示。

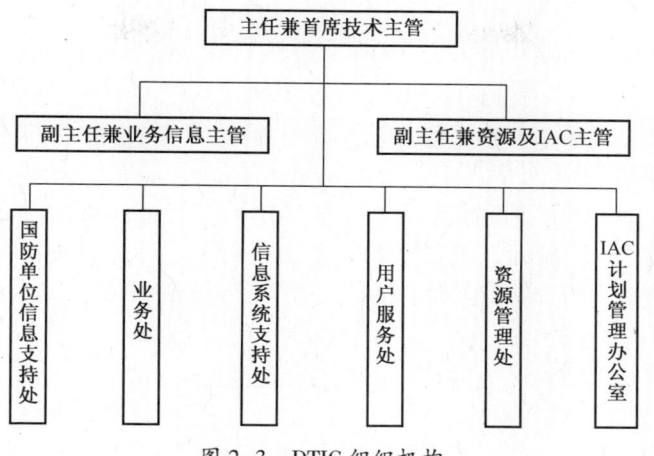

图 2-3　DTIC 组织机构

二、主要职能

美国国防部国防科技信息工作的纲领性文件《国防部科技信息计划（STIP）》规定 DTIC 承担 14 项职能，归纳起来主要聚焦在以下 4 个方面：

（1）国防科技信息搜集与服务，负责搜集、索引、分类和保存来自国防部各部局及相关承包商产生的科技信息，并为国防部各部局、相关承包商、地方政府以及外国政府提供广泛信息服务。

（2）国防部网络维护与技术保障，负责维护国防部范围内的人员注册和认证系统，维护国防部各部门的门户网站，保障国防部与其合作伙伴间信息共享的网络环境。

（3）信息分析中心管理，负责对国防部资助的信息分析中心提供计划制定、业务协调、合同管理等。

（4）政策制定和决策支持，负责参与制定国防部科技信息计划相关政策规划，并对相关内容进行拓展和维护，向研究与工程助理国防部长提供参谋协助。

三、工作任务

为降低国防科研低水平重复劳动，避免国防重复投资，DTIC 担负着汇聚国防科技信息的重任，不仅重视自产国防科技信息的集中管理、交流和使用，以及重点领域国外信息的获取和对比分析，还注重与地方科技信息界的交流与共融，在美国国防科研信息积累和传承中发挥了重要作用。

（一）国内国防科技信息的全面积累与统一管理

美国国防部在《国防部科技信息计划》和《实施原则和工作纲要》中授权

DTIC统管美国国内国防科技信息,同时规定国防研究与工程项目只有在科研信息(包括相关项目管理信息)得到存档并提供给既定的信息管理机构后,才能认定相关研究工作真正完成。多年来,DTIC非常重视自产国防科技信息的搜集和积累,建成了三个核心数据库:一是技术报告数据库,主要收集在国防部资助的研究、开发、试验和鉴定项目中产生的研究成果,类型包括技术报告、期刊论文、会议论文等,目前已达到200万条记录;二是科研项目进展情况数据库,主要收录国防部投资的项目信息,包括已经结束的和正在进行的项目,目前已近30万条记录;三是独立研究与发展数据库,主要收录国防部承包商自主研发的项目,目前已超过17万条记录。

美国国内国防科技信息大体分为项目信息和成果信息两类,其中:项目信息由国防部各部局直接提交到DTIC,由DTIC统一汇总形成科研项目进展情况数据库和独立研究与发展数据库;成果信息搜集的具体工作程序和步骤非常细致明确,在提交相关机构同时也要提交给DTIC,由DTIC对所有成果信息进行永久集中管理和服务,并根据国防科技信息的分发限制,按照一定的安全利用制度在不同使用范围内提供服务。

(二)国外关键领域科技信息的获取与对比分析

美国国防部信息分析中心(IAC)是为支持在国防研究与工程领域内的科研和管理人员而建立的研究与分析机构。美国国防部是围绕国防关键技术研发需要动态建立和撤销IAC,并随着科技重点和国家战略的发展变化,及时对已有IAC的业务领域进行相应调整,以保证IAC涵盖各种重要的技术领域。IAC业务领域的确立和调整,一是面向学科,选择国防部关注的科学或工程学科;二是面向任务,选择国防部关注的军事任务或大型武器系统。目前DTIC管理三个重点领域的IAC,分别是赛博安全域信息系统信息分析中心(CSIAC)、防御系统信息分析中心(DSIAC)和国土防御与安全信息分析中心(HDIAC)。

IAC的职能任务主要包括:一是实现对全球科技信息的快速访问,提高国防科技界人员的工作效率;二是负责为特定领域内的用户提供技术服务和解决方案。IAC任务的顺利完成主要基于他们所建立的全面、权威、便捷的领域知识库。IAC为确保分析的科学性、权威性,依托专家和专业机构开发了大量先进模型和工具。IAC经常要做国内外技术性能校核、对比分析,因此对于领域知识库包含信息的广度、权威性有很高要求。领域知识库主要通过对专业领域内的全球科技信息进行收集、处理、分析和整合而来,对于某一具体领域来说,信息相对比较完备,除美国自产信息外,其他国家信息必须全面,只有这样才能验证美国某一具体技术领域的领先程度,确保美国能在关键技术领域处于优势地位。

(三) 国内科技信息的交流与融合

DTIC不仅负责国防科技信息在国防部内传播,还被授权协调军地信息共享,将国防部科技信息传播给与国防部各部局建立合法商业关系的政府承包商、受益者和本地政府、州政府和外国政府,并与国防部长办公厅和联邦政府各部门共同制定国防部和联邦政府之间开展科学技术信息交流的有关方针政策。为此,DTIC在信息资源共建共享方面,与联邦科技信息机构开展广泛合作。一是以美国科技信息项目高级管理者合作委员会(CENDI联盟)的形式发展合作伙伴,该联盟除DTIC外,还有联邦政府其他13家信息机构。DTIC专门设立了CENDI联络办公室,作为军方代表参与会商,为联盟内的联邦科技信息机构共享资源、解决难题提供最佳环境和条件。二是作为国防系统的参建单位,DTIC共同建立维护由能源部科技信息办公室搭建的Science.gov网站,共享美国联邦政府每年约800亿美元研究开发经费的96%左右所产生的科技信息。

此外,DTIC利用先进手段和技术,针对不同用户群,建立了一套完整的信息服务机制和服务体系。其中,依托网络门户提供公共信息服务,根据信息涉密程度,建立公开、内部、涉密三个快速、安全的网络平台提供信息咨询服务。DTIC适应技术发展提供网络增值服务,借助维基、博客等Web2.0工具和内容管理方法,开展层次多样的交互式信息服务,为科技界、采办界、作战界架起直接沟通的桥梁和渠道,确保每个人员既是信息提供者也是信息的使用者。面向军事行动提供嵌入信息服务,DTIC特设作战研究员和嵌入式馆员,在美军进行演习和作战时,将他们派往战场或实际行动场地提供信息嵌入服务,发挥自身在国防科技信息领域内的优势。

第四节 国防创新试验小组

国防创新试验小组(DIUx)是美国国防部于2015年设立的新机构,旨在将商业领域的先进技术快速引入到军事领域,寻求巩固军事技术领先优势,为第三次抵消战略提供支撑。

一、成立背景

尽管科技创新日益受到美国国防部和各军种的关注,但是受制于有限国防经费、繁复办事程序和冗杂规章政策,美国国防科技发展内生动力有所削弱,国防科技创新主体积极性不高。

一是拥有创新成果的民用企业参军意愿不强。21世纪以来,随着民用技术的快速发展,诸多领域国防科技研发效率及创新能力逐步滞后于民用领域。在这种情形下，将企业的创新成果高效应用于国防部的军事需求中，显得尤为迫切。然而，受军队各种规章的约束以及国防科技研发任务投资回报周期较长的影响，一些企业参与国防科研的积极性并不高。这就需要对相关军事管理制度进行调整，采用更加市场化的运行模式，吸引更多的企业参与到国防科研活动中来。

二是军事技术需求迫切，但国防预算支出有限。近年来，因应财政紧缩，美国严格控制国防支出规模，在一定程度上影响到国防科技的发展。军方虽希望尽可能压缩新技术应用于装备的周期，而传统上由政府主导、官僚化的管理模式却难以快速、有效地满足军事作战需求，急需调整投资策略，引入新的管理模式，为国防科技创新发展提供支持。

二、发展历程

国防创新试验小组是国防部从高新技术企业获取前沿技术的前哨和桥梁，前后经历了1.0和2.0两种工作模式转换。

1.0工作模式。2015年8月，国防部长卡特在硅谷宣布建立国防创新试验小组首个办公室——国防创新试验小组1.0。成立后不久，国防创新试验小组发现两项极具军事应用前景的项目，但在实践中发现需经过反复的会议程序才能最终决策是否签订合同。传统的研发合同签订后还要再经历重重测试、审批，而样机开发也需要几年时间。不过，初步选定的两个项目没有任何进展，无疾而终。

2.0工作模式。美国国防部吸取教训后，调整形成2.0工作模式，继硅谷后陆续在波士顿和奥斯汀建立两个新的"国防创新试验小组"办公室。在选址上，三处办公地点均位列美国十大创新科技中心之中，分布于美国的东、西、中部，影响范围辐射美国大部分地区。截至2016年10月，"国防创新试验小组"已授出12项合同，总价值3630万美元，包括终端查询解决方案（1270万美元）、高速无人机（1260万美元）、博弈沙盘（580万美元）等。目前，国防创新试验小组已为军方多个部门与企业搭建了缔约平台，缔约方包括美国战略司令部和战略能力办公室、国防信息系统局、陆军情报和安全司令部、空军国民警卫队、陆军特种作战司令部等。

三、职责及运行

（一）主要职责

"国防创新试验小组"职责主要涉及三个方面：一是加强并构建国防部与企业之间的联系，帮助国防部获取前沿的商业技术和人才，如通过"国防创新试验小组",私营公司可选派技术人员到国防部工作1~2年;二是简化企业参与国防科技发展的途径;三是利用合同、竞赛等手段解决国防部面临的问题,同时维持企业家和投资者应对美军技术挑战的兴趣。

(二) 业务小组

国防创新试验小组2.0业务运行分为3个工作组:一是商业机遇小组,主要职责是识别新兴商业技术,并挖掘出这些新兴商业技术在战场上的应用潜能;二是技术成形小组,主要根据军种和国防部有关部局提出的需求,对经过开发和调整可以适用于军事应用的技术进行确认和排序;三是沟通联络小组,主要作为军队和企业家之间的桥梁,促进军队和创新者之间的相互了解和沟通。

(三) 工作流程

国防创新试验小组2.0推出"商业领域方案征集"(CSO)工作流程,以快速跟踪获取商业领域前沿技术。国防创新试验小组首先在官方网站上发布军事领域需求,涵盖各种不同的技术挑战,例如3D打印微型无人机或解决网络漏洞等,然后运行以下程序。

(1) 方案概要评估。提案方按要求提交一份不超过5页的简略的书面解决方案概要,国防创新试验小组从三个方面对材料进行初步评估:一是技术价值,即政府应用的可行性;二是概念/技术/方案与政府应用领域的相关性,以及提议的创新性、独特性和可利用性;三是公司实力、生存能力以及提出方案的商业可行性。

初评通过的方案,提案方采用当面说明、演示等方式向国防创新试验小组展示更多的方案内容及技术、商业上的可行性。国防创新试验小组则要评估方案概要可能增强国防部任务能力的情况、大致进度表、是否具备开发原型机的条件、粗略估算价格的可接受程度,以及企业是否为非传统承包商或小企业,是否能够承担1/3的研发费用等。

(2) 提案评估。通过上述方案概要评估后,国防创新试验小组要求提案方提交完整的提案,包括技术细案和价格细案两部分。其中:技术细案需重点标明方案的目标、方法、预期成果等内容,并提供详细的项目进度计划表,概述两年内不同阶段的工作;价格细案需提出完成原型机的总价格。在这一阶段,国防创新试验小组根据更加具体的内容进行评估,评估标准包括:细案是否能推动国防能力大幅提升、形成颠覆性影响;创新方案的技术优势;细案的现实性和充分性;价格的现实性和合理性。

(3) 签订合同并履行。通过评估的公司将被授予固定价格合同,采用"其他交易协议"(OTA)的方式签订。"其他交易协议"是国防部的一种合同签订方式,采用这种方式签订的合同不受绝大部分政府采购法规和规章束缚,允许政府更快速、更简便地与企业达成协议,从而避免部分最具创新性的商业公司因手续繁琐不愿承担国防部研发工作。

国防创新试验小组获取技术与产品的方式,与美军以往有较大差异。一是投资模式不同。国防创新试验小组采用与国防部用户部门共同投资的模式(国防创新试验小组出资比例在25%~50%之间),投资有军事应用前景的商业技术,虽风险较高但收益也可能很大,并允许相关投资的失败。二是要求投资回报周期短。该小组的投资周期与商业领域的周期相似,从提案提出到合同签署的平均周期仅为59天,与传统数以年记的技术采办周期有较大差异。三是管理方式灵活高效。该小组摆脱了传统繁琐模式的约束,军方工作人员和企业沟通联系紧密,便于开展合作和协调。

第五节 军种研究与开发组织机构

军种是美国国防科研的核心力量。各军种在国防部统一指导下,管理本军种以及相应领域的国防科研战略、规划、计划等,并通过计划、合同、协议等形式组织军内外机构具体完成科研任务。各军种也均设有国防科研工作的统管机构,但具体组织形式有所不同。

一、陆军研究与发展开发机构

陆军国防研究与开发工作由采办、后勤与技术助理陆军部长统一领导,该助理陆军部长下设有研究与技术助理陆军部长帮办,具体指导全陆军的国防研究与开发工作。陆军装备司令部下设陆军研究与工程司令部,负责管理和组织陆军16个科研机构的具体科研工作,如图2-4所示。

陆军国防研究与开发机构较为零散,航空、航天、通信、坦克、生化、单兵、医疗等武器系统和技术领域都分别设有专门的科研机构。陆军研究实验室是陆军最主要的综合性国防研究与开发机构,主要任务是向陆军提供关键技术及保障,使美国陆军在未来作战中处于优势地位。该实验室目前有研究与工程人员2301人(其中118人具有博士学位),技术保障及其他人员840人,总人数为3141人。年度国防研究与开发经费4亿美元左右[①]。陆军研究实验室主要包括传感器与电子设备办公室、计算与信息科学办公室、人力研究与工程办公室、生存能力与致命性分析办公室、武器与材料研究办公室、车辆技术办公室、陆军研

---

① 美国陆军研究实验室. U S. Army research laboratory homepage [EB/OL]. [2015-03-27]. http://www.arl.mil/about.

```
                    ┌─────────┐
                    │  陆军部  │
                    └────┬────┘
                         │
            ┌────────────┴────────────┐
            │ 采办、技术与后勤助理陆军部长 │
            └────────────┬────────────┘
                         │
                ┌────────┴────────┐
                │   陆军装备司令部   │
                └────────┬────────┘
                         │
                ┌────────┴─────────┐
                │ 陆军研究与工程司令部 │
                └────────┬─────────┘
                         │                    ┌──────────────┐
                         ├────────────────────│ 陆军研究实验室 │
                         │                    └──────────────┘
```

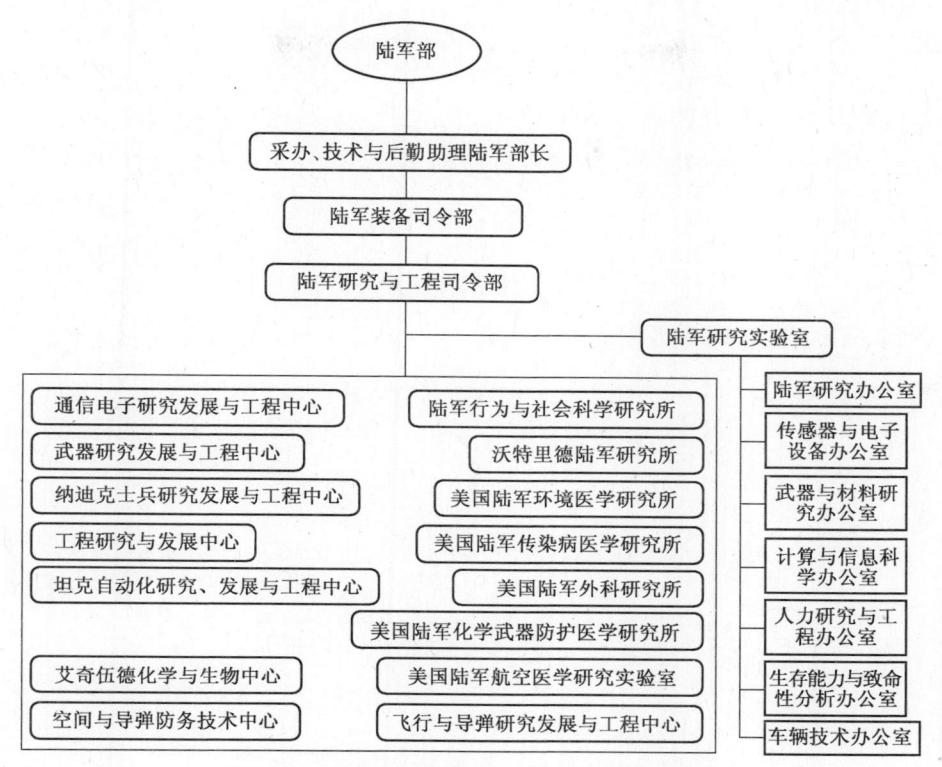

图 2-4　美国陆军国防研究与发展管理组织体系

究办公室。

陆军研究实验室主要业务包括基础研究领域、应用研究领域和技术转化。

基础研究领域：陆军研究实验室拥有 6 个相互联系的研究领域，包括生物仿真、纳米科学、智能武器系统与结构、致密能源、微型多功能传感器、装甲武器系统。

应用研究领域：陆军研究实验室确定了 8 个应用研究领域，以推动陆军的转型，包括生存能力、武器致命性、机动性、传感设备、C^4I 武器系统、作战保障、战争中的人力因素、武器系统生存能力/致命性模拟与仿真。

技术转化方面：陆军研究实验室负责将某些具有商业价值的军用技术转为民用。

陆军研究实验室的实验设施分布在以下 5 个机构，分别为阿德尔斐实验中心、阿伯丁试验场、白沙导弹试验场、罗利—达拉谟试验中心以及奥兰多试验中心。

二、海军研究与发展开发机构

海军国防研究与开发工作由研究、开发与采办助理海军部长统一领导。与陆军不同,该助理海军部长下设海军研究办公室,负责全海军的国防研究与开发工作,并管理海军各科研机构,如图2-5所示。海军研究实验室是海军国防研究与开发机构的主体,承担海军绝大部分国防研究与开发工作。此外,海军海上系统司令部下属的水面战中心和水下战中心,以及海军航空系统司令部的空战中心,也承担小部分国防研究与开发工作。

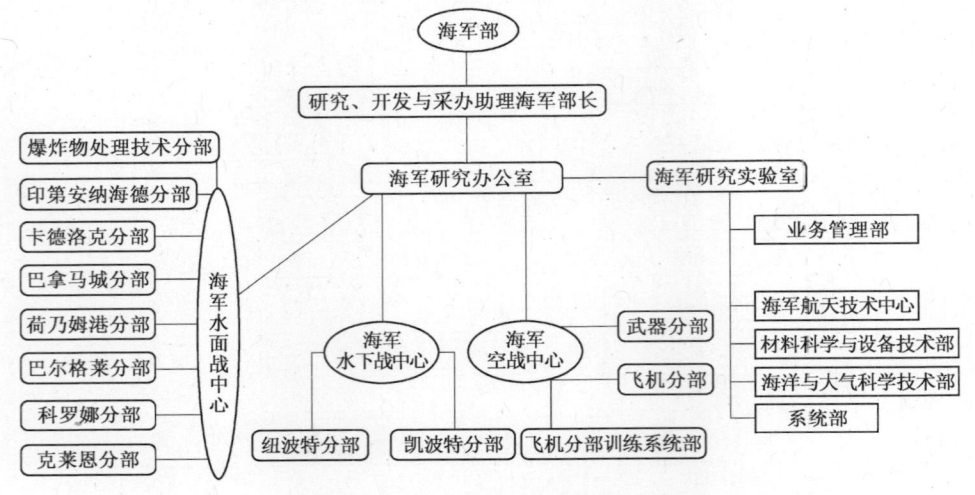

图2-5 海军研究与发展相关机构

海军研究实验室是海军多种武器系统和技术的研发机构,研究领域涉及海军新型武器系统、技术、作战系统的基础研究、应用研究、先期技术开发等,涉及的学科包括海洋学、大气学、空间科学以及其他相关学科。海军研究实验室同时也是美军物理、工程、空间与环境科学的重要研究机构,它根据海军的需求进行基础研究、应用研究与先期技术开发,并对海军各系统司令部提供广泛的研究保障。空间及空间系统技术的研究与开发是该实验室的一大优势研究领域。海军研究实验室根据研究领域下设海洋和大气科学技术部、系统部、材料科学与设备技术部以及海军航天技术中心。

目前,海军研究实验室共有各类人员共计超过2500人,其中军职人员120人左右,其他绝大多数均为文职人员。在研究人员中,有约800人拥有博士学位,约300人拥有硕士学位,400多人拥有学士学位。每年国防研究与开发经费超过6亿美元[①]。

---

① 美国海军研究实验室. US. Navy research laboratory homepage[EB/OL].[2015-02-23]. http://www.nrl.mil/about.。

三、空军研究与发展开发机构

空军国防研究与开发工作由采办助理空军部长统一领导。该助理空军部长下设有科学、技术与工程助理空军部长帮办,负责指导全空军的国防研究与开发工作。空军装备司令部下设空军研究实验室,负责管理和组织空军国防研究与开发的具体实施。与陆军和海军不同,空军研究实验室总部是空军国防研究与开发的组织管理部门,实验室总部下属的各分部和空军科学研究办公室是国防研究与开发工作的实施部门。

空军研究实验室领导美国空军作战相关技术的研究、发展与一体化,以及空军科学与技术项目的计划和执行,是一个全面综合性实验室。空军研究实验室在全世界范围内与政府、工业界和学术界建立合作关系,牵头进行众多领域的创新技术研究与发展。该实验室提供了多样化的、具有领先优势的作战能力,为美国空军在空中、空间和网络空间等领域保持技术领先提供了重要保证。目前,空军研究实验室共有各类人员10099人,其中军职人员1434人,文职人员4759人,其余为合同制或兼职人员。每年经费超过20亿美元[①]。空军研究实验室下设空军科学研究办公室、航空器部、定向能部、人机效能部、弹药部、信息部、材料与生产部、推进器部和传感器部,如图2-6所示。

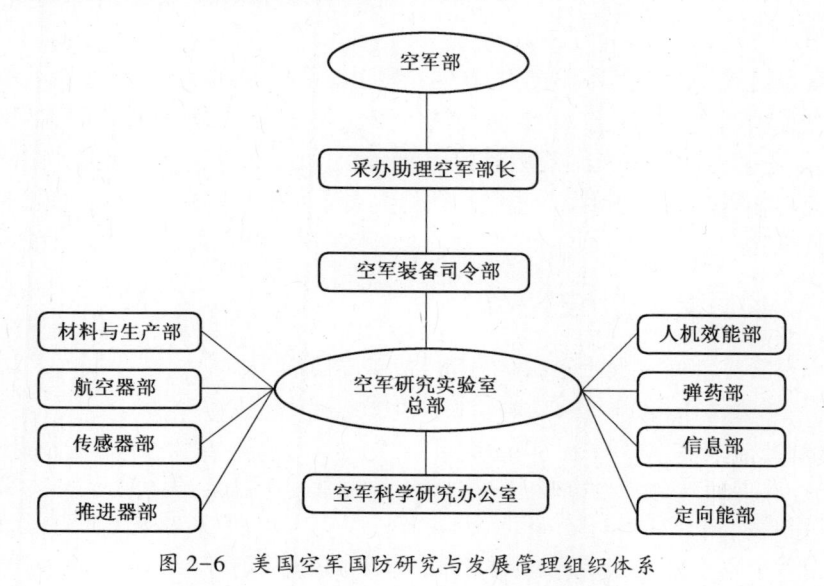

图2-6 美国空军国防研究与发展管理组织体系

---

① 美国空军研究实验室. US. AF research laboratory homepage [EB/OL]. [2015-01-23]. http://www.afrl.mil/factsheet.

第三章 国防采办项目管理机构

广义上的美军国防采办体系包括"需求生成系统"、"规划计划预算与执行系统"以及"国防采办系统",而项目管理是"国防采办系统"的核心。美军所有的国防采办项目均实行项目管理制度,即通过采用系统工程等管理方法,对项目实施组织、领导、控制与协调,实现对项目全寿命过程的有效管控,确保项目管理目标实现。因此,项目管理制度是美军国防采办管理的基石。

本章首先简要介绍项目管理制度发展的历史沿革以及美军目前项目管理体系和项目管理采办程序,然后按照自上而下的层次详细介绍美军国防部、各军种部的项目管理机构以及项目管理办公室和一体化产品小组,最后以"联合攻击战斗机"项目管理办公室为例介绍具体项目管理办公室的构成和运行。

第一节 概 述

项目管理制度是美军不断总结"曼哈顿工程"等重大项目的管理经验而提出的管理制度与方法,经过多年不断的改革优化,现在已成为管理科学的重要分支,在美军国防建设中发挥着重要作用,引起了世界各国的高度重视,广泛应用于国防采办系统及民用与商业领域,被称为美军对世界管理理论与实践的13项重大贡献之一。

一、项目管理的历史沿革

项目管理制度发源于第二次世界大战期间的美国"曼哈顿计划",经历了初步探索、规范化管理、专业化管理的改革历程。

(一)初步探索时期(1971年以前)

美军自第二次世界大战时期就探索推行国防项目全寿命管理,在"曼哈顿计划"中首次实行了项目管理的采办模式,成立专门的项目管理机构对原子弹研制工作进行全寿命管理。20世纪50年代,美军在海军"北极星"计划等重大采办项目中积极推行并不断完善项目管理制度。

(二)规范化管理时期(1971年至1985年)

美军在不断总结重大国防采办系统推行项目管理经验的基础上,1971年出台了首份国防部5000.01指令《国防采办系统》明确提出推行项目管理制度,并将其作为采办项目全寿命管理的有效保证。自此,项目管理与全寿命管理就成为一体两面的概念。随后世界其他国家也逐步借鉴美军经验,推行项目管理制度。

这一时期美军国防采办工作主要依托行政指挥线进行管理,形成了5级管理体制,即国防部采办副部长—军种部长—军种参谋长(海军为作战部长)—装备司令部(海军为系统司令部)司令—项目主任,如图3-1所示。这一体制层级多,采办管理的科学性与有效性较低,同时军种部长与参谋长(或海军作战部长)并非专职负责采办的官员,且军种部长会抵制国防部采办副部长的指令和要求,进而导致国防部对各军种国防采办项目的统管力度较为有限。

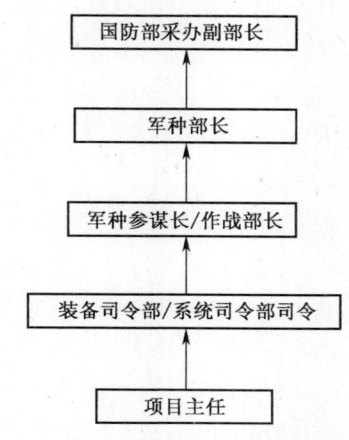

图3-1 1986年前美军以行政管理指挥线领导采办管理工作的组织机构图

(三)专业化管理时期(1986年至今)

1986年,为解决国防采办管理层级过多、效率低下以及军种采办权力过大等问题,美军在军种层面设立军种采办执行官,由采办助理部长担任,形成4级专业性的采办业务指挥线,即国防采办执行官—军种采办执行官—计划执行官—项目主任,将军种部长与军种参谋长等从采办业务指挥线中分离出来,减少了管理层级,加强了国防部对军种采办的统管力度。其后,美军多次发布5000系列文件,对项目采办全寿命流程进行调整优化。总体看来,美军项目管理制度已经较为成熟和稳定,运行效率与管理有效性较高。

二、国防采办项目管理组织体系

美军国防采办采取国防部集中统管、各军种分散实施的管理体制,80%的项目管理办公室都设在军种层面,接受国防部的指导与监管,自上而下形成4级管理体制。

一是国防采办执行官,由国防部采办、技术与后勤副部长担任,负责制定国防采办政策,监督和指导各军种的国防采办工作,对国防部重大项目实施里程碑审查。

二是军种采办执行官,由军种采办助理部长(陆军是采办、后勤与技术助理部长,海军是研究、发展与采办助理部长,空军是采办助理部长)担任,负责制定本军种采办政策，监管本军种采办工作的运行，并对军种重大项目实施里程碑审查。军种采办执行官接受双重领导，既向国防采办执行官(采办、技术与后勤副国防部长)报告项目采办事宜，又向军种部长报告行政管理及本军种国防采办情况。

三是计划执行官，由将级官员或相当职级的文职官员担任，负责某一类武器系统的采办管理工作，领导并监管下属项目管理办公室的工作，并对采办项目实施节点审查。目前，美军各军种共设40个计划执行官(其中陆军11个、海军14个、空军15个)，通常设在军种装备(系统)司令部，每个计划执行官下设数个至数十个项目管理办公室。

四是项目主任，负责领导项目管理办公室开展采办管理工作。项目管理办公室是国防项目采办的管理主体，下设计划、合同、质量、财务、系统工程、成本价格、试验鉴定、维修保障、系统集成等机构，人员主要来自各军种装备(系统)司令部，并在采办各个阶段吸收相关部门人员参加，形成矩阵式的组织管理模式。

需要强调的是，国防部积极推动军种间联合采办，指定一个或两个军种采办全军的国防采办项目，如海空军共同实施采办的联合攻击战斗机和陆军实施采办的联合战术无线电系统等。

三、国防采办程序

根据2017年2月2日美军发布的新版5000.02指示，针对不同类型采办项目，美军实施不同的采办程序。

(1)"标准型"国防采办程序(图3-2)，主要适用于航母、飞机等传统的武器系统和平台。该程序是对以往采办程序的继承，将采办全寿命过程分为5个阶段，包括装备方案分析、技术成熟与风险降低、工程与制造开发、生产与部署、使用与保障等，并设立多个转阶段决策点(在技术成熟与风险降低阶段前设置里程碑决策点A，在工程与制造开发阶段前设置里程碑决策点B，在生产与部署阶段前设置里程碑决策点C)，通过里程碑决策点审查才能转入下一采办阶段。

(2)国防专用软件密集项目采办程序，适用于军事专用指挥控制系统、战术飞机作战系统等软件为主的项目。该程序对"标准型"进行了两点修改：在工程与制造开发阶段，开发不断升级的软件版本；生产与部署阶段改为小批量部署阶段，减少生产环节。

(3)渐进式部署软件密集项目采办程序，适用于软件现货产品项目。该程序在生产与部署阶段前不设里程碑决策点C，按照渐进式采办策略，分多个批次进行技术开发、研制和部署。

(4)偏硬件混合型项目采办程序，适用于采办硬件为主、并行开发软件的项目。该程序要求在里程碑决策点B和C时，对软件成熟度进行审查。

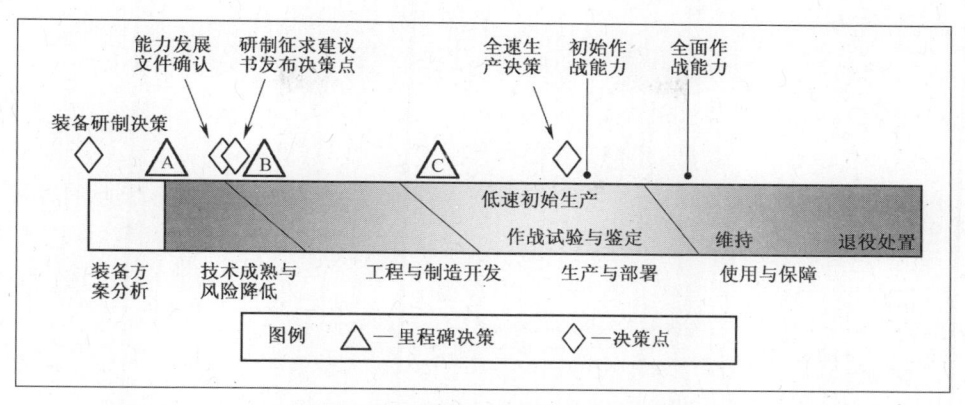

图 3-2 2015 年版"标准型"国防采办程序

（5）偏软件混合型项目采办程序，适用于软件开发为主、需要与硬件集成的项目。该程序要求高度关注由于软件与硬件集成所带来的风险。

（6）应急快速采办程序，适用于战时应急采办项目、对抗潜在对手技术突袭的高技术采办项目。该程序将技术开发与研制工作合并，同步进行生产与部署，以缩短采办周期。

第二节　国防部采办项目管理统管机构

国防部采办项目的统管机构包括：采办、技术与后勤副国防部长，采办助理国防部长，制造与工业政策助理国防部长帮办，采购和采办政策局，采办资源与分析局，小企业计划局以及国防信息系统局、导弹防御局和联合快速采办小组等。

一、采办、技术与后勤副国防部长

国防部采办、技术与后勤副部长任国防采办执行官，是国防部国防采办的最高长官，也是军种国防采办项目管理的最高决策机构，由国防采办委员会和信息技术采办委员会作为支撑。国防采办执行官的职责是制定国防采办政策，监督国防采办系统的运行，并作为 ID 类项目和 IAM 类项目（详见表 3-1）的里程碑决策机构，批准 ID 类项目和 IAM 类项目的采办项目基线。需要说明的是，2010 年 9 月前，美军 ID 类项目和 IAM 类项目分别由国防部采办、技术与后勤副部长和网络与信息集成助理国防部长分别担任里程碑决策机构。2010 年 9 月，国防部撤销网络与信息集成助理国防部长及其办公室，将相应信息技术采办的职能交由采办、技术与后勤副国防部长（见图 3-3）负责，进而实现了国防采办系统的集中统管。

43

表 3-1　国防采办项目分类表

采办类别	确定采办类别的理由	决策当局
Ⅰ类采办项目	● 重大国防采办项目 ○ 项目所有增量的美元值：国防采办执行官估计，用于研究、开发、试验鉴定（RDT&E）所需的最终费用总额超过4.8亿美元，或者用于采购的费用总额超过2.79亿美元（2014财年定值美元） ○ 里程碑决策当局指定为Ⅰ类的项目 ● 里程碑决策当局指定为特别关注的项目①	ⅠD类采办项目：国防采办执行官或其指定代理 ⅠC类采办项目：国防部部局领导，或经指定的部局采办执行官（不可再指定他人）
ⅠA类采办项目②③	● 重要自动化信息系统：针对自动化信息系统（AIS）④的国防部采办项目（针对某种产品或服务⑤）如下： ○ 里程碑决策当局指定为重大自动化信息系统项目； ○ 估算金额超过： ■ 不管拨款还是其他资金来源，在任何单一财年，对于所有采办增量，与自动化信息系统的定义、设计、开发、部署和维持直接相关的所有支出超过4000万美元（2014财年定值美元）； ■ 不管拨款还是其他资金来源，对于所有采办增量，所有现场从装备方案分析到部署整个过程，与自动化信息系统的定义、设计、开发和部署直接相关的所有支出超过1.65亿美元（2014财年定值美元）； ■ 不管拨款还是其他资金来源，对于所有采办增量，从装备方案分析到系统估算使用期限的维修保障，与自动化信息系统的定义、设计、开发、部署、使用和维修直接相关的所有开支超过5.2亿美元（2014财年定值美元）。 ● 里程碑决策当局指定为特别关注的项目①	ⅠAM类采办项目：国防采办执行官或其指定代理 ⅠAC类采办项目：国防部部局领导，或经指定的部局采办执行官（不可再指定他人）
Ⅱ类采办项目	● 不符合Ⅰ或ⅠA类采办项目的标准 ● 重要系统 ○ 美元值：国防部部局领导估算用于研究、开发、试验鉴定的最终开支总额超过1.85亿美元，或用于采购的费用总额超过8.35亿美元（2014财年定值美元） ○ 里程碑决策当局指定为Ⅱ类的项目⑤	部局采办执行官或由其指定的代理⑥
Ⅲ类采办项目	● 不符合Ⅱ类采办项目或以上标准 ● 属非重要自动化信息系统的自动化信息系统项目	部局采办执行官指定的代理⑥

(续)

采办类别	确定采办类别的理由	决策当局
	① 特别关注项目的指定通常依据下列因素中的一个或多个因素:技术复杂性;国会关注程度;有大量资源;该项目对于实现一项能力或一组能力、某个系统部分或某个联合项目来讲至关重要。已经满足重大国防采办项目和重要自动化信息系统门限值的项目不能再被指定为特别关注项目。 ② 当一个重大自动化信息系统项目符合重大国防采办项目的定义时,除非指定国防部部局或其他官员来担任里程碑决策机构,否则国防采办执行官将作为该项目的里程碑决策机构。国防采办执行官应指定项目作为重要自动化信息系统或重大国防采办项目,项目主任应根据指定项目要求管理项目。 ③ 里程碑决策机构(国防采办执行官,或指定代理,即国防部首席信息官(CIO)或其他代理)应指定重大自动化信息系统项目为ⅠAM类或ⅠAC类项目。重大自动化信息系统项目不能被指定为Ⅱ类采办项目。 ④ 自动化信息系统由计算机硬件、计算机软件、数据或通信等组成,行使信息收集、处理、存储、传输与显示等功能。下列计算机资源,不管是硬件还是软件,都不属于自动化信息系统:武器或武器系统的有机组成部分;应用于高度敏感和保密类项目(国防部长指定的);应用于其他高度敏感的信息技术(IT)项目(国防部首席信息官指定的);由国防采办执行官或其代理决定最好作为非自动化信息系统实施监管的项目(例如研究、开发、试验鉴定费用占采办总费用的比例很低的项目或需要实施大量硬件开发工作的项目)。 ⑤ 由国防部采办、技术与后勤副部长(或其指定代理)指定时,达到重要自动化信息系统门限值的信息技术服务项目应执行适用于本指示中规定的重大自动化信息系统项目的程序。所有其他服务项目的采办应遵守国防部5000.02指示,直到该指示因颁布新的服务项目采办规程而作废。 ⑥ 国防部长或军种部长指定的	

国防采办委员会是就ⅠD类采办项目向采办、技术与后勤副国防部长提出建议的高级委员会。采办、技术与后勤副国防部长任国防采办委员会主席,参谋长联席会议副主席任该委员会的副主席。采办、技术与后勤副国防部长对国防采办委员会提出的建议进行审查后作出决定,形成采办决策备忘录。

信息技术采办委员会是就ⅠAM类采办项目向采办、技术与后勤副国防部长或由该副部长任命的官员提出建议(国防业务系统除外)的高级委员会。该委员会主席由国防部首席信息官担任。

【人物专栏】

国防部历任采办、技术与后勤副部长

1977年10月21日,美国国防部设立副国防部长一职,职级略低于国防部常务副部长。最早被任命为这一职务的两名官员是政策副国防部长和研究与工程副国防部长(后来由国防研究与工程署署长取代)。1986年颁布的《军人退休改革法案》设立了采办副国防部长一职,根据1994财年《国防授权法案》更改为

45

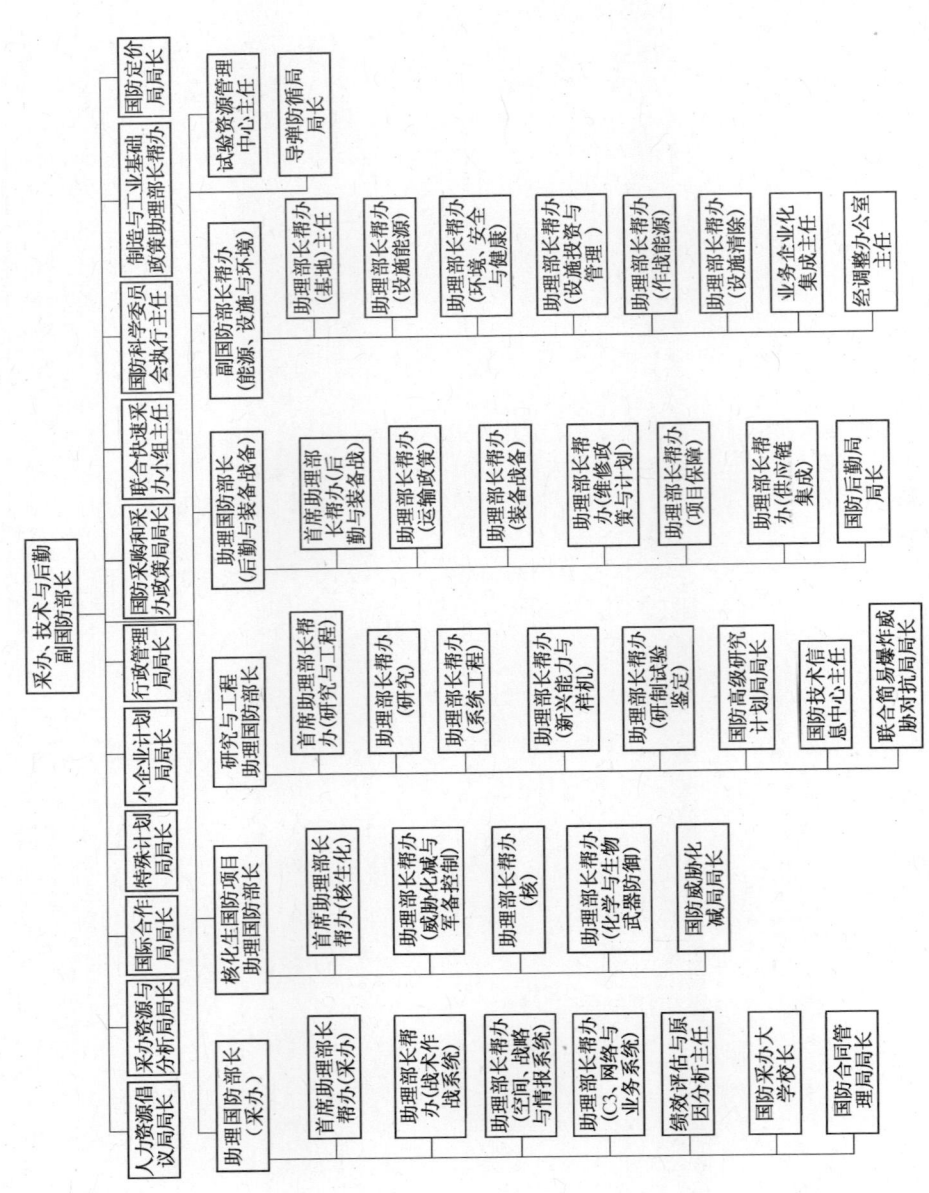

图 3-3 采办、技术与后勤副国防部长组织机构（2016 年 4 月）

采办与技术副国防部长,根据2000财年《国防授权法案》进一步更改为采办、技术与后勤副国防部长。

理查德·戈德温——曾任职于国家原子能委员会。1961—1986年间在柏克德公司任职,是国防科学委员会的成员。1986年9月30至1987年9月30日任采办副国防部长。

罗伯特·科斯特洛——曾服役于美国海军。1960—1986年间任职于通用汽车公司。1987年任生产与后勤助理国防部长。1987年12月18日至1989年5月12日任采办副国防部长。

约翰·贝蒂——1952—1962年间任职于克莱斯勒公司。1962—1989年间任职于福特公司。1989年8月11日至1990年12月31日任采办副国防部长。

唐纳德·约克——1944—1966年间服役于美国陆军和空军。1966—1986年间任职于罗克韦尔国际公司。1990年3月至12月任采办副国防部长首席帮办。1991年1月1日至6月20日代理采办副国防部长。1991年6月20日至1993年1月20日任采办副国防部长。

约翰·马克·多伊奇——1961—1965年间任职于国防部长办公厅。1979—1980年任美国能源部副部长。1993年4月2日至1994年3月11日任采办(后为采办与技术)副国防部长。1995—1996年间还曾任中央情报局第13任局长。

保罗·卡明斯基——曾任研究与工程副国防部长空军专职助理。1994年10月3日至1997年5月16日任采办与技术副国防部长。

雅克·甘斯勒——曾任助理国防部长帮办(负责军品采办)、国防研究与工程署署长助理,并先后供职于辛格、雷声等公司。1997年11月10日至2001年1月任采办与技术(后为采办、技术与后勤)副国防部长。

爱德华·皮特·奥尔德里奇——1986—1988年间任美国第16任空军部长。1988—1992年间任麦道电子系统公司主席。还曾任航天工业公司首席执行官。2001年5月8日至2003年5月30日任采办、技术与后勤副国防部长。

肯·克雷格——曾任计划分析与鉴定办公室主任、国防部长专职助理等职。2005年5月26日任采办、技术与后勤副国防部长。

约翰·杨——曾任海军助理部长(研究、发展与采办)、国防研究与工程署署长,并担任国防部的首席技术官。2007年11月任采办、技术与后勤副国防部长。

阿什顿·卡特——1990—1993年间在哈佛大学肯尼迪学院任教。1993—1996年间任国防部国际安全政策助理部长。2009年4月27日至2011年10月5日任采办、技术与后勤副国防部长。2011年10月6日任国防部常务副部长。

弗兰克·肯德尔——2012年5月起任采办、技术与后勤副国防部长。肯德尔曾任雷声公司的工程副总裁,并负责整个公司的工程职能管理以及内部研究与开发。肯德尔曾任国防部长办公厅的战术作战计划负责人以及战略防御系统助理国防部长帮办。肯德尔曾经是陆军科学委员会和国防情报局科学技术咨询委员会的成员,而且曾经担任国防科学委员会的顾问和战略与国际研究中心的高级顾问。肯德尔还曾在陆军服役10年,在西点军校教授工程学,并担任研究与开发职位。他曾经与国际特赦组织美国分会、人权第一组织等共同工作,在关塔那摩办事处担任过观察员,在塔希莉司法中心担任过董事会主席。在整个职业生涯中,肯德尔曾获国防部杰出公民荣誉勋章、国防部值得称赞的公民服务勋章、杰出行政官奖章(高级行政官)等多项荣誉,还曾获美国陆军嘉奖奖章、国防部服役奖章等军事荣誉奖励。肯德尔是美国陆军军官学校(西点军校)的杰出毕业生,并获得了加州理工学院航空航天工程硕士学位、纽约长岛大学工商管理硕士学位以及乔治敦大学法学院法学博士学位。

埃伦·洛德——2017年8月,埃伦·M·洛德(Ellen M. Lord)担任采办、技术与后勤的副国防部长。洛德于1996年加入德事隆系统公司,2008年4月起担任德事隆系统公司高级副总裁。2011年1月起,担任德事隆系统公司国防系统主管,负责包括无人值守地面传感器网络和弹药系统在内的业务线。2012年10月—2017年6月期间,洛德担任德事隆系统公司的首席执行官兼总裁。在德事隆系统公司任职期间,她曾担任德事隆集团汽车技术中心主管11年。洛德还曾任职德事隆系统公司战略副总裁以及其他多个职务。2014年4月起,她一直担任美国印度商业委员会主任。洛德是德事隆公司注册的六西格玛黑带管理人,专长于设计六西格玛管理体系。洛德拥有康涅狄格大学化学科学学士学位以及新罕布什尔大学化学硕士学位。

二、采办助理国防部长

采办助理国防部长(ASD(A))为国防部长、常务副部长以及采办、技术与后勤副部长就与国防采办系统、重大国防采办项目(MDAP)以及太空和情报采办相关的事务提供监督和政策指导。采办助理国防部长还需要监督两个国防部下属机构——国防采办大学(DAU)和国防合同管理局(DCMA)。超过11000人在采办助理国防部长领导下的机构里工作,其中军事人员近700名。其组织机构如图3-4所示,这里重点介绍战略战术系统助理部长帮办,太空、战略和情报助理部长帮办以及C3、网电和业务系统助理部长帮办。国防合同管理局(DCMA)、绩效评估与原因分析办公室以及国防采办大学(DAU)将分别在后面相关章节重点介绍。

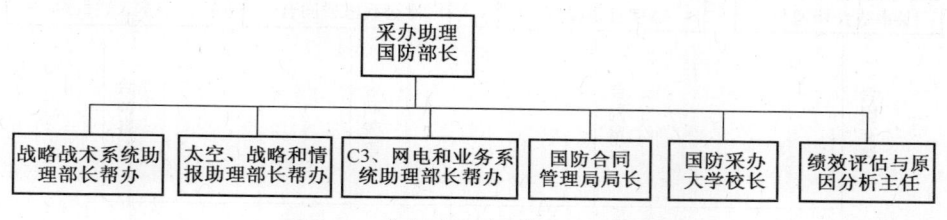

图3-4 采办助理国防部长组织机构

采办助理国防部长的目标是保证采办系统的完整性和快捷性,以满足作战人员的需求。主要任务是制定短期和长期计划,推进整个采办系统的持续改进,以重塑采办事业,即:以信任、廉洁和道德为基础,打造合理而精简的先进采办系统;提高竞争,拓宽沟通渠道。

(一)战略战术系统助理国防部长帮办

战略战术系统(S&TS)助理国防部长帮办办公室主要负责为固定翼飞机、无人机系统、地面作战和军需品、海战计划以及弹道导弹防御系统等战略和战术计划提供投资组合管理、技术和计划评估以及监督管理。此外,该办公室还负责确保采办计划与全球进攻、防御体系相协调,且符合军备控制方面的条约和协议,跟踪和协调国土防卫相关的国防采办、技术和分析工作。

战略战术系统(S&TS)助理国防部长帮办办公室主要任务是:为国防部战略和战术计划提供投资组合管理、技术和计划评估以及监督管理,以支持采办、技术与后勤副国防部长以及采办助理国防部长。

战略战术系统(S&TS)助理国防部长帮办办公室的主要职责包括:①负责监督和审查战略战术采办计划和投资组合管理、技术和后勤事务;②在国防采办委员会(DAB)中领导相关顶层一体化产品小组(OIPT),确保在采办、技术与后勤领域,所有的需求能够得到满足,所有的问题能够得到解决,未来的发展路径能够得到确定,决策能够得到清晰的表述;③确保各项计划符合条约的要求;④协调采办、技术与后勤领域的国土防卫工作;⑤对计划管理职能领域进行监督,包括政策制定以及计划的提出和实施,以提高计划管理者的资格和能力;⑥管理国防部联合地面机器人项目、北约联合地面监视(AGC)项目以及常规快速全球打击(CPGS)项目。

(二) 太空、战略和情报助理国防部长帮办

太空、战略和情报助理国防部长帮办办公室(SIO)是国防部一切太空和情报采办监督以及相关活动的中心。太空、战略和情报助理国防部长帮办的任务和职责包括:①向采办、技术与后勤副国防部长就太空和情报采办相关的所有问题提供咨询;②负责执行国防部太空和情报计划所有采办相关事务并进行监督;③在国防采办委员会(DAB)中领导太空和情报顶层一体化产品小组(OIPT)。

(三) C3、网电和业务系统助理国防部长帮办

指挥、控制、通信(C3)、网电和业务系统(C3CB)助理国防部长帮办办公室负责领导国防部所有与作战有关的重要的通信、指挥、控制和网电空间能力的采办监督工作。此外,该办公室还负责履行首席参谋助理与非智能空间系统有关的职责,以支持国防部的领导工作。

该办公室主要任务和职责包括:①领导整个国防部范围内的通信、指挥、控制和网电空间架构、技术框架、标准和战略政策的开发和实施;②为选定的重大国防采办项目和重大自动化信息系统项目履行一体化产品小组职责;③根据上级指导,为选定的能力开展备选方案分析和研究,或者支持其他机构开展备选方案分析和研究;④进行横跨航天、航空、陆地、海洋和网络空间的与采办相关的全领域投资组合管理和网络中心系统工程制造;⑤对所有指定的信息技术和国家安全系统(NSS)计划,利用"联合能力集成开发系统"、"规划计划预算与执行系统"以及"国防采办系统"指导和协助通信、指挥、控制和网络空间能力的开发;⑥为国防部各个机构提供技术指导和集成服务,对国防部重要的通信、指挥、控制和网络空间能力进行协调。

三、国防部相关职能机构

采办、技术与后勤副国防部长下设相关职能部门,对于采办项目涉及到的采办政策、采办资源以及小企业等公共事务,从顶层进行统筹协调。

(一) 国防采购和采办政策局

国防采购和采办政策局负责国防部内部所有合同签订和采购政策事务,包括电子商务。国防采购和采办政策局通过《联邦采办条例国防部补充条例》以及其他相关程序、指南等采办规章制度的及时更新来执行这些政策。

国防采购和采办政策局的目标是通过廉洁的领导实现优质的采办。主要任务是通过具有创新精神的政策、指导和监督,保证各个部门有效提供能够满足作

```
                    ┌─────────────────┐   ┌─────────────────┐
                    │ 国防采购和采办   │───│ 国防采购和采办   │
                    │ 政策局局长       │   │ 政策执行办公室   │
                    └─────────────────┘   └─────────────────┘
        ┌───────┬───────┬───────┼───────┬───────┐
   ┌────┴───┐┌──┴────┐┌─┴─────┐┌┴─────┐┌┴──────┐┌┴──────┐
   │国防采办││合同政策││应急合同││计划采办││服务采办││计划开发和│
   │规章制度││/国际合││签订部门││部门  ││/战略采││实施部门 │
   │部门   ││同签订部│└───────┘└─────┘│购部门 │└───────┘
   └───────┘│门    │                 └──────┘
            └──────┘
```

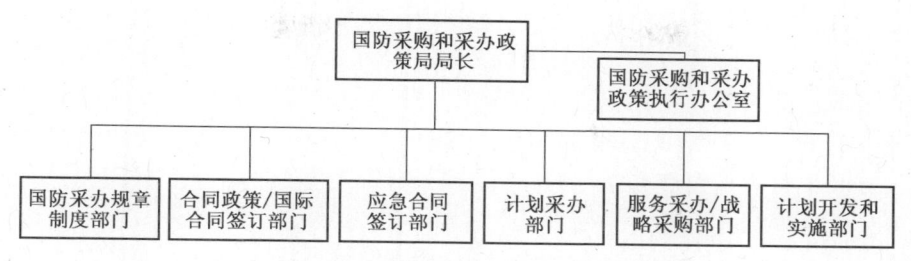

图 3-5 国防采购和采办政策局组织机构图

战人员需求的设备和服务,同时管理好纳税人的资金。

国防采购和采办政策局由 7 个部门组成:国防采购和采办政策执行办公室(OPS)、国防采办规章制度部门(DARS)、合同政策/国际合同签订(CPIC)部门、应急合同签订部门(CC)、计划采办部门(PA)、服务采办(SA)/战略采购(SS)部门、计划开发和实施部门(PDI)(包括唯一标识和采购卡)。

人物专栏

现任国防采购和采办政策局局长克莱尔·M·戈莱蒂简介

克莱尔·M·戈莱蒂从 2015 年 6 月开始担任国防采购和采办政策局(DPAP)局长。在重大武器系统项目和重大自动化信息系统项目的采办和采购策略方面,她是采办、技术与后勤副国防部长和国防采办委员会的首席顾问。她还曾担任国防部军事采购的政策负责人。戈莱蒂负责国防部的国内、国际和应急合同政策工作,包括竞争、来源选择、多年合同签订、担保、租赁和相关电子商务解决方案。

2013 年 2 月到 2015 年 5 月,她担任海岸警卫队采办副助理指挥官和采办服务主任。2007 年到 2013 年,戈莱蒂担任海岸警卫队合同签订部门的负责人,并在此期间领导采购政策的制定和实施。此外,她还曾担任海岸警卫队高级领导层以及文职和军事采办专家的首席业务顾问。

戈莱蒂之前曾担任过国土安全部(DHS)首席采购官办公室战略计划的负责人。在此期间,她提供的战略指导通过广泛的计划组合,对国土安全部数亿美元的合同承包和金融援助项目产生了影响,其中包括合同政策、资助政策和监督、战略采购、竞争性采购和采办系统。

戈莱蒂拥有 20 多年的主要系统采办经验。她的职业生涯开始于海军部的一名合同实习生。通过自己的努力,她先后在海军海上系统司令部(NAVSEA)担任过许多重要位置。她所取得的成就包括在"圣安东尼奥"级两栖船坞运输舰和"标准"导弹计划中担任合同签订官。此外,她还曾在海军采办工作中担任过数十亿美元项目主任、海军海上系统司令部(NAVSEA)合同委员会战略计划负责人以及水面武器系统的副官员。

戈莱蒂获得了美国三一大学文学学士学位、美国马里兰大学工商管理学硕士学位以及美国国防大学武装部队工业学院国家资源战略管理学硕士学位。她持有合同和项目管理方面的三级采办专业认证。

(二)采办资源与分析局

1. 采办资源与分析局总部

采办资源和分析局(ARA)负责为重大国防采办项目决策者提供资源管理、分析和信息服务,并在国防采办系统的实施过程中发挥领导作用。采办资源与分析局局长同时也是国防采办委员会的执行秘书,负责监督国防采办执行系统(DAES)运行,管理采办、技术与后勤领域对规划计划预算与执行系统(PPBES)的参与,还负责及时准确地将"选择性采办报告"和重大国防采办项目的单位成本报告提交给国会。

采办资源与分析局局长对下列工作负责:

(1)在采办系统审查过程以及规划、计划、预算和执行过程中对采办资源和长期投资规划问题提供综合分析支持,为不存在可用先例的情形确定和定义当前及长期采办规划议题,为国防部长办公厅、联合参谋部、各军事部门以及其他政府机构提供详细的分析报告,并引导这些机构进行广泛的交流。

(2)为国防部长办公厅以及国防采办、技术与后勤领域的重要领导人提供与法律活动有关的个性化服务,这些活动包括国会听证会、立法提案、国会调查、向国会提交报告、政府问责办公室主任和国防部总监察长的审查以及外国科学家的签证豁免等。

(3)提出能够满足国防部业务转型目标的政策和程序,重点关注资产负债表"财产、厂房和设备"中的设备部分的法案要求,以及"武器系统全寿命周期管理"核心业务管理领域的投资。

(4)管理国防部长办公厅的研究计划,为国防部的高级领导层提供分析支持和承包商支持,并且为联邦政府资助的国防部研发中心和大学附属研究中心计划提供政策和管理支持。

(5)为采办、技术与后勤领域的领导层、各军种和国防部组成机构提供及时、准确、权威、可靠的数据,以支持采办汇报、监督、分析和决策。

(6)为采办、技术与后勤领域的内部核心任务提供执行和技术支持服务。

(7)在采办、技术与后勤副国防部长的领导下组织开展特别项目。

2. 采办资源和分析局的下属机构

(1)采办管理副局长:采办管理副局长办公室是国防采办委员会(DAB)的执行秘书处和国防采办执行系统(DAES)评估的执行秘书处。采办管理副局长负责提出采办项目基线、多年采购(MYP)计划的文档编制要求以及里程碑节点等重大事件认证,还负责及时准确地向国会提交"选择性采办报告"和重大国防采办项目的单位成本报告。

(2)外部保障支持副局长:为国防部长办公厅以及采办、技术与后勤领域的重要领导人提供与法律活动有关的服务,这些活动包括国会听证会、立法提案、国会调查、向国会提交报告、政府问责办公室主任和国防部总监察长的审查以及外国科学家的J1[①]签证豁免等。

(3)信息技术管理副局长:为采办、技术与后勤领域的工作服务对象提供世界级的信息技术架构和相关的管理支持服务。

(4)资源分析副局长:在规划、计划、预算和执行(PPBE)过程所有活动中为采办、技术与后勤领域提供总体指导。

(5)负责国防部长办公厅研究和"联邦资助研发中心"管理的副局长:管理和监督国防部长办公厅以及采办、技术与后勤副国防部长办公室的研究计划;承担防御分析研究院和兰德国防研究院"联邦资助研发中心"的主要资助职能;为国防部"联邦资助研发中心"计划提供政策指导和管理监督,为国防研究与工程助理国防部长提供支持。

(6)财产和设备政策副局长:领导国防部范围内军事设备成本估算,以及审计解决方案的制定和实施。

(7)事业信息副局长:代表采办、技术与后勤副国防部长确定信息管理和能力需求,获取、管理和传送采办数据和分析能力,以支持采办、技术与后勤副国防部长办公室的战略采办优先任务和计划,为领导层采办监督、分析和决策提供及时、准确、权威、可靠的数据。

(三)制造与工业基础政策助理国防部长帮办

制造与工业基础政策助理国防部长帮办负责在采办、技术与后勤副国防部长的领导下,确保国防部能够拥有健康、安全、富有活力和创新的国防工业能力,并满足作战部队需求。具体来说,制造与工业基础政策助理国防部长帮办的职

---

① J1签证是美国移民局发给外国人来美进修或从事研究工作的签证种类之一。根据美国政府规定,由于某些原因在停留期限需超过签证规定时间的人员,可向美国国务院提出申请,免除对其回国居住两年的限制。

责包括：对国防工业供应链进行研究和分析，为国防部长办公厅和各军种采办执行官提供决策支持；为保持国防部供应链的技术优势提出建议或采取相关措施；作为国防部长在企业兼并重组、采办以及与国家安全相关事务的领导层成员。制造与工业基础政策助理国防部长帮办的主要任务是：通过其职能和计划（如国防生产法计划和制造技术计划等）投资先进工业能力，维持国防工业供应链的活力和创新。该帮办组织体系内主要设置制造技术、评估、国外兼并收购评审等业务机构，如图3-6所示。

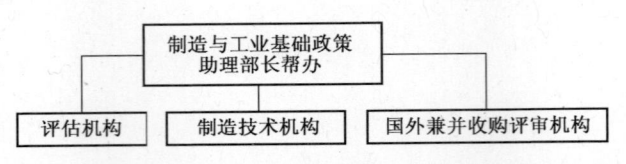

图3-6 制造和工业基础政策助理国防部长帮办组织机构

为增强美国国防工业基础，制造与工业基础政策助理国防部长帮办主持实施了一系列计划，每个计划都设立了一个委员会或工作组负责监督实施。

1. 国防生产法委员会

国防生产法委员会是为了更好地实施《国防生产法》第三章计划而设立的。《国防生产法》第三章要求建立一项旨在建立、扩大、维持国防工业能力或使国防工业能力现代化的专项计划，以加快技术从研究向产品和国防体系快速转化。为了建立所需的工业能力，该计划主要采取直接采购、购买或租借先进制造设备、开发替代品、贷款或贷款保证等财政刺激手段。每年国防部都会根据《国防生产法》第三章的要求投资一些具体的项目，以保护国防所需的工业资源及相关生产能力。为更好地落实"国防生产法"第三章的要求，2009年国防部成立了国防生产法委员会，主要向总统提出如何有效利用"国防生产法"的建议。国防生产法委员会定期与"《国防生产法》第三章"计划办公室和"逐部类、逐层级"（S2T2）评估团队进行协调和沟通。2011年9月，国防生产法委员会采取研究组的形式，优化工作模式，提升跨部门的信息分享与协作。目前国防生产法委员会已经组建金属加工、能源和通信等3个研究组，负责对相应工业部门进行评估，并制定了供应链长期战略。

2. 联合工业基础工作组

联合工业基础工作组是为了实施工业基础分析和维持计划而设立的。工业基础分析和维持计划是根据《美国法典》第10篇第2508款的规定而设立的，旨在关注关键工业基础和国防供应链中的薄弱环节。2012年，国防部依据这项计划，对国防工业能力开始实施"逐部类、逐层级"（S2T2）评估，以辨析国防工业的关键薄弱环节、探察工业基础各部类各层级之间的关系，对国防工业基础供应链

(尤其较低层级供应商)进行风险预警,从而使国防部能够识别对国防安全至关重要的关键部类和层级,改进供应链管理,为国防部管理投资和政策导向提供信息。为确保评估的客观性和准确性,国防部成立了联合工业基础工作组,成员主要是各军种部采办部门以及相关的国防部业务局的代表。评估由制造与工业基础政策助理国防部长帮办领导,联合工业基础工作组充分参与评估过程。

3. 工业资源优先分配小组

工业资源优先分配(PAIR)小组是为了更好地实施国防优先权与分配系统/特别优先援助计划而设立的。《国防生产法》第一章规定,必要时,总统有权要求合同和订单的优先执行,以满足国家国防与紧急战备计划的需要。美国总统12919行政令将这种职权授予各个美国联邦政府部门。国防优先权与分配系统/特别优先援助计划就是依据这些法律法规精神建立的一项计划,每年确定一些需要优先发展的项目进行投资,并专门成立工业资源优先分配小组。制造与工业基础政策助理国防部长帮办负责召集和主持小组会议,确保在军队紧急需求遇到冲突的情况下,分配给国防部项目的工业资源满足优先的作战需求。例如2010年10月到2011年12月,PAIR完成了军火、反简易爆炸装置、条例指导控制、卫星系统、海外安装防护、浮空器、集成大气环境监测系统等9项特殊优先援助。

4. 联合国防制造技术委员会

联合国防制造技术委员会是为了更好地实施国防制造技术(ManTech)计划而设立的。国防制造技术计划是国防部实施的一项用于开发并完善工业部门关键制造工艺,加速国防部武器系统/零部件采办与维护中的技术进步的一项计划。国防制造技术计划的核心任务是保持工业部门的技术活力、技术优势和财务健康。该计划通过监控工业基础的创新机会或供应链薄弱点,提出成果转化的工艺技术方案。该计划首先对所需的工艺技术进行开发和原型制作,然后执行"《国防生产法》第一章"计划促进其应用。ManTech计划为S2T2评估提供供应链信息,而S2T2数据库的分析将有助于ManTech计划通过判别制造技术或生产能力的差距来进行规划。

联合国防制造技术委员会由来自陆军、空军、海军、国防后勤局、导弹防御局和国防部长办公厅的相关代表组成。该委员会负责确定优先投资领域和具体的投资项目,并对每个项目进行监督管理。

5. 研究和工程执行委员会

研究和工程执行委员会是为了监督管理独立研究开发(IR&D)专项基金而设立的。独立研究开发是指由地方工业部门进行的一种不受某项合同资助或履行某项合同所要求的技术活动,涉及基础研究、应用研究、技术开发、系统和其他方案形成的研究。国防部为了鼓励工业部门的独立研究开发,设立了独立研究开发专项基金;工业部门确定了独立研究开发项目后,就可以向国防部提出申请给予经费支持。目前,项目申请经费限额为1100万美元。研究和工程执行委员会由研究和工程助理国防部长任主席,负责对工业部门的申请进行审批,并对基金的使用进行监督管理。国防部通过国防创新市场网将独立研究开发的项目成果对工业部门与国防部进行共享,以促进其尽快地转化应用。

6. 国外在美投资委员会

为了维护国防工业的独立自主性,美国国防部成立了国外在美投资委员会(CFIUS),专门对国外企业在美国本土的兼并收购等投资行为进行评审。该委员会由财政部和国防部代表共同担任主席,成员包括国务院、商务部、国土安全部、司法部以及科学技术办公室的代表等。

依据《国防生产法》第721节,该委员会有权对国外公司在美国进行的兼并行为是否存在威胁进行调查,并依据调查结果向政府提出该交易是否被通过的建议。从国防部的角度来看,可能存在的威胁包括:可能会损失与国防相关的产品和服务的供应商;未授权的受控技术可能流到国外;其他国防部敏感事务等。

人物专栏

前任制造与工业基础政策助理国防部长帮办安德烈·J·格奇简介[①]

安德烈·J·格奇目前担任制造与工业基础政策(MIBP)助理助理国防部长帮办。此前,格奇曾经担任小企业项目管理办公室主任。在此期间,格奇是国防部长的主要顾问,负责为所有小企业事项提供咨询,并对小企业每年超过1200亿的资助资金进行监督。在格奇的任期内,国防部在历史上首次完成了小企业的主要合同目标及伤残退伍军人所有小企业的目标。作为办公室主任,格奇在国防部的几个计划中担任领导,包括白宫商业理事会、国家出口计划、美国供应链工作小组以及有关退伍军人就业的跨部门任务小组。

在政府任职之前,格奇曾经在美国联邦存款保险公司、瑞士联合银行和美国电话电报公司的关键技术和金融项目中任职。从2003年到2009年,格奇担任萨沃创新(Solvern Innovations)公司的董事长兼首席执行官,通过培训、研究和创

---

① 截至2017年7月,根据美国国防部网站显示,制造与工业基础政策助理国防部长帮办一职还未正式任命,处于代理状态。

新提供采办支持和网络解决方案。格奇获得了马里兰大学巴尔的摩分校理学学士学位,并获得了北卡罗来纳大学教堂山分校工商管理硕士学位。

(四) 小企业计划局

美国国防采办非常重视小企业。1982年,美国通过《小企业创新发展法》,要求年研究和发展经费超过1亿美元的11个联邦政府部门(国防部、商务部、农业部、教育部、能源部、运输部、环保部、卫生与人力服务部、国土安全部、国家航空航天部、国家科学基金会等)必须依法组织实施各自的小企业创新研究(SBIR)计划,以实现激励高技术小企业创新、利用中小企业蕴藏的技术力量、满足政府对新技术的军事需求和商业需求、扶持社会弱势群体和经济弱势群体等目的。1983年开始,美国防部正式实施SBIR计划。为促进计划落实,多个联邦政府部门设置了服务小企业参与政府采办的工作机构,美国国防部也在很多部门也都设有相应的组织机构。

小企业计划局负责就与小企业相关的所有事务向国防部长提供建议,以最大限度地发挥小企业对国防部采办系统的贡献。小企业计划局为各军事部门和国防机构提供领导和管理服务,同时为小企业提供机会,确保合理利用纳税人的每一分钱。小企业计划局的目标是营造一个良好的环境,让国防部认识到小企业的价值,并将小企业视为实现必要作战能力的重要供应商。这里主要介绍3个军种相应机构。

1. 海军小企业计划局

海军小企业计划局的任务是在小企业最能满足海军和海军陆战队士兵需求的领域为小企业提供采办机会。海军小企业计划局需要为这些战士提供必要的系统、创新、产品和工具,以便让他们顺利完成任务,安全返回祖国。此外,海军小企业计划局还要以合理的价格获取这些产品和服务,以保护纳税人的利益。

海军小企业计划局的目标是确保小企业成为采办过程中的第一选择。海军小企业计划局通过政策、倡议和培训,促进小企业的行业创新和技术开发,以便从小企业获得优质的产品、服务和解决方案。

2. 陆军小企业计划局

陆军小企业计划局的主要职能包括:就与小企业相关的事务向陆军部长和陆军领导层提供建议;领导有助于扩大与陆军优先任务相关的小企业工业基础的创新计划;利用为少数族裔服务的教育机构支持陆军科学与技术计划。

陆军小企业计划局致力于成为最大限度地利用小企业的首要倡导机构,以支持美军迅速部署一支敏捷、有能力、训练有素的部队的能力,用于平息冲突,维护世界环境,为国家赢得战争的胜利。此外,陆军小企业计划局还为约230位陆军小企业专家提供监督和指导。

3. 空军小企业计划局

空军小企业计划局负责空军小企业计划的指导、管理、评价和监督。小企业是空军的重要合作伙伴，他们对任务具有敏感性，拥有创新精神，而且非常灵活，具有相对于大企业的诸多优势。

空军小企业计划局的任务是通过制定和发布战略，为空军提供创新、灵活、高效的小企业解决方案，使空军能够在航天、航空和网络空间中机动、作战并取得胜利。空军小企业计划局的目标是超越政府要求的统计目标，使满足空军任务要求的小企业方案成为优先选择的解决方案。

空军小企业计划局致力于确保小企业参与到满足空军要求的活动中来。整个领导团队致力于提高小企业对采办过程的参与度。

四、国防部其他采办项目管理相关机构

美军项目管理的实施主体主要是军种，但是对于三军共有的一些项目和基础设施项目，国防部负责集中统一管理，如信息系统项目、导弹防御项目以及三军联合快速采办项目等。

（一）国防信息系统局

国防信息系统局的前身是1960年组建的国防通信局，1991年改为现名，主要任务是统一管理国防部的通信系统，主要职能是规划、开发测试、管理维护国防部级的共用C^4ISR系统与国防信息基础设施，为国防部各部门、各军种的信息系统的开发与运行提供技术保障，确保与国防部共用信息系统之间的互操作。国防信息系统局总人数超过1.4万人，分布在全球90个国家的4300个地点，每年预算超过80亿美元。

国防信息系统局设局长、副局长各1名，并设有战略业务部门、特别顾问部门、特殊任务部门、采办管理部门、共用服务部门以及各派驻机构。具体机构组成和职能如下：

（1）战略业务部门，下设工程处、网络服务处、运行处以及信息服务处。其中：工程处负责指导、规范国防信息系统局项目的工程实施；网络服务处统管全球信息栅格的所有网络服务，负责制定技术服务方案、提供技术支持和服务升级；运行处负责运行和防护国防信息系统局基础设施；信息服务处负责提供计算处理系统和服务。

（2）特别顾问部门，主要负责为国防信息系统局提供与国防部及国会等机构的联系事务，下设国会事务办公室、监察官办公室、国家安全局驻国防信息系统局联络处、小企业项目办公室、试验鉴定主管等。其中，试验鉴定主管下辖的联合互操作性试验司令部负责试验与验证互操作能力。

（3）特殊任务部门，下设白宫通信局、白宫形势支持小组以及电磁频谱机构。其中，白宫通信局直接为总统及其参谋机构提供全球范围内的重要信息服务和通信保障。

（4）采办管理部门，主要负责指控、通信等系统建设的全寿命管理，下设指控能力计划执行办公室、企业服务计划执行办公室、任务保证计划执行办公室、通信计划执行办公室、跨功能解决方案处等。

（5）共用服务部门，下设首席财务助理/审计、人力人事与安全处、采购处、国防信息技术合同签订办公室、战略规划与信息处以及首席信息官。其中，战略规划与信息处主要负责制定相关战略、政策，并指导联合信息环境建设过程中技术同步工作。

（6）派驻机构，包括驻太平洋司令部等战区司令部的10个区域办公室，以及联合参谋支援中心和战场安全行动中心。其中，驻各战区司令部办公室主要负责战区内信息网络设施的建设、运行和维护。

（二）导弹防御局

1974年，美军陆军成立弹道导弹防御组织（ABMDO），负责发展、部署和运行"卫兵"导弹防御系统，也负责开发弹道导弹防御技术。1983年，里根总统宣布"战略防御倡议"（SDI）计划（即"星球大战"计划），扩大了导弹防御的研究范围，包括：空军的天基卫星、机载激光武器；海军的舰载激光武器、海基雷达；陆军的陆基拦截武器、地基雷达等。1984年，国防部为有效管理这一跨军种、跨部门的庞大武器发展计划，组建"战略防御倡议组织"（SDIO）。克林顿政府期间，"战略防御倡议组织"改组为"弹道导弹防御组织"（BMDO）。2002年1月，小布什政府将"弹道导弹防御组织"改组为"导弹防御局"（MDA）。

导弹防御局负责管理、指导和发展弹道导弹防御系统，实现国防部首要任务，包括：①保卫美国本土、美国部署的作战力量、美国的盟国以及盟友，在来袭弹道导弹的任何飞行阶段进行拦截；②依照指示，开发和部署分层式弹道导弹防御系统；③保证快速部署弹道导弹防御系统组成元件；④提供防御能力，通过融入新技术来加强已具备的防御能力的有效性。

导弹防御局由采办、技术与后勤副国防部长领导，在国防部长分配的资源范围内，由一名局长和局长组建的下属组织成员组成，如图3-7所示。

导弹防御局局长作为导弹防御局负责人，根据国防部相关指示制订导弹防御计划，组织完成弹道导弹防御系统预定的目标；向负责采办、技术与后勤的副国防部长提出发布指令、指南、法规等建议；负责与军种和作战部门的协调工作，以及与国防部其他各部门的协调工作。同时，局长还作为相应的采办执行官和计划执行官，作为采办执行官，其职责包括：执行和实施弹道导弹防御系统的研

图 3-7 导弹防御局组织结构图

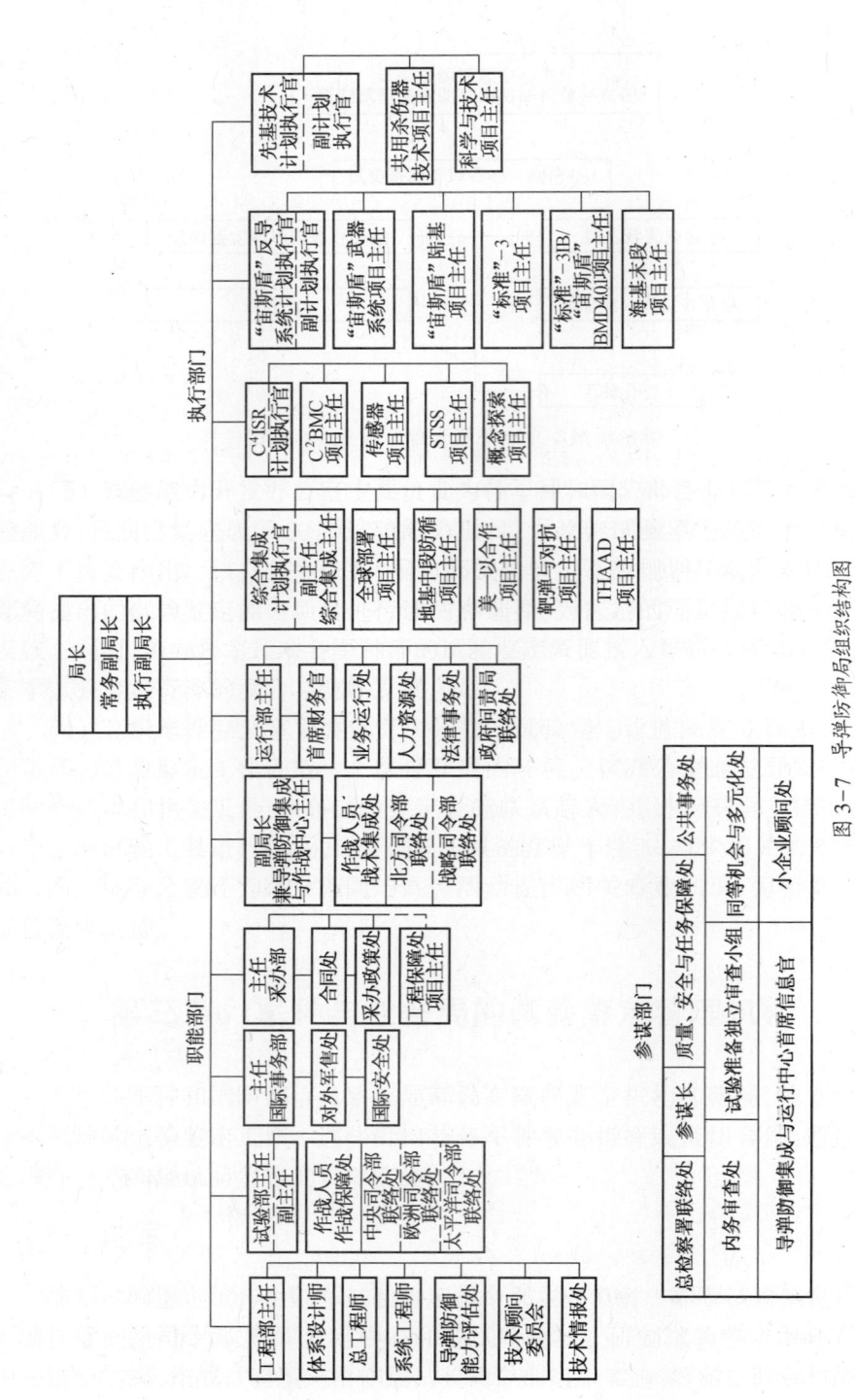

究、发展、试验和评估计划,明确采办战略,通过业务管理控制弹道导弹防御系统的进展、系统的开发、资源和经费的投入,以及履行里程碑决策的职责。作为计划执行官,其职责包括:直接参与各个项目的管理,全面负责弹道导弹防御系统的研究、发展、试验与评估工作,为每个弹道导弹防御单元制定互操作能力的标准;确保开发系统的兼容性和可保障性;通过系统级的管理来控制弹道导弹防御系统的发展,不断提高弹道导弹防御系统的效能。计划执行官下设有具体负责项目管理工作的项目主任。

(三)联合快速采办小组

联合快速采办小组2007年成立,是采办、技术与后勤副国防部长的直属机构。联合快速采办小组由核心工作组和咨询团队构成。其中:核心工作组由来自主计长办公室,采办、技术和后勤副国防部长办公室,参谋长联席会议等部门的国防部高级官员组成;咨询团队由各军种快速采办机构的官员组成。联合快速采办小组主要职责是在采办、技术与后勤副国防部长的领导下,监督、协调国防部各部门人员以满足作战部队的紧急需求。

第三节 军种采办项目管理机构

美军各军种负责采办的助理部长作为军种采办执行官,在国防采办执行官指导和监管下,统一领导军种采办管理工作。各军种按照采办专业门类,在军种参谋长(海军作战部长)领导下的装备(系统)司令部设立计划执行官体系,每个计划执行官办公室下设若干项目管理办公室。计划执行官体系在装备(系统)司令部内部设立,人事、行政等方面受装备(系统)司令部的领导与管辖,在采办业务管理上向军种负责采办的助理部长汇报工作。美军建立计划执行官体系的根本目的是理顺各军种负责采办的助理部长与装备(系统)司令部之间的关系,实现采办管理部门与作战使用部门的有机协调配合。

一、陆军国防采办管理主要机构

美国陆军国防采办由陆军部长统一领导,采办、后勤与技术助理陆军部长具体管理。采办、后勤与技术助理陆军部长任陆军采办执行官,对陆军参谋长下属的装备司令部内的计划执行官办公室直接进行业务指导。

(一)采办、后勤与技术助理部长

陆军采办、后勤与技术助理部长办公室是陆军国防采办政策、计划的统一管理机构,负责执行国防部采办、技术与后勤副国防部长办公室有关国防采办的政策和计划,制定陆军研究、发展和采办政策,编制国防采办的规划计划和年度预算,协调陆军国防采办计划,并统一管理有关经费。其下属官员包括:常务帮办、采办职业管理的常务军事帮办、采办政策与后勤助理部长帮办、国防出口与合作助理部长帮办、研究与技术助理部长帮办、采购助理部长帮办、采办与系统管理助理部长帮办,以及规划、计划与资源助理部长帮办等。

（二）陆军装备司令部

陆军参谋部是协助陆军部长履行职能的执行机构,平时主要负责陆军部队的行政管理、军事训练、拟定作战和动员计划、制定武器系统发展计划和各种条令条例,战时负责向各联合作战司令部提供作战部队。

陆军参谋部下设 12 个一级司令部,其中装备司令部主要负责陆军国防采办的具体实施。陆军装备司令部总部位于阿拉巴马州红石兵工厂,在所有 50 个州和 153 个国家存在影响力或设有办事处。陆军装备司令部,监督 10 个主要的下属司令部,超过 64000 名专职的军事人员和文职人员在这些机构工作,许多人在武器开发、制造和后勤领域具有很高的专业知识水平。

目前陆军装备司令部下辖 10 个业务司令部,包括:研究、开发与工程司令部,保障司令部,安全援助司令部,合同签订司令部,联合弹药司令部,通信与电子设备全寿命管理司令部,航空与导弹全寿命管理司令部,坦克装甲车辆与军备全寿命管理司令部,联合弹药与致命武器全寿命管理司令部,军事地面部署与配送司令部。如图 3-8 所示,各业务司令部主要职能如下。

（1）研究、开发与工程司令部负责陆军武器系统与技术的研究与开发,与美国大学、高技术企业等开展合作与联合技术攻关,并开展相关技术的转化应用。

（2）保障司令部负责在全球范围内为陆军部队提供武器系统与后勤物资方面的保障,并提供维修与后勤保障的解决方案。

（3）安全援助司令部是美国陆军军品对外销售和军事援助的统一组织实施机构,负责向盟友国家和地区提供安全援助,包括武器出口、联合生产、技术服务、出口许可证管理,并支持美国政府的紧急援助工作和人道主义援助活动。

（4）合同签订司令部负责为陆军装备司令部各业务司令部以及陆军采办、后勤与技术助理部长直属的计划执行官办公室和项目管理办公室提供专业化的合同签订服务。

（5）联合弹药司令部负责美军常规弹药的生产管理、储存、运输、分发以及非军事化处置。

（6）通信与电子设备全寿命管理司令部负责为陆军研制、提供一体化的 C^4ISR 系统,并对相关系统进行管理和运行维护,保证系统的战备完好性及其有效互联互通。

（7）航空与导弹全寿命管理司令部,主要负责陆军航空武器及导弹的研制、生产与采购等，并与合同签订司令部、研究开发与工程司令部等配合，完成陆军航空与导弹武器的采办全寿命管理工作。

（8）坦克装甲车辆与军备全寿命管理司令部，主要负责陆军单兵和地面武器的研制、采购、部署、维护等工作。

（9）联合弹药与致命武器全寿命管理司令部，主要负责常规弹药的研究、开发、生产等工作。

（10）军事地面部署与配送司令部，是美国运输司令部的组成部分，主要负责为美军提供全球部署和运输能力。

陆军共设立了11个计划执行官办公室，如图3-8所示。其中：采办、后勤与技术助理部长下设3个计划执行官办公室；陆军装备司令部下设8个计划执行官办公室。每个计划执行官办公室分别下设一个或多个项目管理办公室。

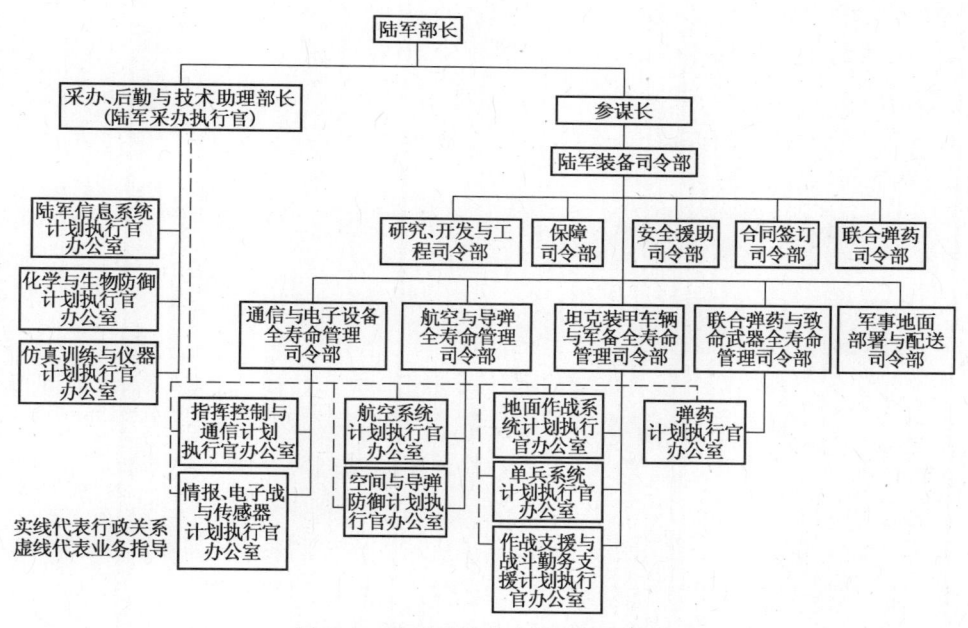

图3-8 陆军国防采办管理组织体系

二、海军国防采办管理主要机构

美国海军国防采办由海军部长统一领导，研究、发展与采办助理海军部长具体管理。研究、发展与采办助理海军部长任海军采办执行官，对作战部长下属的5个系统司令部内的计划执行官办公室直接进行业务指导。

(一) 研究、发展与采办助理海军部长

研究、发展与采办助理海军部长办公室是海军国防采办政策、计划的统一管理机构，负责执行国防部采办、技术与后勤副部长办公室有关武器系统发展的政策与计划，制定海军研究发展与采办的方针政策，编制国防采办规划计划和年度预算，协调海军国防采办计划，并统一管理有关经费，同时还管理海洋和海运工程方面的工作。该办公室有8名助理部长帮办协助工作，分别负责舰船、航空、C^4I与空间系统、管理与预算、综合作战系统、远征作战、采办与后勤管理、国际事务等。此外，该办公室还设有首席系统工程师和法律顾问助理，协助助理海军部长工作。

(二) 海军系统司令部

海军作战部是美国海军最高军事职能部门(相当于陆军、空军的参谋部)，平时主要负责海军部队的行政管理与军事训练、制定武器系统发展计划等，战时则负责向各联合司令部提供海军作战部队。

海军作战部下属30多个司令部，其中5个系统司令部具体组织实施海军武器系统采办计划，分别负责各领域的武器系统采办工作。这5个系统司令部分别是海上系统司令部、航空系统司令部、空间与作战系统司令部、供应系统司令部、设施与工程司令部。

(1) 海上系统司令部是5个系统司令部中最大的一个，主要负责各种舰船和大部分舰载设备的研制、生产、采购、改造和维修保障工作，也是舰船防护器材、核动力装置的安全设备、燃料、传动装置、爆炸物安全和爆炸物处理的主要技术管理机构。

(2) 航空系统司令部负责海军所有航空武器系统及有关军械、装备、器材的研制、采购和供应工作，包括海军和海军陆战队的飞机、机载武器、电子设备、水下声探测系统、机载水雷对抗设备、无人驾驶和拖曳式靶机系统、摄影设备、气象设备、飞机/导弹靶场和鉴定装置、训练与地面设备、弹射器、拦阻装置等。

(3) 供应系统司令部负责向海军提供各种保障，管理海军和海军陆战队的器材装备，如设备管理、器材处理、包装、运输、储存、分配和清理等。

(4) 设施与工程司令部是负责海军设施工程系统发展和维修工作的综合性机构，为海军和海军陆战队及其他有关部门提供海岸设施、工程器材和设备，如公共工程、浮吊、两栖浮桥设备、舰队系泊用具、浮坞、固定式水下海洋建筑、辅助设备、可移动地面设备。

(5) 空间与作战系统司令部负责管理海军的战略核潜艇和电子战武器，发展海军航天系统，将海军航天系统、飞机、军舰组成一体化力量，并负责海军与其他军种和盟国的协调工作。

海军共设有13个计划执行官办公室,如图3-9所示。其中:研究、发展与采办助理海军部长下设1个地面系统计划执行官办公室和1个战略系统直接汇报办公室,战略系统直接汇报办公室由项目管理办公室主任组成,类似计划执行官办公室层级,直接向助理部长汇报工作;海上系统司令部下设4个计划执行官办公室,航空系统司令部下设4个计划执行官办公室,空间与作战系统司令部下设3个计划执行官办公室。每个计划执行官办公室分别下设一个或多个项目管理办公室。

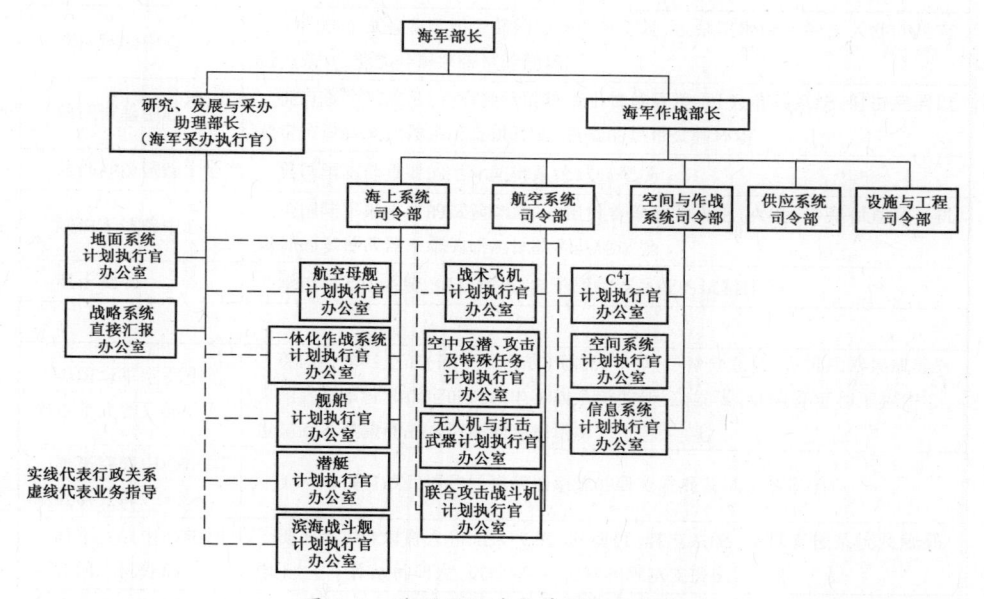

图3-9 海军国防采办管理组织体系

三、空军国防采办管理主要机构

美国空军国防采办由空军部长统一领导,空军采办助理部长具体管理。采办助理部长任空军采办执行官,对空军参谋长下属的装备司令部的计划执行官直接进行业务指导工作。

（一）采办空军助理部长

采办空军助理部长办公室是空军武器国防采办的政策、计划管理部门,负责执行国防部采办、技术与后勤副部长办公室有关国防采办的政策和计划,制定空军研究、发展和采办的方针政策,并协调空军武器国防采办计划。

（二）空军装备司令部

空军参谋部是协助空军部长履行职能的执行机构,平时主要负责空军部队的行政管理与军事训练、制定武器系统发展计划等,战时则负责向各联合司令部提供空军作战部队。

空军参谋部下属10个一级司令部,其中装备司令部主要负责武器系统采办工作,具体承担空军武器系统研究、发展、采购、维护等管理职能,下设全寿命管理中心、保障与后勤中心、试验中心、核系统管理中心和设施与任务支持中心等5个中心,以及1个空军实验室。

（1）全寿命管理中心主要负责美国空军所有飞机、发动机、军需产品和电子系统的全寿命管理工作,为美国及其盟国提供"从摇篮到坟墓"的经济可承受的持续打赢能力。

（2）保障与后勤中心主要负责空军供应链管理和设施保障,以确保空军武器系统形成空中作战能力和远征打赢能力。

（3）设施与任务支持中心主要负责为所有空军的设施与任务保障部门提供最佳实践经验和标准,从而减少成本、提高效益。

（4）核系统管理中心主要负责为空军部队提供安全、可靠、有效的核能力,及时提供适合的核解决方案。

（5）试验中心主要负责对空军的航空、航天和网电系统实施试验鉴定管理,为决策者提供及时、客观和精确的信息。

空军共设15个计划执行官办公室,如图3-10所示。其中:采办助理部长下

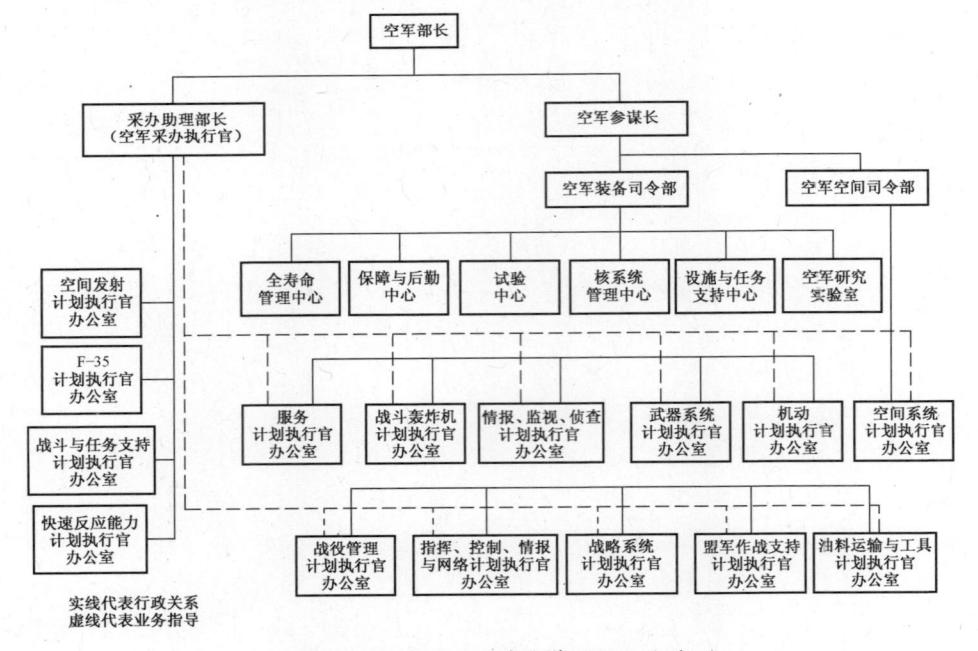

图3-10 空军国防采办管理组织体系

设4个；空军装备司令部下设10个，航天司令部下设1个。每个计划执行官办公室下设一个或多个项目管理办公室。

第四节 采办项目管理办公室

美军采办项目管理办公室主要分布于各军种装备（系统）司令部及其下属二级司令部内部。由于各军种装备司令部及其所属机构并不集中于一地，美军项目管理办公室也呈现较为分散的分布状态。

美军各军种装备（系统）司令部及其二级司令部内部，按照武器系统类别，构建计划执行官办公室及项目管理办公室。每个计划执行官负责管理某一领域的采办工作。每个计划执行官办公室内部包含若干个项目管理办公室，这些项目管理办公室负责所属武器系统领域具体项目的采办管理工作。相关项目管理办公室多为常设，在从事完某一项目的采办管理工作后，办公室人员将转移到下一个同类项目的采办管理工作。

根据项目的技术复杂性、管理难度以及采办金额情况，项目管理办公室人数在十余人至数百人不等，大型项目的项目管理办公室甚至超过300人，如图3-11和图3-12所示。项目管理办公室中的业务管理、联合/国际代表、利益相关人员、合同签订、人事管理、法律顾问等人员，在项目发展的全寿命过程中都非常重要，因此这些人员在项目管理办公室存在期间基本是固定的。商务和财务、采办后勤、系统工程、试验、用户保障、制造等专业技术人员，根据采办项目发展阶段的不同需要而随之调整。在早期重点配备系统工程等方面的人员，项目管理办公室总体人数较少；中期重点配备财务管理、试验鉴定、系统工程、制造、采办后勤等方面的人员，这时项目管理办公室人数较多；后期项目管理办公室人数再一次减少，重点配备试验、采办后勤和用户保障等方面的人员。

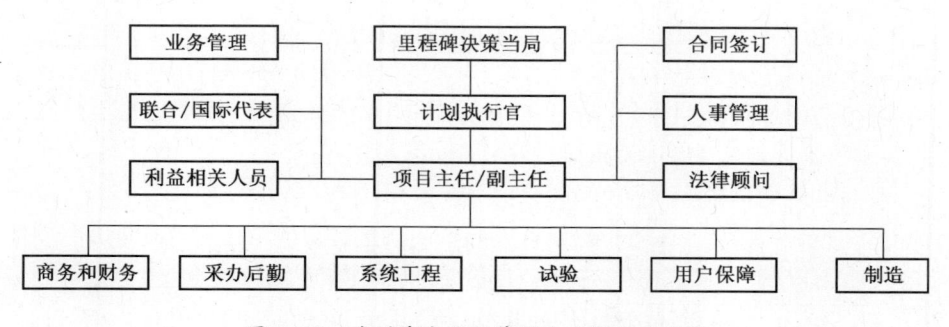

图3-11 典型采办项目管理办公室组织结构

图 3-12 矩阵式结构

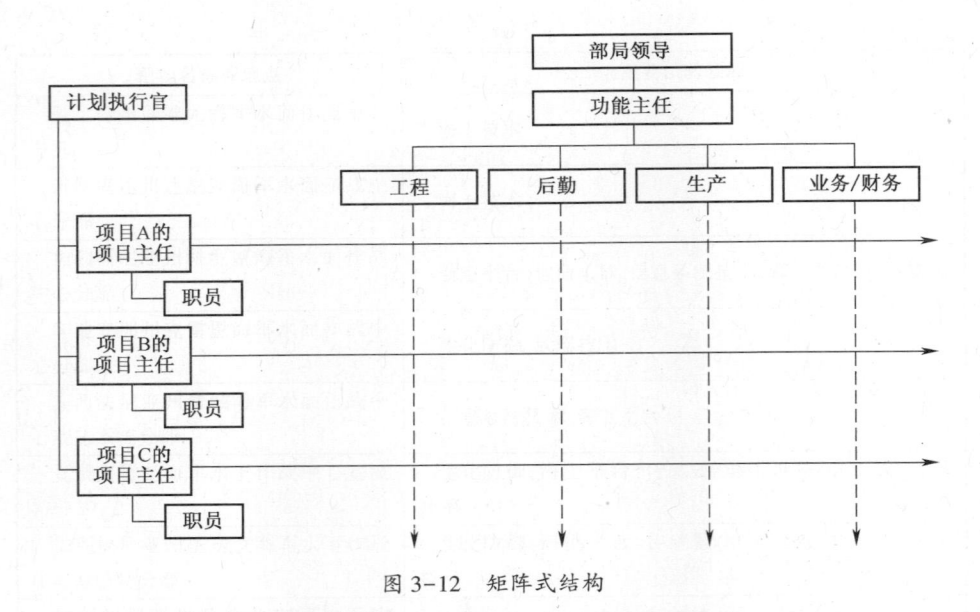

采办项目管理办公室负责组织采办项目从方案论证、研制、生产到武器系统使用全过程的管理工作,具体职责包括:制定项目采办策略与实施计划;实施采办项目的全过程管理,制定进度安排并根据实际情况及时调整;制定招标书或征求建议书,组织项目招投标,选择承包商并签订合同;委托合同管理机构开展合同的履行监督和质量控制;参与项目各阶段评审,监督合同经费执行情况;组织项目的质量管理;组织项目的技术状态管理;组织项目的试验鉴定;评定承包商的产品是否满足既定的功能与要求,等等。

第五节 一体化产品小组

一体化产品小组(IPT)是美国国防部借鉴商业管理的成功经验,从 20 世纪 90 年代开始在采办项目管理中开始推广的一种管理模式。这种管理模式是把与项目相关的各个部门、各个专业的人员组合到一起,为了项目的成功共同努力,从而帮助决策者在正确的时间做出正确的决策。

根据最新的美国国防部《国防采办指南》,对于所有国防部 ID 类和 IAM 类项目,在项目管理办公室之上必须设立两个层次的一体化产品小组,即顶层一体化产品小组(OIPT)和工作层一体化产品小组(WIPT)。每一个重大 I 类项目只接受一个顶层一体化产品小组的监督和评审,但一个项目可以组建多个职能工作层一体化产品小组协助其开展工作,工作层一体化产品小组并不属于项目管理办公室,而是独立于项目管理办公室。对于其他Ⅱ、Ⅲ类项目,项目主任可以根据需要设立工作层一体化产品小组和内部的项目层一体化产品小组。

一、顶层一体化产品小组

顶层一体化产品小组设在国防部,国防部对每一个ID类和IAM类项目都要指派一个顶层一体化产品小组对其管理进行监督。顶层一体化产品小组的首要职责就是为项目提供战略指导,并帮助解决项目在全寿命阶段的早期出现的问题。重大武器系统的顶层一体化产品小组由采办、技术与后勤副国防部长领导,重大自动化信息系统项目的顶层一体化产品小组由国防信息系统局局长领导。成员主要包括:项目主任,计划执行官,军种代表,采办、技术与后勤副国防部长办公室的代表,参谋长联席会议代表,其他与项目相关的国防部部门的代表。顶层一体化产品小组会议根据需要召开或者在里程碑决策点评审前两周召开,主要对项目进展情况进行评估,并将项目相关信息提交里程碑决策当局。

二、工作层一体化产品小组

工作层一体化产品小组设在国防部各业务部门或者军种部,根据项目各方面管理的需要,可以组建不同职能的一体化产品小组,如试验策略一体化产品小组、成本/性能一体化产品小组等。工作层一体化产品小组会议根据需要适时召开,主要帮助项目主任进行项目规划或者为接受顶层一体化产品小组的评审做准备工作,并解决相关问题。工作层一体化产品小组通常由项目主任或者其代表领导。

(1) 试验策略一体化产品小组。组建这个小组的目的主要是协助项目主任制定重大项目的试验鉴定主计划,目标是通过在采办程序的早期确认和解决相关问题,找出问题出现的根本原因,从而为项目制定一份高质量的各个部门均能接受的试验鉴定主计划。

(2) 成本/性能一体化产品小组。要降低项目成本,就必须通过成本/性能权衡分析,并且必须在确定采办计划之前结束,因此降低项目成本的最佳时间是在采办程序的早期。美国国防部规定,每一个Ⅰ类和ⅠA类项目都必须设立一个成本/性能一体化产品小组,而且小组成员必须包含用户部门的代表。

项目主任还可以自行组建和领导工作层一体化产品小组,称为综合一体化产品小组(IIPT),其成员来自各个不同职能的工作层一体化产品小组,例如后勤、工程、制造、试验鉴定、财务以及合同等,以支持采办策略制定、成本估算、方案评估、后勤管理、成本性能分析等。综合一体化产品小组与其他工作层一体化产品小组相互配合,确保项目采办过程中出现的一些问题能够在正式评审之前得到很好地解决。问题解决程序如图3-13所示。

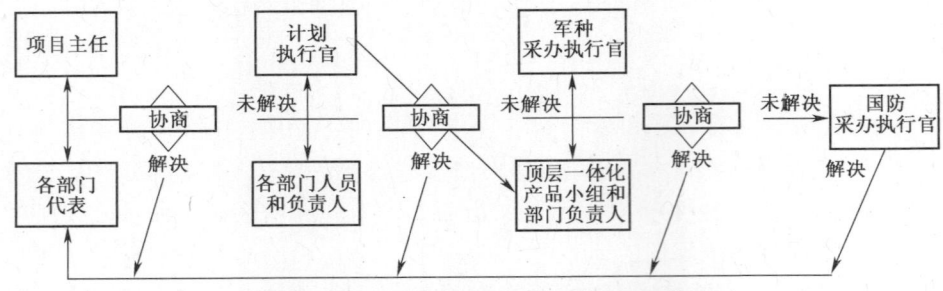

图3-13 项目发展过程中问题解决程序

三、项目层一体化产品小组

在项目管理办公室内部，项目主任还可以根据项目具体情况组建各种一体化产品小组，实施一体化产品和过程开发。

以图3-14为例，F-22战斗机项目管理办公室组建飞行器、发动机、培训系统和保障系统等4个一体化产品小组，每个小组又细分成若干分组。例如，飞行器一体化产品小组分为武器、动力系统、机体、航空电子系统、座舱系统、通用系统和飞行器管理系统等7个分组。各一体化产品小组组长作为该领域负责人，负责该领域的计划安排和管理工作，及时沟通、协调各业务部门之间以及与承包商之间的关系，并就本领域事宜向项目主任提供咨询意见。通过采用一体化项目小组的方法，美国国防部发现大批新研制项目的成本和开发时间均减少了30%左右。目前，美国项目管理办公室基本上都采用了一体化产品小组的管理方式，并在节省经费、缩短周期等方面取得了显著成效。

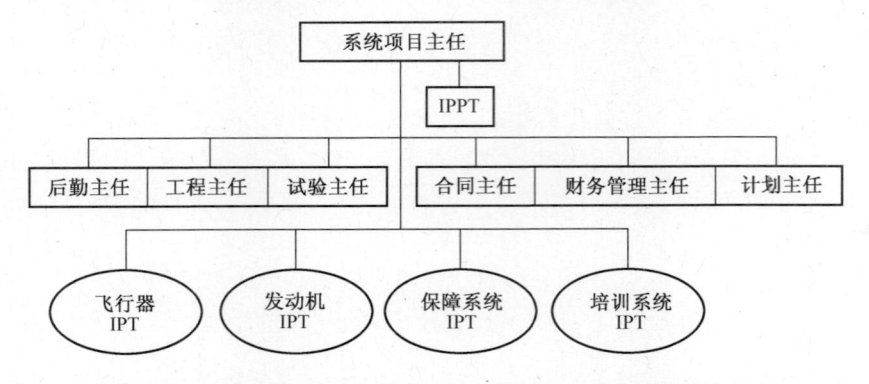

图3-14 F-22项目管理办公室以及其内部的一体化产品小组示例

第六节　项目管理办公室案例——联合攻击战斗机项目管理办公室

1993年8月11日,美军采办与技术副国防部长提出了一项空军与海军的联合计划,即联合先进攻击技术计划(Joint Advanced Strike Technology,JAST)。1996年,美军将该计划更名为联合攻击战斗机(Joint Strike Fighter,JSF)计划。联合攻击战斗机是美国防采办中的 ID 类项目,目标是研制和部署一族高度通用的、经济可承受的攻击战斗机,以满足美国空军、海军、海军陆战队,以及英国和其他盟国的作战需要。联合攻击战斗机共有三种型号,即常规起降型(CTOL)、航母适用型(CV)和短距起飞垂直降落型(STOVL)。美军在该项目的采办中,将经济可承受性作为采办的重要指标,在降低研制、生产和总拥有费用的同时,使联合攻击战斗机具备所需的作战能力。

联合攻击战斗机是多军种、多国参与的联合计划项目。项目主任通过精简的管理结构,对项目进行管理。项目的里程碑决策当局是美国防部国防采办执行官。

一、联合攻击战斗机项目管理办公室的构成

设在弗吉尼亚州阿灵顿的 JSF 项目管理办公室于 1994 年成立,全面负责 JSF 项目的实施和管理。JSF 项目实行军种轮换管理方式,项目主任定期在空军和海军之间轮换,空军的项目主任向海军采办执行官报告工作,海军项目主任向空军采办执行官报告工作。该项目领导人已经顺利轮换了 5 次,目前的项目主任是一名海军少将(第 5 任项目主任,前任为一名空军少将),一名空军准将任项目副主任,项目技术主任则来自海军。

如图 3-15 所示 JSF 项目管理办公室在构成上实行矩阵式管理,由航空器科等 3 个负责产品的科室和业务与财务管理科等 8 个职能科室组成。项目管理办公室包括来自美国空军、海军、海军陆战队以及各大军工企业的人员,采用多专业一体化小组(IPT)的方式开展工作。

二、联合攻击战斗机项目管理办公室的职责

JSF 项目管理办公室负责在进度和预算内管理好项目。项目主任有权根据计划项目的要求进行决策和分配资源,并负责将出现的问题与状况传递给采办、技术与后勤副国防部长,空军部长/助理军需官以及海军研究、发展与采办助理

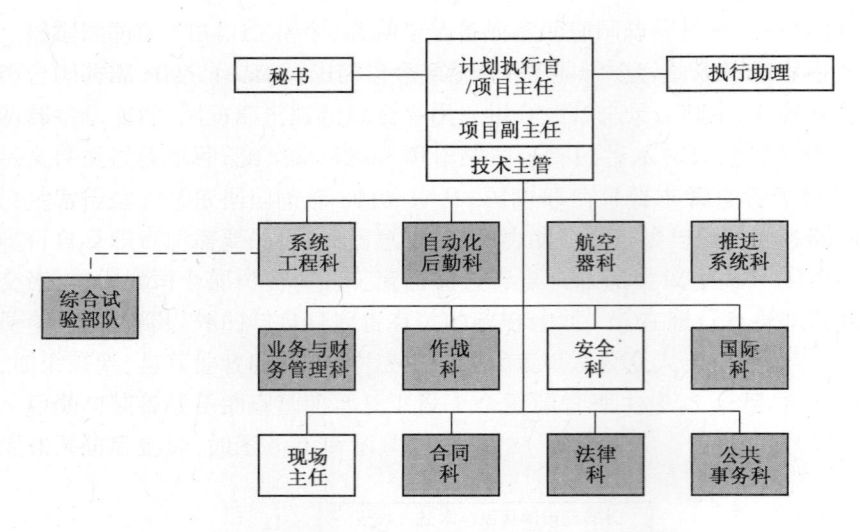

图 3-15 联合攻击战斗机项目管理办公室构成

部长。

一体化产品小组在 JSF 计划项目管理中发挥着重要作用。小组的成员来自空军、海军、海军陆战队、作战部队、试验部队、政府部门以及承包商机构,涉及多个职能领域(计划管理、工程、环境、生产、合同签订、质量保障、安全以及保障和培训),他们有着丰富的专业知识及管理经验,并受过多种训练。在项目管理中,综合一体化产品小组和顶层一体化产品小组分别对需要军种采办执行官或国防部关注的项目问题及审查工作进行处理,还通过每周工作汇报、每月采办报告等定期报告或面对面的审查对日常事务进行管理。

JSF 项目管理办公室在飞行系统和推进系统的承包商工厂内还建立了保障办公室,直接向 JSF 项目主任报告工作,并作为项目管理办公室、国防合同管理局和承包商之间的联络枢纽。

第四章 国防合同管理机构

国防采办项目具有风险高、经费数额大、技术复杂等特点,为提高项目管理的科学性、有效性与专业性,国防采办管理部门通常委托合同管理部门对承包商合同履行情况进行监督。目前,在采办、技术与后勤副国防部长领导下的采办助理部长工作组织体系内,设有专门负责国防采办合同管理工作的国防合同管理局。国防合同管理局以其专业化、独立性的工作,在采办项目管理体系与承包商之间建立起有机联系,有效提升了美军合同管理的效率与效益。

第一节 国防合同管理历史沿革

美军在20世纪20年代建立了合同管理制度。1921年,美国合同管理机构的名称是驻厂检验办公室(Plant Inspection Office)。1926年,驻厂检验办公室改名为驻厂代表办公室(Plant Representative Office,PRO)。第二次世界大战结束后,美国国防合同管理经历了由各军种分散管理到国防部集中统管的发展历程,如图4-1所示。

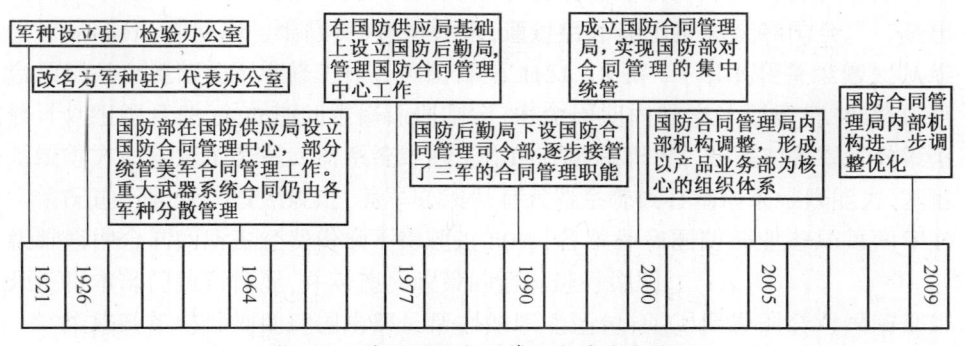

图4-1 美国国防合同管理发展演变过程

一、军种分散管理时期(1964年前)

第二次世界大战结束到20世纪60年代之前,国防合同主要由各军种分散管理,三军分别建立了各自的驻厂代表办公室。各军种分管各自的驻厂代表办公室,并向承包商分别派驻合同管理人员。各军种在合同管理方面存在大量的重复劳动,同时军种交叉派驻对承包商也造成了很大的负担,容易引起管理上的混乱。

二、国防部加强集中统管时期(1964年至1999年)

1964年起,美国国防部在国防供应局设立国防合同管理中心,部分统管全军合同管理工作,负责对美国2万多家小企业承包商合同进行统管,但是部分重大武器系统合同仍由各军种分散管理。1977年,国防供应局改称国防后勤局,国防合同管理中心隶属国防后勤局管理。1990年,国防合同管理中心改组为国防合同管理司令部,实现了对主要合同的统一管理工作,逐步接管了三军对驻厂代表办公室的管理。1996年,国防合同管理司令部统一了合同管理政策与标准,初步解决了各军种分散派驻的问题。

三、国防合同管理局深化改革时期(2000年至今)

(一) 2000年至2004年

2000年,为提高合同管理部门的权威性,国防部将合同管理司令部从国防后勤局中独立出来,升格为国防部直管的国防合同管理局,实现了国防部对全军合同履约监督的集中统管。国防合同管理局下设东部司令部、西部司令部、国际司令部,形成了以地区为中心的管理模式(图4-2),保证了合同管理的"一厂一室"制。

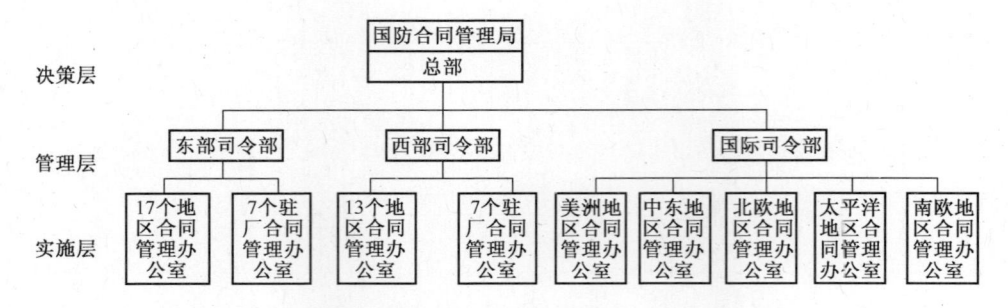

图4-2 国防合同管理局成立之初的组织体系(2000年至2004年)

(二) 2005年至2009年

为了加强合同管理与项目管理体系的有效衔接,国防合同管理局从"以地区为中心"的管理模式改革为"以武器系统为中心"的管理模式,撤销东部与西部司令部,设立航空系统部、海军海上系统部、空间和导弹系统部、地面系统和军械部、特殊项目部等产品业务部,国际司令部改名为国际部,如图4-3所示。这种"以武器系统为中心"的管理模式，突出了合同履行管理的专业性及其与项目管理体系对应关系，但这种模式下各产品业务部都可以派出合同管理人员，又再次重复出现了"一厂多室"的问题。

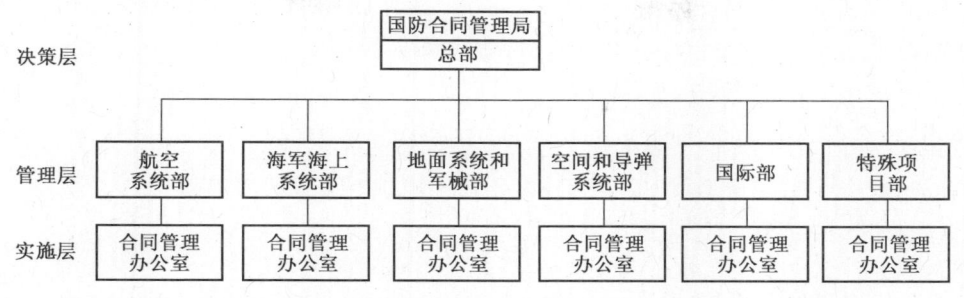

图 4-3 国防合同管理局以产品为中心的组织管理体系（2005 年至 2009 年）

（三）2009 年底至今

2009 年底以来，为解决合同管理人员重复派驻问题，国防合同管理局对组织体系再次实施调整，设立运行部领导三大地区司令部，通过运行部统筹解决按地区派驻和专业化管理之间的矛盾，形成"地区派驻、兼顾专业"的合同管理新模式。

第二节 国防合同管理组织机构

2009 年底，国防合同管理局对组织体系进行了进一步改革，吸取了 2005 年产品业务部管理模式的经验教训，通过地区司令部加强了对本地区内合同管理办公室的统管力度，也提高了本地区内合同管理办公室的专业化管理水平。

一、国防合同管理局管理体制

目前，国防合同管理局由决策层（总部）、管理层和实施层（合同管理办公室）三级机构组成，如图 4-4 所示。

（一）国防合同管理局总部

总部是国防合同管理局的主管机关，下设战略影响办公室、法律顾问处、人力资源处、信息技术处、财务与商务处、独立评估处、合同处、工程处、质量处等部门。

总部主要职责包括顶层战略规划、法规政策制定、人员招募与培训、基础条件建设等，并对国防合同管理局下属机构的运行实施监管。其中：战略影响办公室主要负责评估美军合同管理领域存在的问题，并进行顶层战略的制定；法律顾

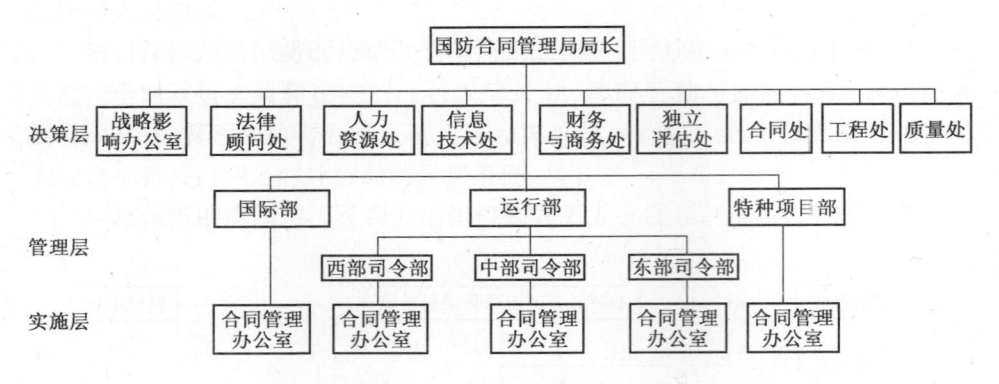

```
                          国防合同管理局局长
                                │
  ┌────────┬────────┬────────┬──┴─────┬────────┬────────┬────────┐
决策层 战略影响 法律   人力   信息   财务与  独立   合同处 工程处 质量处
      办公室  顾问处 资源处 技术处 商务处  评估处
                    │        │        │
管理层            国际部    运行部  特种项目部
                        ┌────┼────┐
                     西部   中部  东部
                     司令部 司令部 司令部
                       │     │     │
实施层  合同管理 合同管理 合同管理 合同管理 合同管理
        办公室   办公室   办公室   办公室   办公室
```

图4-4 国防合同管理局组织体系（2015年底）

问处负责编制国防合同管理局的法规、规章与政策，并对合同管理局下属部门提供法律援助；人力资源处主要负责合同管理人员的招募与培训；信息技术处负责国防合同管理局的信息基础设施建设、信息系统安全等事务；财务与商务处负责财务监管、内部审计；独立评估处负责评估与监管国防合同管理局下属机构的运行情况；合同处、工程处、质量处等主要负责制定国防合同管理局合同、工程、质量等领域的基本政策，并监管下属合同管理部门落实政策情况。

人物专栏

现任国防合同管理局局长简介

大卫·刘易斯（David H. Lewis）中将现任国防合同管理局局长。国防合同管理局为国防部下属机构，由12000多名文职人员和军职人员组成，承担美军全球范围内的合同管理职责，目前正在管理的合同涉及超过19500多家承包商，资金规模超过2230亿美元。

刘易斯出生于华盛顿州，1979年毕业于内布拉斯加大学，获得计算机科学学士学位，并通过了海军后备军官训练团计划考核。1988年刘易斯从海军研究生院毕业，获得计算机科学硕士学位。

在海上服役期间，刘易斯曾在"史普鲁恩斯号"（DD 963）上担任通信官，在此期间获得了水面作战资格；还曾担任"比德尔号"（GC 34）火控指挥官和导弹连军官，以及"提康德罗加号"航空母舰（CG 47）作战系统官。他的主要领导工作是作为舰艇计划执行办公室的宙斯盾造船项目主任，主持交付了7艘DDG 51

级舰艇并完成了另 10 艘舰艇的采购。

在岸上服役期间，刘易斯被委任为负责维护和工程的助理参谋长、海军水上部队指挥官、海军部参谋、海军海上系统司令部参谋等。

2009 年，刘易斯担任海军海上系统司令部副指挥官，之后四年担任舰艇计划执行官，在此任职期间，他领导交付了 18 艘舰艇并完成了其他 51 艘舰艇的采购。2014 年—2017 年，刘易斯担任空间和海战系统司令部指挥官，领导全球 10300 名军文职人员设计、开发和部署先进的通信和信息能力。2017 年 5 月 24 日，刘易斯被任命为国防合同管理局局长。

前任国防合同管理局局长简介

马谢洛（Masiello）中将为前任国防合同管理局局长。

此前，马谢洛将军在空军采办助理部长办公室工作，负责空军武器系统、后勤、作战以及应急保障等相关采办合同事务。

马谢洛将军 1980 年获得得克萨斯理工大学工商管理学市场营销学士学位，被授予预备军官训练团杰出毕业生并进入现役。1984 年，她在空军理工学院获得后勤管理（合同和制造管理）硕士学位。1999 年，在武装军队工业学院获得国家资源战略科学硕士学位，并被授予优秀毕业生。

马谢洛将军曾在多个系统采办中担任重要职位，包括在监视与侦查系统、武器系统和测试系统担任首席合同官员。同时，她还是空军理工学院助理教授和国家侦查局监察长办公室副主任。此外，她还担任过包括规划与计划办公室副主任、两个采购中心的合同主任在内的多个职务。

马谢洛将军曾担任一个空军配属部队指挥官。在 2005 年 7 月至 2006 年 1 月间，她被派遣至伊拉克担任伊拉克/阿富汗境内军事合同首席助理，负责美军在两国的合同与采办保障事务、阿富汗安全过度保障，以及巴基斯坦地震后的人道主义援助。

（二）管理层

管理层包括运行部（下设东部、中部、西部司令部）、国际部和特殊项目部。

运行部下设合同处、工程处、质量保证处、任务支持办公室、后勤与安全处等综合管理部门，并针对合同履行的武器系统领域，设立混合翼飞机、地面系统军需品与 C^4I、海军武器系统、旋转翼与航空系统、空间与导弹、维修等 6 个专业管理部门，并领导东部、中部、西部三大地区司令部开展工作。

国际部负责在海外作战情况下,在驻军所在国开展的应急采办合同的履行管理,以及由国外承包商承担的采办合同的履行管理。

特殊项目部主要负责核、生、化等特殊项目合同的履行管理。

(三) 合同管理办公室

合同管理办公室是美军合同履行监管的执行机构,下设若干工作组。合同管理办公室基本任务是为国防采办提供合同履行方面的监督与服务,发挥其对承包商情况全面了解的优势,对具体承包商合同履行监督,在项目管理办公室与承包商之间发挥重要的桥梁纽带作用。

按照工作量排序,合同管理办公室承担的工作任务大致为质量监督(35%)、合同执行监督(19%)、工程与生产服务(17%)、成本与定价(11%)、重大项目保障(5%)、资产管理与设施处理(3%)、小企业保障(2%)、运输服务(2%)、合同中止(1%)以及其他一些职能(5%)。

截止2014年4月,国防合同管理局共有46个合同管理办公室,下设若干工作组,遍布700多个工作地点。地区合同管理办公室命名规则为国防合同管理局+地区名(如 DCMA Chicago);驻厂合同管理办公室命名规则为国防合同管理局+承包商名+所在地区名(如 DCMA Lockheed Martin Marietta)。

(1) 西部司令部下设11个合同管理办公室,其中驻地区办公室6个、驻厂办公室4个、产品组办公室1个。驻地区办公室分别为驻丹佛地区办公室、驻莱斯罗普地区办公室、驻洛杉矶地区办公室、驻加利福尼亚棕榈谷办公室、驻菲尼克斯地区办公室、驻圣安娜地区办公室。驻厂办公室分别为驻波音公司亨廷顿办公室、驻洛克希德·马丁公司丹佛办公室、驻洛克希德·马丁公司桑尼维尔办公室、驻雷声公司图森办公室。产品组办公室为 NASA 产品运行合同管理办公室。

(2) 中部司令部下设10个合同管理办公室,其中驻地区办公室6个、驻厂办公室3个、产品组办公室1个。驻地区办公室分别为驻芝加哥地区办公室、驻达拉斯地区办公室、驻代顿地区办公室、驻底特律地区办公室、驻亨特维尔地区办公室、驻双城地区办公室。驻厂办公室分别为驻贝尔直升机公司沃斯堡办公室、驻波音圣路易斯办公室、驻洛克希德·马丁公司沃斯堡办公室。产品组办公室为飞机一体化维修合同管理办公室。

(3) 东部司令部下设16个合同管理办公室,其中驻地区办公室9个、驻厂办公室5个、产品组办公室2个。驻地区办公室分别为驻亚特兰大地区办公室、驻巴尔的摩地区办公室、驻波士顿地区办公室、驻加顿城地区办公室、驻哈特堡地区办公室、驻马纳萨斯地区办公室、驻奥兰多地区办公室、驻费城地区办公室、驻斯普林菲尔德地区办公室。驻厂办公室分别为驻波音公司费城办公室、驻洛克希德·马丁公司玛丽埃塔办公室、驻洛克希德·马丁公司矛里斯顿办公室、驻洛克希德·马丁公司奥兰多办公室、驻思科斯基飞机公司办公室。产品组办公室分别为飞机发动机合同管理办公室、海军特种作战项目合同管理办公室。

（4）国际司令部下设6个合同管理办公室，分别为北美办公室、北欧办公室、南欧办公室、中东办公室、阿富汗办公室、太平洋办公室。

（5）特殊项目部下设3个合同管理办公室，分别为西部办公室、南部办公室、东部办公室。

合同管理办公室编制50人至200人不等，合同管理办公室主任为上校军官或同职级文职官员。国防合同管理局编制11300人，其中军职人员550人、文职人员10750人，比例约为1∶20。

经过几十年的改革，美国国防部成立国防合同管理局，实现了国防部对国防合同的集中统管，合同管理的政策标准由国防合同管理局统一制定，合同管理办公室由国防合同管理局统一派驻，合同管理人员由国防部合同局统一管理。这样从根本上解决了各军种分散管理、重复派驻带来的政策标准不统一、"一厂多室"以及机构人员庞大等问题，极大地提高了合同管理的规范化、专业化、集约化水平。

二、国防合同管理局职能定位

根据《联邦采办条例》及《联邦采办条例国防部补充条例》的规定，美军签订的所有合同纳入国防合同管理局实施统管。美国国防合同管理局除负责美国国防部的合同履行监管外，还承担了包括能源部及国家航空航天局部分合同的履行监督工作。国防合同管理局管理的合同总量约35万份，涉及的承包商约1.9万家。

（一）提供专业高效的合同管理与服务

国防合同管理局的基本任务是为国防采办项目提供合同履行方面的监督与服务，保障采办项目全寿命过程的顺利进行，发挥其对承包商情况全面了解的优势，为项目管理办公室提供全方位支撑，包括协助项目管理办公室进行承包商询价与产品定价、协助起草合同文本、实施现场合同履行监督等。国防合同管理局在用户、项目管理办公室及承包商之间建立联系的桥梁，全面掌握项目的成本、进度、绩效，为项目管理办公室提供有价值的项目信息，推动项目按照合同规定的要求顺利进行。

国防合同管理局的基本职能包括定价与谈判、合同履行监督、项目技术保障、质量保证、工程监督、生产监督、资产管理以及小企业管理等。在合同签订之前,国防合同管理局主要协助项目管理办公室进行招投标、合同谈判以及合同文本起草等工作。合同签订之后,国防合同管理局作为承包商与项目管理办公室以及国防部部局之间联系的纽带,负责监督承包商的合同履行工作,并向国防部相关部局报告合同履行的进展情况以及合同履行过程中存在的问题。

(二) 在合同签订部门的授权委托下开展工作

美国国防合同管理机构在合同签订机构的授权委托下开展工作。在国防采办领域,合同签订工作主要由项目管理机构承担。合同管理机构按照项目管理机构签订的委托协议要求,定期向项目管理机构汇报项目合同履行工作情况,分析合同履行管理中出现的各类问题,并提醒项目管理机构关注可能对项目成本、进度和性能产生影响的重大问题。

根据授权委托协议,合同管理工作一般贯穿国防采办全寿命过程,具体工作可根据委托协议进行微调。在方案分析阶段,合同管理办公室协助项目管理办公室制定采办策略,评估承包商的工业能力,并根据承包商以往绩效,开展招投标和合同定价工作,起草合同文本。在技术开发、系统开发与演示验证阶段和采办项目生产阶段,合同管理办公室开展项目研制生产的质量管理、风险管理、产品检查验收、资产管理等工作,评估是否具备合同支付条件,并将相关信息提供给项目管理办公室。在使用与保障阶段,合同管理办公室主要负责监督承包商维修保障、备件管理、供应商管理、合同验收、设施清除等工作。

此外,合同管理机构协助项目管理机构处理产品的质量缺陷。对于有较小缺陷的项目,可由合同管理机构自行决定是否拒绝接收该项目。对于较大缺陷和严重缺陷的项目,合同管理机构报项目管理机构和合同管理上级部门。由项目管理机构合同签订官决定如何处理,如要求承包商限期纠正或更换不符合要求的产品或服务,承包商整改完成后由合同管理机构开展整改情况验收,并将相关情况报告项目管理机构。

(三) 强化管理制度上的监督与制衡

美军在国防采办工作中,在注重加强协作的同时,强调机构间的监督与制衡,从制度上避免权力的过分集中。因此,在国防采办管理工作中,合同签订、合同管理、合同审计、合同支付分别由4个不同的部门实施管理,如图4-5所示。采办管理指挥线与合同管理指挥线都由采办、技术与后勤副国防部长统管协调,其中:合同签订由采办管理指挥线负责,具体由项目管理办公室实施;合同履行监督由国防合同管理局负责,具体由国防合同管理局下设的合同管理办公室实施。

国防合同管理局在项目管理部门的授权和委托下开展合同管理工作。这种委托是一种强制性委托,主要基于以下考虑:一是从制度上避免合同签订部门与

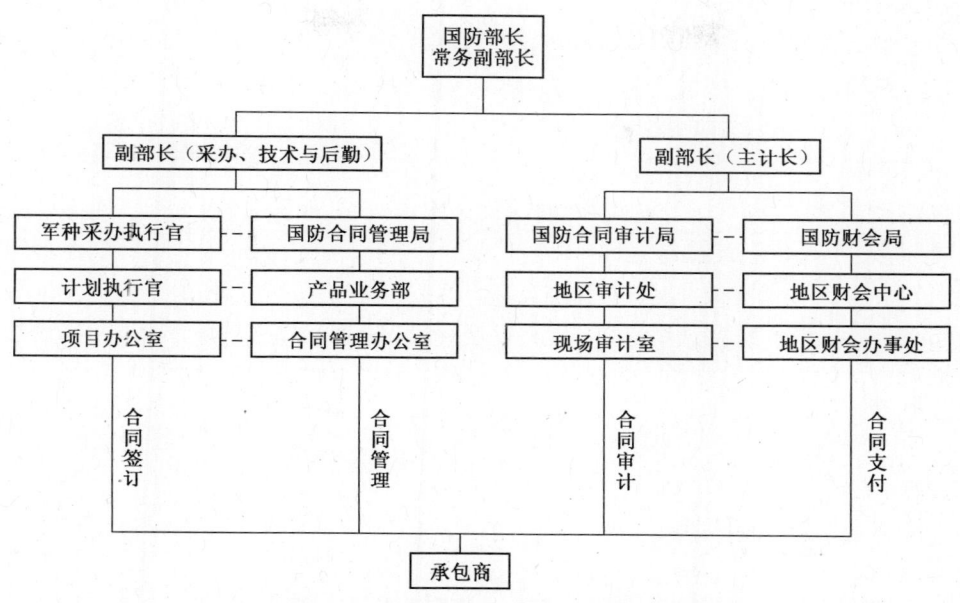

图 4-5 美国国防采办合同管理与监督体系

履行监督部门的重合,防止滋生腐败;二是有利于合同管理部门对合同履行监督实施专业化管理。

三、国防合同管理局人员情况

采办合同管理的复杂性,要求国防合同管理人员具有丰富的工作经验和较高的能力水平,因而国防合同管理人员年龄普遍偏大。根据国防合同管理局 2010 年 12 月的统计,国防合同管理人员年龄结构和任职年限情况如表 4-1 所列。从年龄结构上来看,合同管理人员年龄在 50 岁以上的达到 5860 人,约占总人数的 63%,而 60 岁以上的多达 1790 人,约占总人数的 19%。从工作经验上来看,合同管理人员任职年限在 20 年以上的达到 6042 人,约占总人数的 65%,其中工作年限在 30 年以上的达 1618 人,约占总人数的 17%。从统计情况看,合同管理人员的平均年龄高达 51.5 岁,平均工作年限达到 20.5 年。近年来,美国国防合同管理局面临着"退休潮"和人员年龄结构不合理等问题,使得国防合同管理局在人员方面面临青黄不接的巨大压力。

针对合同管理人员老龄化问题,国防合同管理局在 2010—2015 财年持续增加合同管理人员,2010 财年比 2009 财年净增约 900 人,2011—2013 财年每年净增约 470 人,2013—2015 财年每年净增约 200 人。同时,美国防部也高度重视加强专业化的人员培训,国防采办大学 2011 年 10 月新设立了国防合同管理学院,专门针对合同管理人员开展专业性课程培训,并建立了专业化的合同管理培训课程体系。

表4-1 美国国防合同管理人员年龄结构与任职年限情况

单位:人

任职年限/年 年龄/岁	0~4	5~10	11~15	16~19	20~24	25~29	30~35	36~40	41~45	46~50	>51	总计
62+	29	46	28	84	329	241	174	79	39	7	3	1059
60~61	18	22	17	47	209	177	154	73	14	0	0	731
55~59	66	96	51	107	476	513	489	110	1	0	0	1909
50~54	150	177	69	128	586	639	392	20	0	0	0	2161
46~49	161	142	68	119	531	307	63	0	0	0	0	1391
40~45	240	136	96	209	334	63	0	0	0	0	0	1078
<40	478	308	51	49	19	0	0	0	0	0	0	905
总计	1142	927	380	743	2484	1940	1272	282	54	7	3	9234

此外,国防合同管理局还发布了《任职协议政策》,延长部分高层管理人员的任职时间,加强采办队伍建设的衔接性。同时,国防合同管理局进一步健全奖励制度,设立奖项用于表彰在合同管理机构中工作出色的团队和个人,相关奖励均在国防采办网站上予以公示,并给予奖金。

四、国防合同管理局后勤保障

美国国防合同管理强调独立性,严禁合同管理办公室及相关人员接受承包商的礼金、礼品,严禁接受承包商提供的住房。美国国防合同管理局拥有独立的业务经费与有力的后勤保障,这是合同管理工作保持独立性的根本保证。同时,美国完善的法规制度要求以及强有力的内外部监督,也是避免合同管理人员贪污腐败的根本保证。

国防合同管理局年均业务经费均在10亿美元以上,人均约10万美元。以2013财年为例,经费总额为12.93亿美元,如表4-2所列,其中合同管理业务费

表4-2 国防合同管理局2013财年预算

单位:千美元

合同管理与管理运行费(1278740)		培训与招聘费(14456)			预算总额
合同管理	管理运行	专业技能培训	职业发展	基础保障	
1223781	54959	3335	2801	8320	1293196

12.24亿美元、管理运行费0.55亿美元、培训与招聘费0.14亿美元,确保合同管理工作的正常进行。

在办公设施与生活用房方面,美国国防合同管理局的下属机构遍布740多个地区,这些办公场所与设施都由国防合同管理局自行设立和维持,是美军开展合同管理的物质基础。这些资产与设施属于军产,维持费从业务费中列支。驻厂合同管理人员的生活住房,主要以租住或购买私人住房的方式解决,每月都可领取规定数额的基本住房补贴。根据级别、有无家属同住以及所在地区消费水平的不同,补贴数额每月从1000至1800美元不等。此外,军职人员也可申请居住工作地的军队公寓房,不再领取住房补贴。

此外,美国建立了较为完善的监督体系与制度,其中:在国会及其领导下的政府问责办公室(GAO)对国防采办及合同履行管理进行严格的监督与评估,并定期发布评估报告;国防部总监察长等内部监督部门,也高度重视对国防采办包括合同管理行为的监督审查;国防部采办、技术与后勤副国防部长办公室内部,也设有内部审查评估机构,如国防采办绩效与根源分析办公室负责对国防采办系统的运行情况进行评估。上述评估监督机制也为国防合同管理局工作的独立性提供了重要保证。

第五章 试验鉴定管理机构

试验鉴定是指按照规定的条件、程序、要求和方法，对武器系统或部件进行实际操作和测试，获取相关信息和数据并进行分析处理，考核、验证或评价武器系统质量或性能的活动。美军非常重视武器系统的试验鉴定工作，构建了科学的组织管理体制，国防部长下设独立的作战试验鉴定局，研究与工程助理国防部长下设研制试验鉴定助理国防部长帮办，各军种也都设有专门的试验鉴定机构，形成了与国防采办发展较为匹配的试验鉴定能力，有力地支持了美军国防采办决策。

第一节 试验鉴定概述

试验鉴定是系统工程的一个有机组成部分，它的主要作用是为决策者提供必要信息，校核和验证能力需求文件中的性能能力，评估技术性能参数的实现程度，确定系统针对预定用途是否有效、适用、可生存和安全。国防部指令5000.01《国防采办系统》规定："试验鉴定的构建，应能为决策者提供基础信息，评估达到的技术性能参数，确定系统是否是作战有效、适用和可生存的，以及对预定使用是否安全"。在研制的早期阶段，试验鉴定的目的是演示验证概念性方案的可行性、评估设计风险、确认备选设计方案、比较和分析折中方案、评估对作战需求的满足程度。随着系统设计和研制的推进，迭代试验过程的重心逐渐从主要关注工程设计目标实现和技术规范验证的研制试验鉴定，转向主要关注作战效能、适用性和生存能力的作战试验鉴定。

一、试验鉴定的分类

按试验鉴定的任务和性质，试验鉴定分为研制试验鉴定和作战试验鉴定两大类，此外特定情况下还开展某些特殊试验。研制试验鉴定解决的是技术性问题，作战试验鉴定评定的是效能、适用性和保障性问题。

（一）研制试验鉴定

研制试验鉴定主要验证系统的性能和技术的成熟程度是否达到规定的要

求,这类试验鉴定需要承包商参与,但试验计划及其监督工作则由军方采办主管部门负责。研制试验鉴定的主要参与方是承包商、分包商、军种国防采办管理机构。研制试验鉴定的重点领域包括寿命试验(评估长期曝露在各种可预见环境中对系统的影响)、设计评估/验证试验(对系统设计施加影响)、设计极限试验(评估系统在各种恶劣环境和极限条件下的性能)、可靠性发展试验(一个有计划的试验、分析、调整过程,为尽早采取纠正措施并确认其在设备可靠性方面的有效性打下基础)等。

(二) 作战试验鉴定

作战试验鉴定在军方独立机构(如美军作战试验鉴定局)监管下进行,目的是更加客观、公正地评价新武器系统的作战效能和作战适用性(包括可靠性、维修性、保障性、互操作性)以及易损性和杀伤力。

作战试验要在逼真的战场环境中进行。参试者为新武器的未来操作人员和保障人员,以便对他们操作与维护新武器的能力进行评估。试验前要对作战试验鉴定过程中的系统操作、维护和保障人员进行适当的培训,使其能够胜任这项工作。作战试验一般单独进行,为了减少费用、节省时间,可与研制试验结合进行,但是仍要进行独立的鉴定。

(三) 特殊试验

除研制试验鉴定与作战试验鉴定外,根据所试武器装备的特性,还开展某些特殊试验,主要包括联合互操作试验,多军种联合试验,实弹射击试验,核、生、化武器试验及核防护与生存能力试验等。

联合互操作试验主要针对综合电子信息系统,验证其与其他信息系统及武器系统的互联互通互操作能力。美军此类试验由国防部国防信息系统局管理与组织实施。

多军种联合试验是指对多军种联合采办项目开展的试验活动,有关军种及国防部试验鉴定主管部门要参与试验的计划、实施、报告和鉴定过程,通常指定一个军种作为牵头单位进行组织和管理。

实弹射击试验主要是试验坦克、飞机、导弹和弹药的生存能力或杀伤力。实弹射击试验的基本特征是,用合适的危险性弹药射击作战系统,试验其易损性,或者用弹药或导弹实弹射击作战威胁目标,以试验这些弹药或导弹的杀伤力。美国实弹射击试验纳入作战试验鉴定局进行统筹管理。

核、生、化武器试验及核防护与生存能力试验,主要是针对核、生、化等特殊武器开展的高度专业化和严格控制的试验,该类武器系统由于其大规模杀伤的特点,试验方法要符合有关国际条约或协定的要求。

二、试验鉴定贯穿采办全寿命过程有关情况

试验鉴定贯穿于国防采办项目论证、设计、研制、生产、交付、使用保障的全寿命过程，对确保武器系统研制生产质量、促进其尽快形成作战保障能力，具有十分重要的意义。

试验鉴定是美军国防采办中的重要组成部分，贯穿于采办项目全过程，是各采办部门进行管理与决策的基本依据。在美军国防项目采办过程中，研制试验鉴定和作战试验鉴定是贯穿采办项目全寿命周期的两大类主要试验鉴定工作。研制试验鉴定主要考核武器系统的技术性能，鉴定武器系统是否达到性能设计指标；作战试验鉴定则考核武器系统的作战使用性能，包括作战效能、作战适用性和生存能力，鉴定武器系统在真实战场环境下的作战能力。

在2015年最新颁布的国防部5000.02指示中，美军标准型采办程序将国防采办项目的采办过程分为5个阶段，并在技术成熟与风险降低、工程与制造开发和生产与部署阶段前设立了A、B、C三个里程碑决策点。在武器系统的采办过程中，研制试验鉴定和作战试验鉴定交叠进行，在采办各阶段根据所承担的任务发挥着不同的作用。在武器系统的设计、开发与集成阶段，以研制试验鉴定为主；在进入生产与部署阶段后，作战试验鉴定的职能逐渐增强，成为主要的试验鉴定手段。在各里程碑决策点，试验鉴定在采办决策中发挥着重要的支撑作用。在里程碑决策点A，试验鉴定的主要目的是对武器系统各种备选方案进行评估，为选择最佳方案提供支持；在里程碑决策点B，试验鉴定的主要目的是评估各分系统的演示验证结果，为是否进入系统集成和演示验证阶段提供支持，该决策点也标志着一个采办项目的正式启动；在里程碑决策点C，试验鉴定的主要目的是评估新系统的作战效能和适用性，为是否进入生产与部署阶段提供决策依据，在该决策点国防部将做出是否投产的决定。

美军将研制试验鉴定、作战试验鉴定紧密结合在一起，贯穿项目全寿命过程，在实施方式上往往采取一体化试验鉴定。采办项目管理办公室试验鉴定工作小组制定一揽子的试验鉴定主计划，充分考虑研制试验鉴定与作战试验鉴定的结合问题，前期以研制试验鉴定为主、作战试验鉴定为辅，后期以作战试验鉴定为主、研制试验鉴定为辅，但在前期的研制试验鉴定过程中，必须充分考虑后期的作战试验鉴定问题，反之亦然。同时，必须强调研制试验数据与作战试验数据有效集成，以更好地支撑采办活动。

第二节　国防部试验鉴定管理机构

美军试验鉴定工作采取国防部统一领导与三军分散实施相结合的管理体

制,如图 5-1 所示。国防部下设 3 个主管试验鉴定的机构:一是作战试验鉴定局,直属国防部长领导,主要负责监管重大武器系统作战试验鉴定,向国防部长和国会提供有关作战试验鉴定的报告;二是研制试验鉴定助理国防部长帮办,在研究与工程助理国防部长领导下开展工作,主要负责统管重要武器计划的研制试验鉴定活动;三是试验鉴定资源管理中心,在采办、技术与后勤副国防部长领导下开展工作,主要管理国防部试验鉴定资源,监管国防部重点靶场。各军种均设有试验鉴定机构,负责对各自分管的试验鉴定活动制定试验计划、编制年度经费预算、安排和落实试验任务,以及更新靶场基础设施设备等。

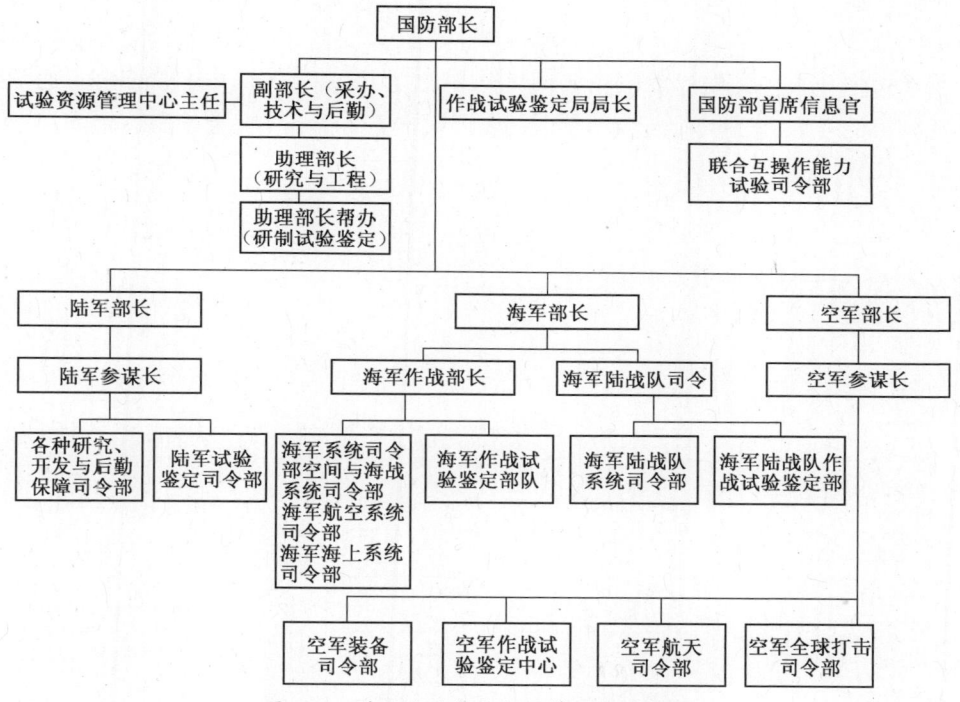

图 5-1 美军试验鉴定组织管理体系结构

一、研制试验鉴定助理国防部长帮办

美军研制试验鉴定工作由研究与工程助理国防部长办公室的研制试验鉴定助理国防部长帮办领导,如图 5-2 所示。2011 年,美军研究与工程助理国防部长在研究与工程署的基础上设立。2011 年前,美军研制试验鉴定管理职能由研究与工程署下设的软件与系统工程办公室承担,由于该办公室层级较低,且业务较多,除研制试验鉴定外,还负责系统工程管理及软件成熟度管理等工作。经过2011年的调整改革,美军研制试验鉴定管理机构的职级进一步提升。

研制试验鉴定助理国防部长帮办的职责主要包括制定美军国防采办项目的研制试验鉴定政策,指导各军种与相关业务局研制试验鉴定工作的开展,推动美军研制试验鉴定专业队伍建设等。研制试验鉴定助理国防部长帮办下设5个研制试验鉴定办公室和试验鉴定能力开发办公室。5个研制试验鉴定办公室分别为空军作战系统办公室、陆装与远征作战系统办公室、海军作战系统办公室、信息系统办公室、空间系统办公室,负责协助研制试验鉴定助理国防部长帮办制定相应领域的研制试验鉴定政策,指导和监督相关军种与业务局开展研制试验鉴定工作。试验鉴定能力开发办公室主要负责研制试验鉴定队伍的建设与培训,具体包括:制定研制试验鉴定队伍建设与培训的政策与工作计划;为研制试验鉴定队伍的教育、培训和认证等工作提供支持、监督和指导;制定试验鉴定队伍绩效评估标准等。

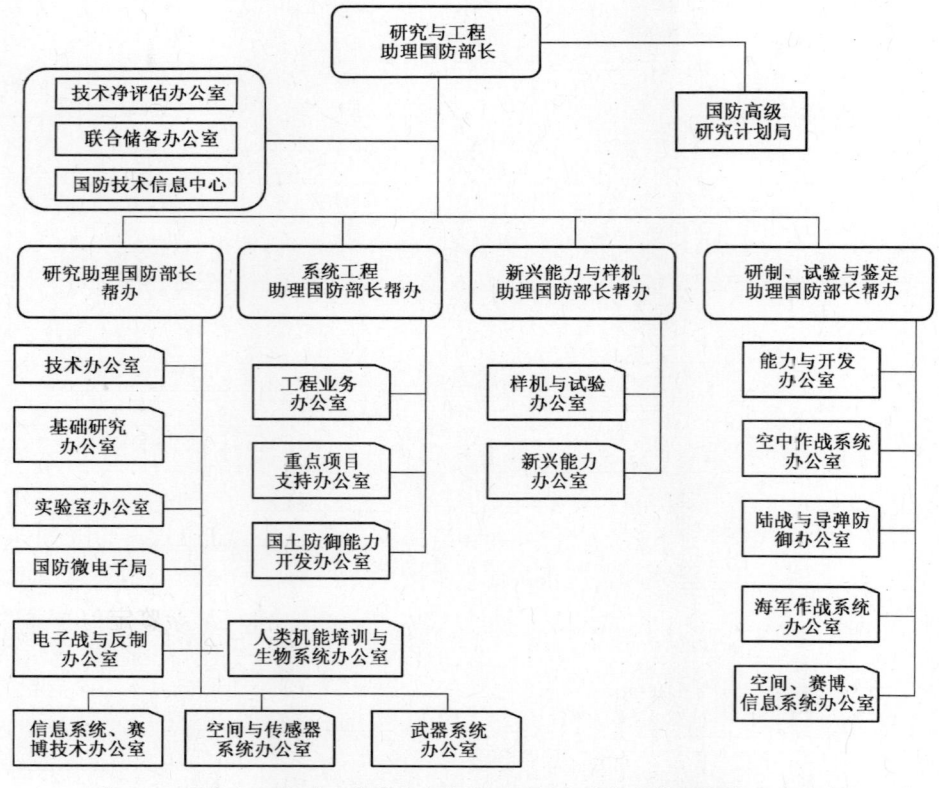

图 5-2 研究与工程助理部长组织机构(研制试验鉴定管理机构纳入其中)

二、作战试验鉴定局

20世纪70年代前,美军在武器系统研制阶段没有开展包括用户参加的作战试验,试验人员不独立于研制部门,试验也没有与作战需求联系起来,试验方法陈旧。这导致美军武器系统在使用中出现很多问题,迟迟无法形成战斗力。在越南战争中,从飞机到炸弹到枪械,都暴露出许多缺陷,增加了人员和武器系统的损失,严重影响美军整体作战能力,美国国会为此对国防部的试验鉴定政策提出严厉批评。1983年,为保证对采办机构的制衡,在美国国会的要求下,国防部在管理研制试验的部门之外设立了作战试验鉴定局,以保证国防采办中试验鉴定工作的独立性和客观性,确保能够向采办决策者提供对武器系统的客观评价,防止未经过充分试验就进行武器系统采购。

目前,美军作战试验鉴定实行国防部和军种两级管理。国防部设有作战试验鉴定局,统一指导和监管全军的作战试验鉴定活动;各军种设有作战试验鉴定机构,负责本军种作战试验鉴定计划的规划与实施。

作战试验鉴定局是国防部长在国防部作战试验鉴定(OT&E)方面的首席参谋助理和高级顾问。作战试验鉴定局局长负责发布国防部在作战试验鉴定方面的政策和程序,评估和分析每个重大国防部采办项目进行的作战试验鉴定的结果,向国会、国防部长以及采办、技术与后勤副国防部长提供独立评估,在作战试验鉴定方面向国防部长提供预算和财务建议,监督重大国防部采办项目,确保充分的作战试验鉴定,以保证在战斗中使用的防御系统有效性和持续性。

国防部作战试验鉴定局直接受国防部长领导,主要职责为:①制定、发布国防部作战试验鉴定和实弹射击试验鉴定的政策和程序;②指导各军种作战试验鉴定和实弹射击试验鉴定工作;③审定重大武器系统作战试验鉴定经费,审批重大武器系统及其指定系统的试验计划,对作战试验鉴定活动进行监管,并向国防部和国会提交作战试验鉴定年度报告;④审批监督重大武器系统实弹射击试验;⑤评估武器系统的作战效能、作战适用性和生存能力,向国防部长和国会提交评估结果报告,为批量生产提供决策依据。目前,作战试验鉴定局下设5个业务处和3个职能办公室,如图5-3所示。

5个业务处为陆战与远征装备作战试验处,空战装备作战试验鉴定处,海战装备作战试验鉴定处,网络中心、空间和导弹防御系统试验鉴定处,实弹试验鉴定处。这5个业务处的基本职责是协助局长制定作战试验鉴定政策,审定各军种作战试验鉴定规划计划与预算,指导各军种开展相关的试验鉴定。

3个职能办公室为行政、业务与合同办公室,信息技术保障办公室,政策、管理与资源办公室。其中:行政、业务与合同办公室负责作战试验鉴定局的行政综

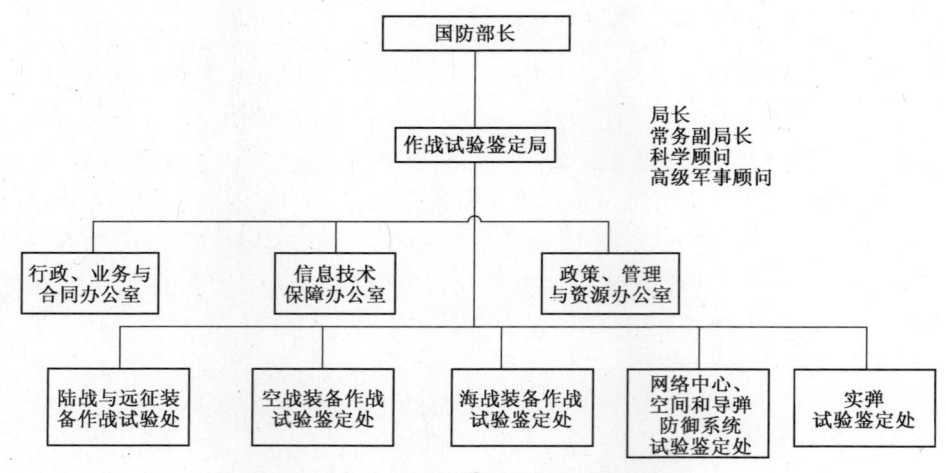

```
                    ┌──────────┐
                    │  国防部长  │
                    └─────┬────┘
                          │                    局长
                    ┌─────┴──────┐             常务副局长
                    │ 作战试验鉴定局│            科学顾问
                    └─────┬──────┘             高级军事顾问
          ┌───────────────┼───────────────┐
    ┌─────┴─────┐   ┌─────┴─────┐   ┌─────┴─────┐
    │行政、业务与│   │信息技术    │   │政策、管理  │
    │合同办公室  │   │保障办公室  │   │与资源办公室│
    └───────────┘   └───────────┘   └───────────┘
```

图 5-3　美国防部作战试验鉴定局组织机构

合管理与合同管理，协助局长对作战试验鉴定局各部门进行综合管控；信息技术保障办公室负责作战试验鉴定局信息技术设施建设与办公自动化事务；政策、管理与资源办公室负责协助局长开展作战试验鉴定规划计划与资源分配工作。

各军种都有专门的作战试验鉴定机构，拥有专门的靶场和试验设施。各军种作战试验机构在业务上受作战试验鉴定局指导。陆军在专门的试验鉴定司令部下设作战试验司令部，主要负责在逼真的作战环境中对陆军、联合部队或多军种的武器系统进行试验，试验结果交付陆军鉴定中心进行鉴定；海军设有独立的海军作战试验鉴定部队，直接隶属海军作战部；空军设有专门的空军作战试验鉴定中心，同时还设有空军航天司令部和空军全球打击司令部分别负责对空间系统和洲际弹道导弹的具体作战试验鉴定；海军陆战队设有独立的作战试验鉴定机构，直接向海军陆战队司令报告工作。

人物专栏

前任作战试验鉴定局局长简介[①]

迈克尔·吉摩尔（J. Michael Gilmore）博士于 2009 年 9 月 23 日宣誓就任作战试验鉴定局局长，就国防部武器系统的作战与实弹的试验鉴定工作为国防部长提供咨询。

在担任该职位之前，吉摩尔博士曾在国会预算办公室（CBO）任职，担任国会

---

① 截至 2017 年 7 月，根据美国国防部网站显示，作战试验鉴定局局长一职还未正式任命，处于代理状态。

预算办公室（CBO）国家安全处处长，并负责对国防、国际事务和退伍军人事务方面的主要政策和项目问题进行分析。具体调查领域包括当前国防政策和计划的长期影响、美国军事力量和作战转型的影响、美国军事力量实现现代化替代性成本分析，以及与美军装备和支援相关的资源需求。

吉摩尔博士还曾经担任负责项目分析和评估的国防部长办公室通用项目副主任。作为副主任，他负责为国防部通用项目开发、制定和实施国防部政策，包括分析美国常规军事力量和支援项目的作战有效性和成本。在此之前，吉摩尔博士曾经在资源分析办公室担任作战分析和采购规划处处长，并曾经在战略和空间计划办公室担任战略防御和空间计划处分析师。吉摩尔博士在项目分析和评估方面的工作时间长达11年。

在职业生涯早期，吉摩尔博士曾经在位于加利福尼亚的劳伦斯·利弗莫尔国家实验室工作，并对相关能源计划进行研究。他还曾在位于维吉尼亚州麦克莱恩市的猎鹰国际以及麦克唐纳-道格拉斯华盛顿研究与分析小组担任分析师，并担任电子系统公司分析经理。

吉摩尔博士是土生土长的俄亥俄州人以及弗吉尼亚州常住居民。他毕业于麻省理工学院，并获得物理学学士学位，后在美国威斯康星大学获得核工程硕士和博士学位。

三、试验资源管理中心

试验资源管理中心负责对美军武器系统试验鉴定的规划计划、预算安排与基础设施建设进行统筹管理，并就相应的规划计划与预算编制情况向采办、技术与后勤副国防部长汇报工作。中心主任由研制试验鉴定助理国防部长帮办兼任，下设试验鉴定靶场监督办公室、技术开发办公室、试验能力开发办公室和互操作性办公室，如图5-4所示。

（1）试验鉴定靶场监督办公室主要就国防部试验鉴定设施和靶场等相关资产监督问题，向试验资源管理中心主任提出建议，具体内容包括：靶场管理的相关政策、靶场队伍、设施变更情况以及预算和支出情况；协助起草和发布试验鉴定资源规划计划；协助试验资源管理中心主任实施试验鉴定资源年度审查；对各军种部和国防部各部局的试验鉴定资源是否得到妥善运用做出评定。

（2）技术开发办公室主要围绕试验鉴定所需的相关技术展开工作，识别试验鉴定机构的技术需求，改进和提升试验鉴定机构的试验技术水平。

```
          ┌─────────────────────────────┐
          │     试验资源管理中心主任      │
          │ (研制试验鉴定助理国防部长帮办兼任) │
          └─────────────────────────────┘
                        │
          ┌─────────────────────────────┐
          │   试验资源管理中心(副帮办)    │
          └─────────────────────────────┘
┌──────────────────┐              ┌──────────────────┐
│ 试验鉴定靶场监督办公室 │──────────────│   技术开发办公室   │
└──────────────────┘              └──────────────────┘
┌──────────────────┐              ┌──────────────────┐
│      运营官       │──────────────│  试验能力开发办公室 │
└──────────────────┘              └──────────────────┘
                                  ┌──────────────────┐
                                  │   互操作性办公室   │
                                  └──────────────────┘
```

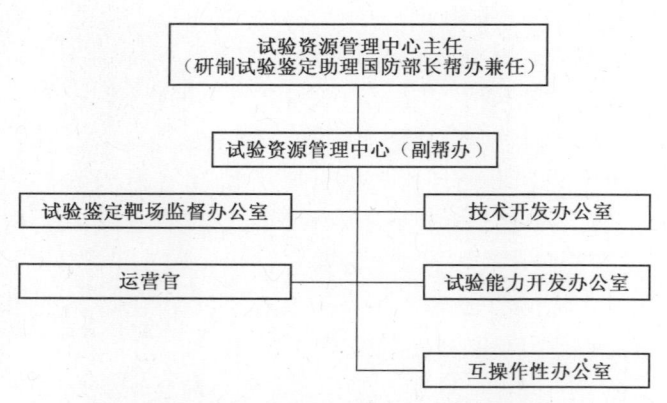

图5-4 美军试验资源管理中心组织结构

(3)试验能力开发办公室主要负责为各军种和国防部各部局开发和改进试验能力,目前已经完成了50项试验能力项目,为改善试验鉴定组织的试验能力发挥了重要作用。该办公室依据《国防部试验鉴定资源规划计划》,对国防部各部局提出的试验鉴定能力项目进行评估和选择,为选定的项目提供相关资金和设施。同时,该办公室还对各军种部的试验鉴定资源投入进行权衡和分配,促进美军试验鉴定资源的联合与整体发展。

(4)互操作性办公室主要负责在分散的试验鉴定设施间建立联系,为整个国防部的试验鉴定工作创造一个联合互通的环境。该办公室通过开发软件、提供网络技术和相关工具,将各试验鉴定设施联系起来,并进行安全支持,同时对各设施的试验工具进行认证,提升试验工具的互操作性,以减少相关工作的成本和时间。该办公室还为跨设施间的试验活动提供相关专业知识,为相关计划和准备提供支持。

第三节 军种与业务局的试验鉴定管理机构

美军各军种和国防部信息系统局都设有试验鉴定机构和靶场,独立组织实施本军种的试验鉴定工作。这些机构与各军种采办指挥线密切合作,通过项目管理办公室实现试验鉴定的具体实施。

一、陆军

陆军试验鉴定工作由陆军试验鉴定司令部主要负责。陆军试验鉴定司令部下辖作战试验司令部、陆军鉴定中心和各试验靶场。研制试验鉴定由陆军鉴定中心组织实施,作战试验鉴定由作战试验司令部组织实施;研制试验和作战试验结果的鉴定均由陆军鉴定中心负责。陆军试验鉴定副部长帮办是陆军试验鉴定办公室主任，作为陆军试验鉴定执行官，负责审批所有试验鉴定相关文件。美陆军试验鉴定组织机构如图 5-5 所示。

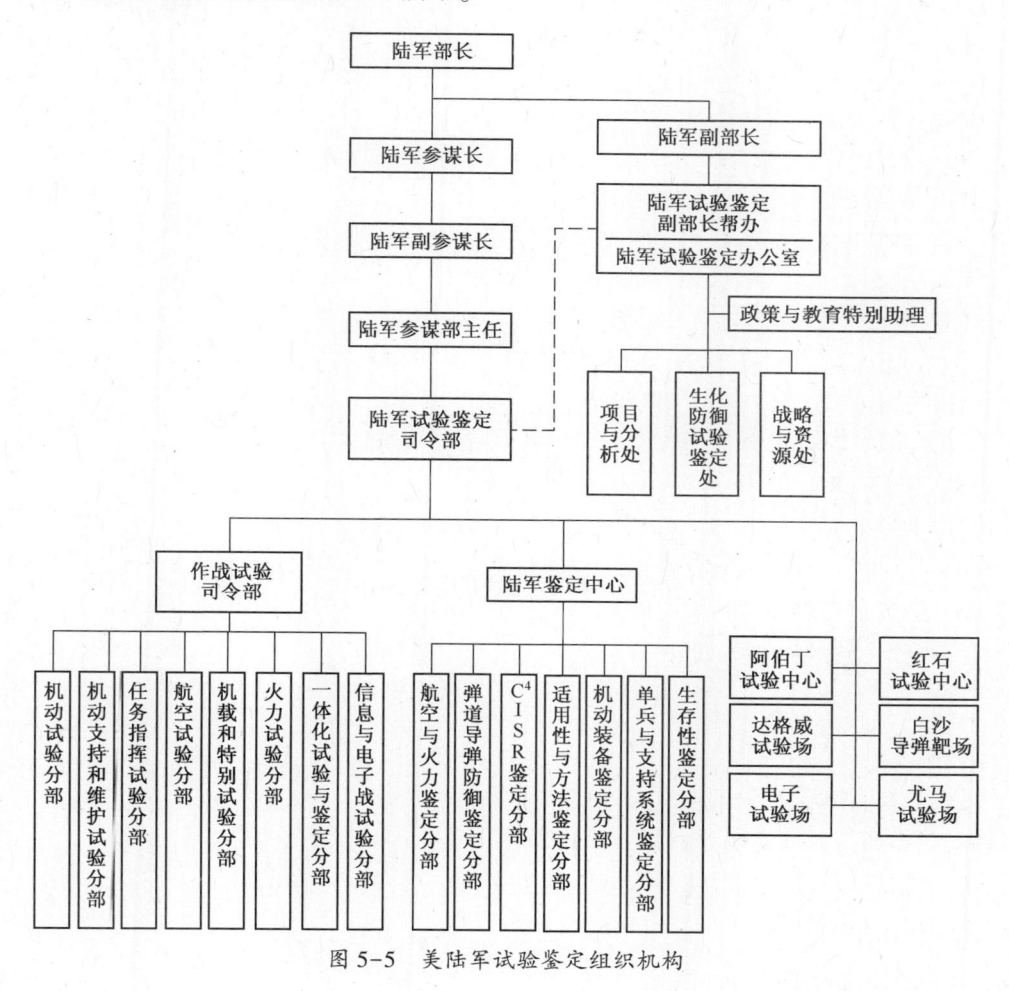

图 5-5 美陆军试验鉴定组织机构

二、海军

海军作战部长负责海军试验鉴定工作。海军创新、试验鉴定与技术需求局（N84）负责试验鉴定的政策指导、计划制定、试验监督和结果报告等工作。研制试验鉴定由海上系统司令部、航空系统司令部、航天与海战系统司令部分别负责；作战试验鉴定由作战试验鉴定部队负责，直接向海军作战部长报告工作。美海军试验鉴定组织机构如图 5-6 所示。

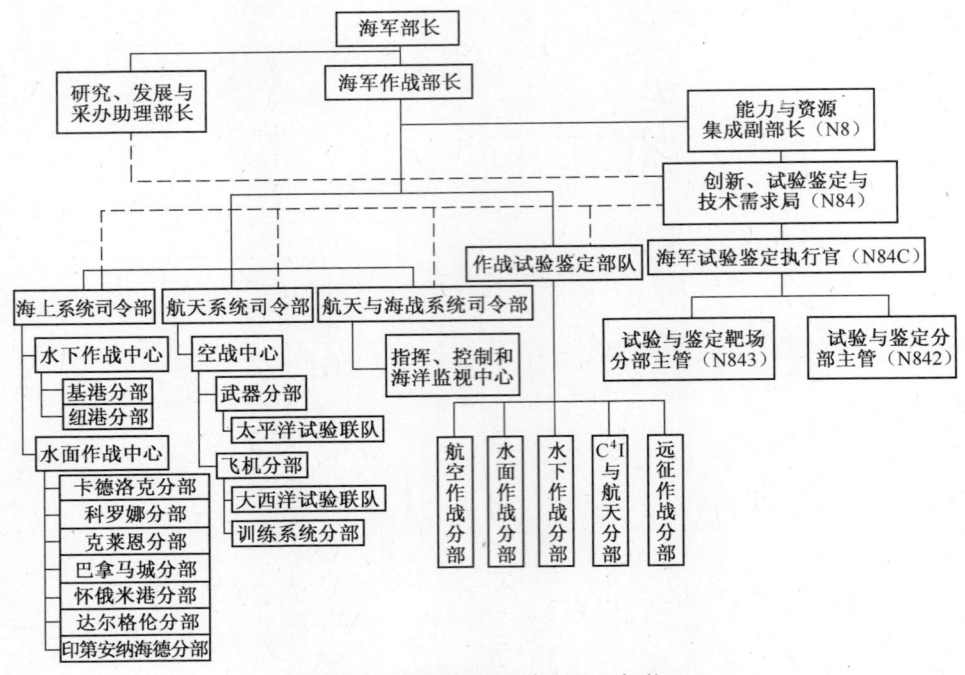

图 5-6 美海军试验鉴定组织机构

三、空军

空军试验鉴定工作由空军试验鉴定局管理。试验鉴定局局长直接向空军副参谋长报告工作,试验鉴定局下设政策与计划处、资源与基础设施处、特殊项目处,负责制定政策和工作指南,管理资源和设施。研制试验鉴定主要由空军装备司令部负责,作战试验鉴定主要由空军作战试验鉴定中心负责,空军各一级司令部下属的作战试验机构也承担后续作战试验鉴定任务。美空军试验鉴定组织机构如图 5-7 所示。

四、海军陆战队

海军陆战队的研制试验鉴定由海军陆战队系统司令部负责,作战试验鉴定由直属海军陆战队司令的作战试验鉴定处负责。美海军陆战队试验鉴定组织机构如图 5-8 所示。

五、国防信息系统局

国防部国防信息系统局主要负责全球网络中心信息和通信解决方案的规

划、工程开发、采购、试验、部署和保障。作战试验鉴定由国防信息系统局下设的试验鉴定处负责，通过联合互操作能力试验司令部和国防信息技术试验台进行互操作试验和认证，如国防战备报告系统、主机型安全系统等。国防信息系统局试验鉴定组织机构如图5-9所示。

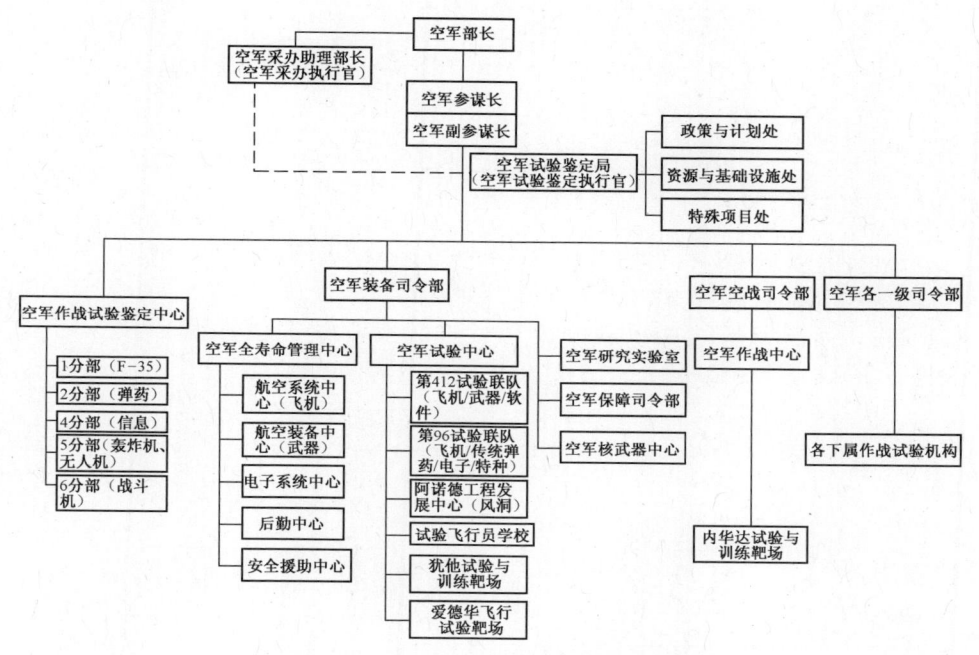

图5-7 美空军试验鉴定组织机构

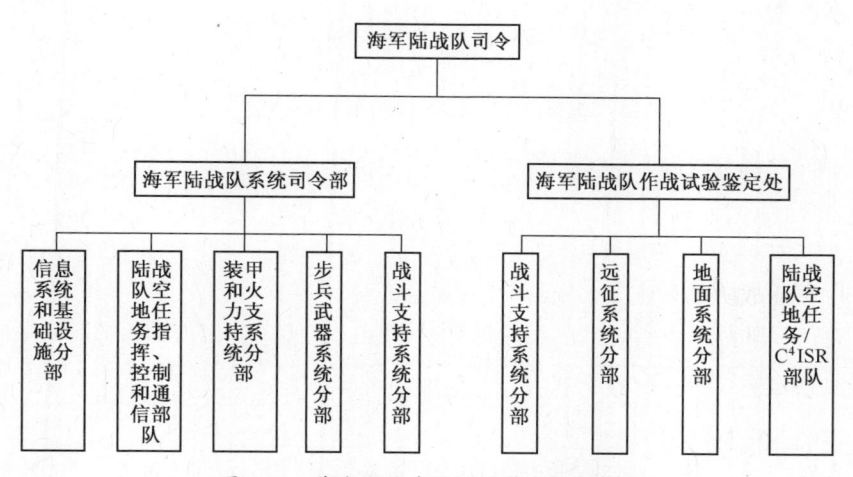

图5-8 美海军陆战队试验鉴定组织机构

图 5-9 国防信息系统局的试验鉴定组织机构

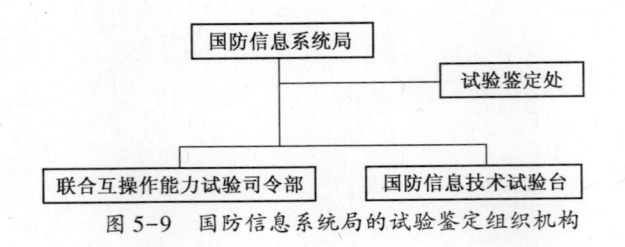

第四节 美军试验靶场与试验设施

靶场是武器系统试验鉴定、部队训练和战术研究或演练的主要场所,美军将靶场分为国防部重点靶场和军种非重点靶场与试验设施,如图 5-10 所示。目前,美国国防部拥有 24 个重点靶场、61 个非重点靶场与试验设施。在 24 个重点靶场中,陆军有 9 个,海军有 6 个,空军有 7 个,国防信息系统局有 2 个。

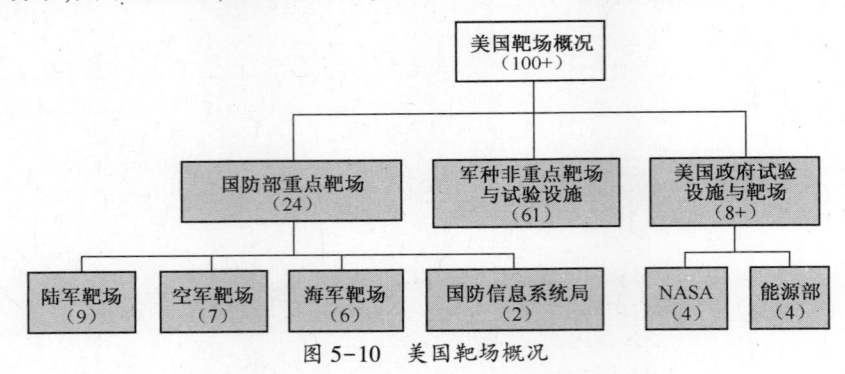

图 5-10 美国靶场概况

一、国防部重点靶场情况及其主要试验领域

国防部重点靶场与试验设施主要支持研制试验鉴定,也可用于作战试验鉴定及政府其他部门或承包商开展的各类试验活动。这类靶场与试验设施由各军种负责管理和操作,国防部试验资源管理中心负责对其进行监管。表 5-1 是美国国防部重点靶场与试验设施的主要试验领域。

表 5-1 美军重点靶场与主要试验领域

靶场名称	主要试验领域
陆　军	
白沙导弹试验中心	美国最大的综合性内陆靶场,主要承担国家导弹靶场的职能,也是陆军主要的研制试验靶场

(续)

靶场名称	主要试验领域
高能激光系统试验设施	美国陆军空间与导弹防御司令部(SMDC)的定向能试验鉴定中心,是迄今为止美国唯一的综合性国家高能激光试验场
夸贾林导弹靶场	美国国防部具有重要战略意义的弹道导弹试验基地,也称罗纳得·里根弹道导弹防御试验基地
尤马试验场	美国陆军唯一的多用途试验场和环境试验靶场
寒区试验中心	美国陆军试验鉴定司令部的冬季试验靶场,也是美国唯一的永久性并具有低温条件、能够开展寒带试验的场所
热区试验中心	拥有多个试验区,具有独特的热带小气候环境,可为单兵系统、射击武器以及定位设备及武器系统提供真实、极端的热带试验环境
西部沙漠试验中心	美国国防部重要的生化防御系统试验场
阿伯丁试验中心	美国陆军最重要的试验场之一,担负着除远程火炮、火箭、导弹和直升飞机以外的多种武器系统的研制试验和其他试验
电子靶场	承担对 C^4I 系统、信号情报、电子战武器系统的试验任务
海　　军	
美国海军空战中心穆古角武器分部	美国海军与空战(除了反潜战)系统、导弹、导弹分系统、飞机武器集成等有关的武器系统和指定的机载电子战系统的研究、发展、试验鉴定和工程中心,也是武器试验和战术训练的理想场所
海军空战中心中国湖武器分部	美国海军空战武器和导弹武器系统的研究发展及试验鉴定中心
海军空战中心帕图森特河飞机分部	美国海军针对有人和无人飞机、发动机、航电系统、飞机支援系统及舰载/岸上/空中作战的研发、试验鉴定、工程和舰队支援机构
大西洋水下试验鉴定中心	美国海军唯一的深水反潜战武器试验鉴定靶场
太平洋导弹靶场设施	世界上最大的多维试验与训练靶场,也是世界上唯一能够同时进行水面、水下、空中、空间跟踪和操作的靶场
基港太平洋西北靶场综合设施	主要为水下战系统、水下战武器系统、对抗及声纳系统提供试验鉴定,同时提供上述系统使用期间的工程支持、维护和维修保障、舰队支援以及工业基地保障等服务
空　　军	
第45航天联队(东靶场)	美国防部最主要的航天与导弹靶场之一,负责国防部在美国东海岸的航天发射和导弹试验
第30航天联队(西靶场)	主要负责国防部在美国西海岸的航天发射和导弹试验
阿诺德工程发展中心	目前世界上最大和最先进的飞行模拟试验设施

(续)

靶场名称	主要试验领域
内华达试验与训练靶场	美国最先进的多用途综合试验与训练靶场之一,是美军同类试验与训练靶场中规模最大的靶场
空军飞行试验中心	美国空军负责飞机及武器系统飞行试验鉴定的部门
犹他试验与训练靶场	承担大安全弹着区的武器试验,也是美国目前允许进行高当量弹药处置的唯一设施,还是美国大陆超声速授权限制空域最大的陆地区域
第46试验联队	美国空军空投武器、导航和制导系统、指挥控制(C2)系统及空军特种作战指挥系统的试验鉴定中心
国防信息系统局	
联合互操作能力试验司令部(JITC)	联合互操作能力试验司令部主要任务是对美军、其他联邦业务局以及联军的武器系统进行互操作试验,为作战司令部、三军和各机构提供 C^4I 互操作能力支持、战场评估和技术支持
国防信息技术试验台	国防部信息技术的主要试验鉴定机构,主要承担网络、安全、信息装备和联合任务环境的试验任务

二、非重点靶场与试验设施及其主要试验领域

军种非重点靶场与试验设施由各军种负责管理和操作,分别承担试验、训练或试验训练等不同任务。表5-2是美军种非重点靶场与主要试验领域。

表5-2 美军种非重点靶场与主要试验领域

靶场名称或地点	主要试验领域
陆 军	
航空技术试验中心	位于阿拉巴马州,主要承担航空平台、系统和武器技术试验
红石技术试验中心	位于阿拉巴马州红石兵厂,主要承担武器技术、航空平台和有关系统试验
弗吉尼亚州希尔堡	地面车辆和系统
得克萨斯州布利斯堡	信息系统技术、传感器/电子设备/电子战、武器技术
新喀里多尼亚州布拉格堡	航空平台、地面车辆、信息技术
得克萨斯州胡德堡	航空平台、战斗空间环境、生化防御、地面车辆、信息系统技术、海上平台、武器技术
肯塔基州诺克斯堡	地面车辆
密歇根州伦纳德伍德堡	地面车辆系统、武器技术
俄克拉荷马州西尔堡	地面车辆、信息系统技术、武器技术
内华达州山楂陆军航空站	生化防御、武器技术

(续)

靶场名称或地点	主要试验领域
加利福尼亚州欧文堡国家训练中心	战斗空间环境、人因系统、地面车辆
马里兰州特尔斐实验中心	地面车辆、信息系统技术、武器技术
弗吉尼亚州贝尔沃堡	传感器/电子设备/电子战
弗吉尼亚州尤斯蒂斯堡	航空平台
新泽西州蒙默思堡	航空平台、地面车辆、信息系统技术、传感器/电子设备/电子战、武器技术
新泽西州皮克廷尼兵工厂	材料加工、传感器/电子设备/电子战、武器技术
伊利诺斯州罗克岛兵工厂	材料加工、武器技术
海　军	
内华达州海军航空系统司令部法隆基地	航空平台
华盛顿州基波特	生化防御、人因系统、武器系统和过程
加利福尼亚州布里奇港 MCMWTC	人因系统、地面车辆
佛罗里达州基韦斯特海军航空站	航空平台、战斗空间环境、地面车辆、人因系统、信息系统技术、核技术、海上平台、武器系统
弗吉尼亚州 Dahlgren 海面作战中心部	生物医学和生化防御、人因系统、信息系统技术、核技术、海上平台、武器系统
弗吉尼亚州瓦角	航空平台、战斗空间环境、生化防御、地面车辆、人因系统、信息系统技术、核技术、海上平台、传感器/电子设备/电子战、空间平台、武器系统
佛罗里达州巴拿马城海岸系统实验室	生化、人因系统、信息系统技术、核技术、海上平台、武器系统
新泽西州穆尔城宙斯盾工学院	海上平台、信息系统技术、武器技术
罗德岛纽波特海军水下作战中心	人因系统、信息系统技术、核技术、海上平台、传感器/电子设备/电子战、武器技术
新泽西州柯尔特内卡海军弹药站	武器技术
马里兰州印第安海德海面作战中心分部	武器技术
新泽西州莱克赫斯特海军航空作战中心分部	航空平台、传感器/电子设备/电子战
得克萨斯州布鲁克斯城基地	生物医学、生化防御、人因系统
佛罗里达州卡角海军研究发展试验鉴定办公室	核技术
马里兰州贝塞斯达海军水面作战中心分部	海上技术

99

(续)

靶场名称或地点	主要试验领域
爱达荷州拜维尤海军水面作战中心分部	海上技术
佛罗里达州达尼亚海军水面作战中心分部	海上技术
加利福尼亚州科罗娜海军水面作战中心分部	航空平台、地面车辆、信息系统技术、海上平台、武器技术
印地安那州克雷恩海军水面作战中心分部	生化防御、武器技术
宾西法尼亚州费城海军水面作战中心舰船系统分部	信息系统技术、海上平台
夏威夷群岛海军水下作战中心基波特分部	生化防御、海上平台、传感器/电子设备/电子战、武器技术
加利福尼亚州圣迭戈海军水下作战中心基波特分部	生化防御、海上平台、传感器/电子设备/电子战、武器技术
加利福尼亚州圣迭戈空间战系统分部	战斗空间环境、信息系统技术、海上平台
南卡罗来纳州查尔斯顿空间战系统中心	生化防御、海上平台、传感器/电子设备/电子战
弗吉尼亚州沃洛普斯岛	信息系统技术、传感器/电子设备/电子战、武器系统
布雷默顿美国海军	海上平台
弗吉尼亚州诺福克/朴次茅斯美国海军	生化防御、信息系统技术、传感器/电子设备/电子战
佛罗里达州彭萨科拉美国海军	生化防御、信息系统技术、传感器/电子设备/电子战
弗吉尼亚州梵地冈海滩	信息系统技术、海上平台、武器系统
空军	
科罗拉多州巴克利空军基地	空间平台
南达科他州埃尔斯沃斯空军基地	航空平台
亚利桑那州卢克空军基地	航空平台
加利福尼亚州洛杉矶空军基地空军航天司令部	传感器/电子设备/电子战、空间平台、武器系统
马萨诸塞州汉斯科姆空军基地	战斗空间环境、信息系统技术、传感器/电子设备/电子战
新墨西哥州科特兰空军基地	航空平台、战斗空间环境、生物医学、生化防御、信息系统技术、核技术、传感器/电子设备/电子战、空间平台、武器技术

(续)

靶场名称或地点	主要试验领域
得克萨斯州拉克兰空军基地	信息系统技术
俄克拉荷马州廷克空军基地	航空平台、生物医学、人因系统、传感器/电子设备/电子战
沃纳罗宾斯空军基地	航空平台、传感器/电子设备/电子战、武器技术
俄亥俄州赖特-帕特森空军基地	航空平台、战斗空间环境、生物医学、生化防御、地面车辆、信息系统技术、海上平台、核技术、传感器/电子设备/电子战、空间平台、武器技术
	海军陆战队
加利福尼亚州29颗棕榈树海军陆战队空地特遣部队训练司令部	海军陆战队实弹射击合成军种训练
加利福尼亚州彭德尔顿坎普海军陆战队作战基地	生化防御、信息系统技术
南卡罗来纳州波弗特海海军陆战队航空中队	海军陆战队航空中队和远征力量
亚利桑那州尤马海军陆战队航空中队	海军陆战队空-地航空兵训练
	导弹防御局
科罗拉多州导弹防御局联合国家集成中心（JNIC）	空间平台、武器系统

三、美军靶场人员与经费情况

美军靶场人员分为军职人员、文职人员以及合同聘用人员三类，约 3 万人左右，如图 5-11 所示。其中，2010 财年靶场与试验设施机构军文职人员总数为

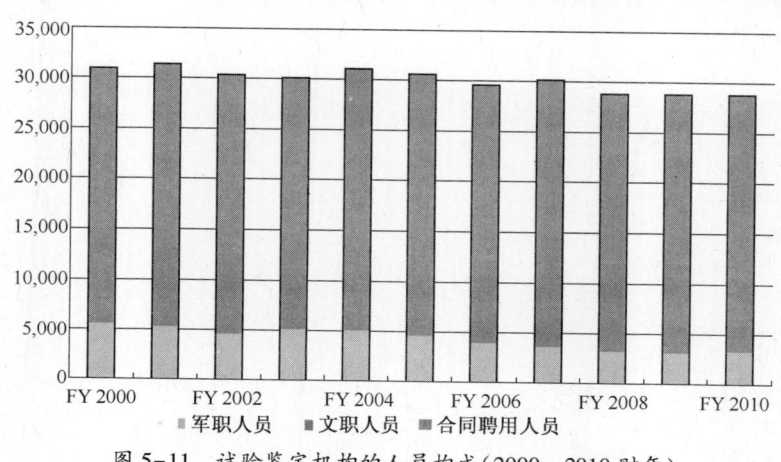

图 5-11　试验鉴定机构的人员构成（2000—2010 财年）

13764人,其中军职人员3456人、文职人员10308人。此外,美军靶场与试验设施机构还拥有1.6万左右的合同聘用人员。各军种的靶场与试验设施的军文职人数概况如表5-3所列。

表5-3 各军种靶场与试验设施机构军文职人数概况(2010财年)

军种	军职人员	文职人员	人员总数
陆军	60	3116	3176
海军	572	1752	2324
空军	2762	5182	7944
国防部业务局	62	258	320
总计	3456	10308	13764

美军靶场的经费主要来源是:一是用户直接投资,即开展试验鉴定的作战使用部队投入的经费,2010财年约16亿美元;二是靶场运行经费,2010财年约23亿美元;三是投资性资金,即美军预算编制中专门列支的专项资金,具体包括靶场改进与现代化、研究发展试验鉴定中列支的专项经费、中央试验鉴定投资计划(CTEIP)等,2010财年约8亿美元。因此,2010财年美军靶场经费总计约47亿美元。

第六章 后勤与维修保障机构

后勤与维修保障是国防采办系统中的重要组成部分。美军将维修保障作为国防采办项目全寿命周期管理过程中的主要内容,保障工作从确定早期需求开始,一直贯穿武器系统设计、研制、使用、退役和报废全过程。美军后勤保障管理体制经历了各军种分散实施到国防部集中统管的过程,目前建立了由采办、技术与后勤副国防部长统管、后勤与装备战备助理国防部长专项管理,国防后勤局、军种部后勤保障机构以及项目管理办公室具体实施的高效组织管理体系。

第一节 后勤与装备战备助理国防部长

后勤与装备战备助理国防部长是采办、技术与后勤副国防部长和国防部长在后勤与装备战备方面的首席参谋助理和顾问,也是国防部高级管理层内部的首席后勤官。

一、后勤与装备战备助理国防部长职责

后勤与装备战备助理国防部长的主要职能包括:①在供应、维护和运输等方面,为国防部后勤、维护、装备战备、战略机动和持续保障活动制定政策和程序;②为采办、技术与后勤副国防部长、国防部长提供建议和支持,以帮助他们在后勤、维护、装备战备、战略机动和持续保障方面对各军种部部长进行指导;③监督和审查国防部范围内的所有后勤、维护、装备战备、战略机动和持续保障计划;④在职责范围内参与国防部规划计划预算与执行系统的相关活动;⑤履行国防部长、国防部长帮办或采办、技术与后勤副国防部长分配的其他职责。

在履行这些职责时,后勤与装备战备助理国防部长还需承担以下职能:①管理、指导国防后勤局局长;②在条件允许的情况下,与国防部各部局和其他联邦机构的官员相互协调并交换信息;③在与国防部 5134.12 指令《后勤与装备战备助理国防部长》所规定的权限、职责和职能有关的所有事务上,其他国防部长办公厅的官员和国防部各部局的领导需后勤与装备战备助理国防部长配合的相关工作。

根据国防部 5134.12 指令,后勤与装备战备助理国防部长有以下权利:①发布符合国防部 5025.1-M《国防部指令系统程序》手册的后勤政策和程序方面的国防部指示文件、国防部出版物以及一次性指令式备忘录。其中,对各军种部的指示文件通过各军种部的部长发布,对作战司令部的指示文件通过参谋长联席会议主席传达。②依据国防部 8910.1-M《国防部信息要求管理程序》手册,获取履行自身职责所需要的报告、信息、建议和协助。③直接与国防部各部局的领导交流,与作战司令部司令官的交流需通过参谋长联席会议主席。④安排相关人员参与国防部以外的与自身职责有关的政府计划。⑤在履行自身职责的过程中,如果需要,与其他政府机构、立法机构的代表以及公众人士交流。

后勤与装备战备助理国防部长下设 1 个资源管理主任、5 个帮办、1 个军事助理和国防后勤局,如图 6-1 所示。

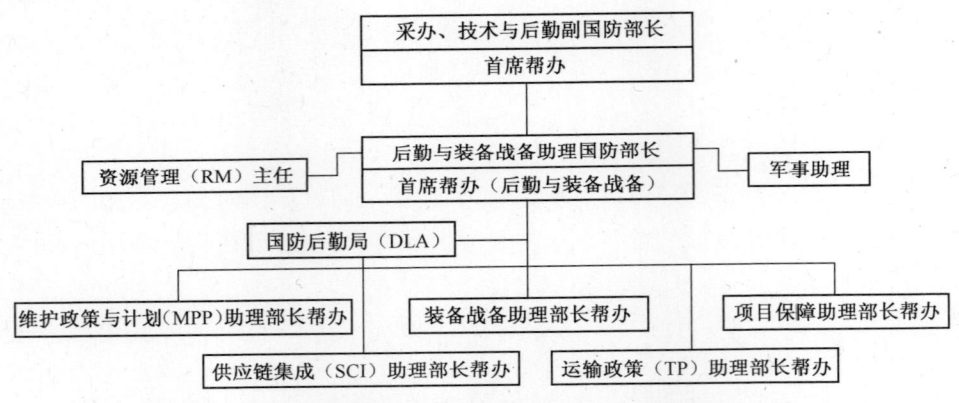

图 6-1 美国国防部后勤与装备战备助理国防部长组织机构

人物专栏

现任国防部后勤与装备战备助理国防部长首席帮办简介

克里斯汀·K·佛兰特(Kristin K. French)是国防部现任后勤与装备战备助理部长首席帮办,她于 2016 年 7 月开始担任该职位。

佛兰特于 1986 年毕业于美国陆军军官学校(西点军校),并作为军需部门的一名中尉在部队服役。2015 年 11 月,她以准将身份退役。2011 年到 2013 年,她曾担任驻肯塔基州诺克斯堡第三保障司令部(远征军)指挥官,2012 年 4 月该司令部部署到阿富汗,为持久自由军事行动提供保障支持。在成为助理国防部长之前,她曾经是陆军联合弹药与致命武器全寿命周期管理司令部以及联合弹药司令部的官员。

在多年服役生涯中,她曾经在很多机构(如国防后勤局、陆军装备司令部等)担任关键职位的指挥官和参谋。她曾经负责指挥遍布世界多地的保障部队,如阿尔法连队、第 703 主保障营、第 3 装甲骑兵团、第 406 陆军战场支援旅、陆军保障司令部以及驻北卡罗来纳州布拉格堡的美国陆军特种作战司令部等。她还曾在阿富汗联合保障司令部担任派驻阿富汗的高级作战军需官,并为了支持伊拉克自由行动在伊拉克西部担任高级军需官。她还参与指挥沙漠之狐行动、联合作战行动等军事行动的保障任务。

佛兰特先后获得西点军校理学学士学位,佛罗里达理工学院物流管理科学硕士学位,以及美国陆军战争学院战略研究硕士学位。此外,她还曾接受过美国陆军战争学院等军事院校的军需官初级和高级课程以及后勤管理人才发展课程等军事教育培训。

二、维修政策与计划助理国防部长帮办

维修政策与计划助理国防部长帮办是国防部长在武器系统维修领域的首席顾问,主要负责美军的维修政策、维修经费和维修监管三项工作,按照财政年度开展工作,周期性较强。一是组织审定年度国防采办维修预算。国防部各业务局和各军种年度预算上报国防部后,由维修政策与计划助理国防部长帮办对维修保障部分(即使用与维修费)进行评审,通过后才能上报总统和国会。二是出台顶层条令规范美军维修工作。国防部第 4151.18 指令《军事装备维修》,从维修计划组织管理、采办期间维修计划制定、寿命周期内维修计划调整、维修信息系统等方面规定了美军武器系统维修工作的政策和职责。三是对各军种政策落实情况进行监管。按照规定,美军必须保有武器系统核心基地级维修能力、基地级维修中合同商所占经费份额不得超过 50%,各军种和国防部业务局每两年必须汇报本部门执行情况,并对违反政策的情况进行说明。

维修政策与计划助理国防部长帮办的职能还包括:①促进国会对国防部维护需求和计划的理解;②对于新出现的与武器系统和军事装备维护有关的法律和执行指令的规定,将其转变成连贯有效的政策和计划;③为执行维护计划的军事部门和国防机构提供强有力的领导;④指导人们重点研究那些极有可能提高国防部维护活动生产率和效率的新技术和管理方法。

维修政策与计划助理国防部长帮办组织机构如图 6-2 所示。

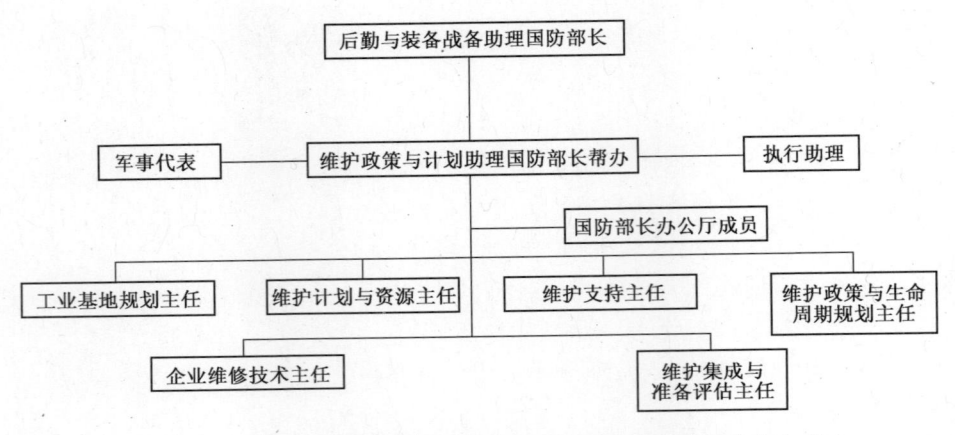

图 6-2 美国国防部维修政策与计划助理国防部长帮办组织机构

三、装备战备助理国防部长帮办

作为国防部长办公厅中全寿命周期产品的支持者,装备战备助理国防部长帮办主要负责:①为国防部决策者提供能够指导长期可承受的装备战备的全面、及时、相关、可操作的评估;②为国防部提供政策、程序、指导和工具,使产品保障规划和执行实现最大价值和效率;③提供最优全寿命周期产品保障所需要的文化环境。

装备战备助理国防部长帮办的目标是:制定优化的、可承受的物资战备及联合作战人员要求,使美国能够获得持久战略优势的全寿命周期产品保障。具体包括:

(1) 监督和评估装备战备法律和条例遵守与执行情况,包括:①保持对《美国法典》修正案以及国防授权法案修改建议的及时了解;②与国会专职人员交流,促进国会对国防部装备战备要求的理解;③参与国会调查、政府问责办公室的审查以及国防部的相关审查工作;④与国防部长办公厅内的相关方合作,促进国防部采办一体化建设。

(2) 领导全寿命周期管理(LCM)政策的制定并提供相关指导和倡议,包括:①编辑国防部 5000.01 指令和 5000.02 指示文件的全寿命周期后勤(LCL)部分;②编写《国防采办指南》第 5 章,并将全寿命周期后勤(LCL)的影响扩大到《国防采办指南》的其他章节中;③保持对国防部长办公厅、各军事部门、各机构和参谋长联席会议的政策和指导文件中有关全寿命周期后勤(LCL)的及时了解;④担任全寿命周期管理高级指导小组(LCMSSG)组长;⑤与国防部内部的领导、各军事部门、各机构、联合参谋部、国会、项目主任和工业界合作,以推进国防部的保障策略。

（3）倡导和促进人们关注全寿命周期以实现有效的产品保障，包括：①为国防部设计基于绩效的采办和保障策略；②作为全寿命周期产品保障和装备战备方面的专家，面向国防部各部局提供支持；③支持计划主任和采办、技术与后勤副国防部长办公室的同事在计划文件中添加"联合能力集成与发展系统"文件、采办战略报告、全寿命周期保障规划、采办计划基线、系统工程规划以及优秀采办报告；④帮助后勤与装备战备助理国防部长办公室的主管们有效参与到综合一体化产品小组、顶层一体化产品小组、国防采办委员会、国防采办执行总结和发布团队的审查中，以制定有效的采办决策；⑤充当全寿命周期后勤人力资本战略规划和开发的高级领导。

（4）具体实施并促进全寿命周期产品保障推广工作，包括：①监督计划全寿命周期管理指标，评估各项计划在武器系统可用性、可靠性和拥有成本指标方面的执行情况；②开展"后初始作战能力"评估；③协助/倡导各军事部门实施平衡保障策略。

装备战备助理国防部长帮办组织机构如图6-3所示。

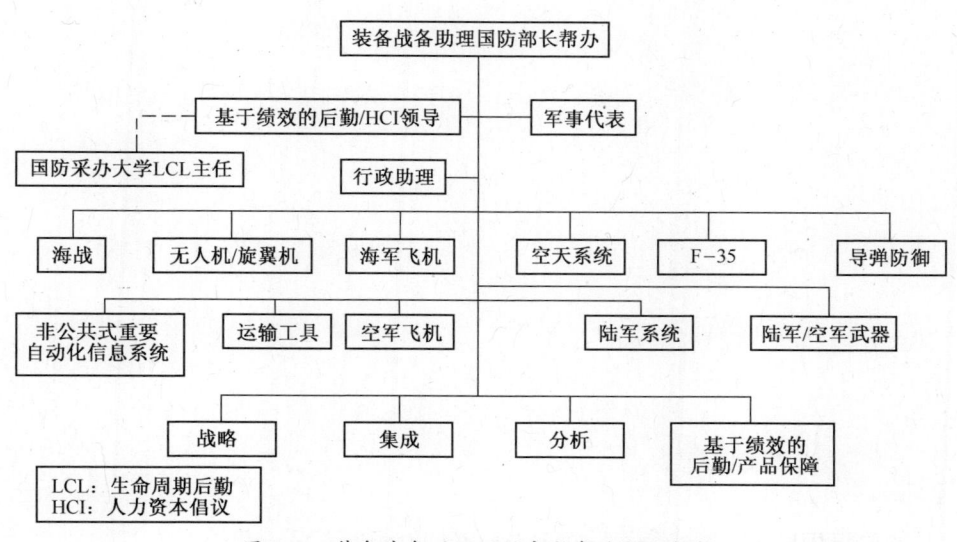

图6-3 装备战备助理国防部长帮办组织机构

四、项目保障助理国防部长帮办

项目保障助理国防部长帮办办公室负责组织、协调和整合国防部的应急采办规划及其在作战中的执行。该部门的人员由文职人员、军职人员以及承包商的保障人员组成。

项目保障助理国防部长帮办是国防部长办公厅（OSD）内部的高级领导，负责制定全面政策框架和相应的项目保障计划，管理后勤与保障行动、承包商规划、作战中的管理和执行以及人道主义和灾难救援行动。他还负责制定用于私人安全承包商（PSC）海外行动的联邦条例。

项目保障助理国防部长帮办组织机构如图6-4所示。

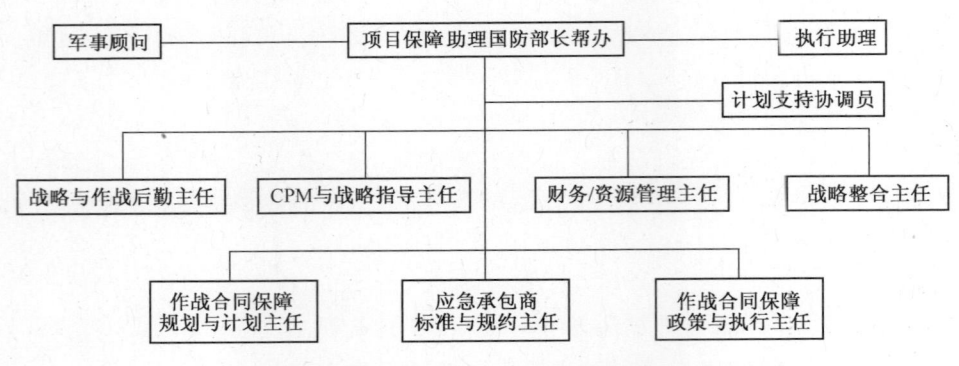

图6-4 美国国防部项目保障助理国防部长帮办组织机构

五、供应链集成助理国防部长帮办

供应链集成助理国防部长帮办负责组织、协调和集成全球供应链及其在作战中的执行和表现。具体职责包括：①负责国防部供应链政策的制定；②加强不合格虚假单品的检测、分析和报告；③加强关键资产的后勤应用，支持财务改善和审计便捷性；④确保重新部署和裁军时外部多余个人财产（FEPP）及时而恰当的处理；⑤在不降低对作战人员的装备保障能力条件下，确保当前过量库存的谨慎削减以及未来可能过量库存的削减；⑥提高所有重要资产的可视性、管理责任和控制；⑦建立整个国防部范围内的共同目标和促进合作的的评价指标；⑧确保产品保障的端到端集成；⑨发现、开发和利用后勤方面的人力资本/能力；⑩促进跨国合作。

供应链集成助理国防部长帮办的主要任务是建立战略供应链的管理和报告体系，监督端到端全球后勤与供应链的整合。目标是在管理和技术上提出具有合理性且拥有充足资源的库存管理集成解决方案，以维持理想的战备水平，为作战人员提供保障，并能够制定高效、持续且具有合理成本效益的、有利于端到端供应链运行的政策。

供应链集成助理国防部长帮办是负责制定和指导整个国防部范围内供应链

集成职能的最高级别执行官。在这个职位上，供应链集成助理国防部长帮办还兼任以下职务：①担任联合后勤委员会(JLB)的执行秘书；②担任由联合参谋部、各军种部、各国防机构和各作战司令部的代表组成的供应链执行指导委员会(SCESC)主席；③与联合参谋部J-4共同担任后勤职能委员会(FCB)主席；④在采办、技术与后勤投资审查委员会(IRB)与武器系统全寿命周期管理以及装备供应和服务管理有关的事务上，充当后勤与装备战备助理国防部长办公室的代表；⑤在重大自动化信息系统(MAIS)采办程序中充当后勤与装备战备助理国防部长办公室的代表；⑥发展与澳大利亚、加拿大和英国之间的国际后勤合作伙伴关系。

供应链集成助理国防部长帮办组织机构如图6-5所示。

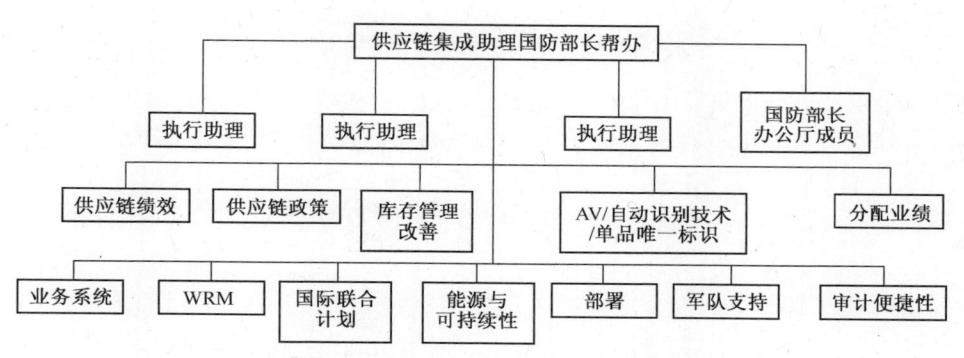

图6-5 美国国防部供应链集成助理国防部长帮办组织机构

六、运输政策助理国防部长帮办

运输政策助理国防部长帮办负责制定高效使用国防部和商业领域运输资源的政策，并为国防部各部局的相关活动提供指导。

运输政策助理国防部长帮办的职能具体包括：①作为国防部各部门有效和高效地使用国防部和商业领域的运输资源的首席顾问；②负责制定包括部队调动在内的运输资源分配政策；③制定服务作战人员的联合后勤保障政策；④在运输和分配相关事务以及支持国家安全战略的计划方面与联邦政府部门和跨部门机构进行协调和沟通；⑤确保国防运输系统(由国防部所有的资源以及承包的商业资源组成)能够为作战人员提供有效的"端到端"支持；⑥制定和维护国防部的运输、分配(包括部队调动)、交通管理和战略机动政策；⑦与分配程序负责人及其合作伙伴合作，以支持分配和程序改善计划；⑧促进国防部、国会以及商业运输和第三方物流行业的协调、合作和相互理解；⑨促进与上述内容(包括组合管理和投资决定)有关的国防部自动化计划的开发和实施的监督和指导。

运输政策助理国防部长帮办组织机构如图6-6所示。

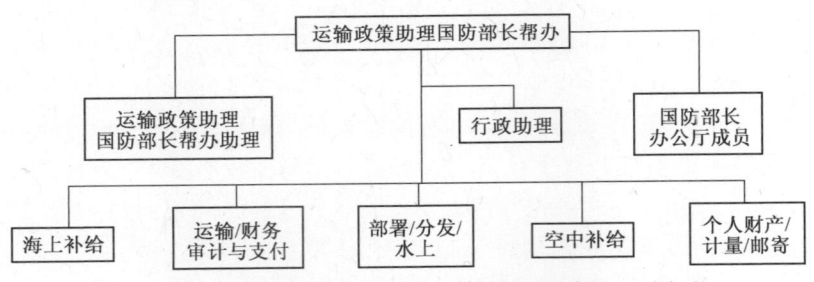

图6-6 美国国防部运输政策助理国防部长帮办组织机构

七、资源管理办公室

资源管理办公室致力于在后勤与装备战备的计划开发以及与规划计划预算与执行系统(PPBES)有关的活动上为后勤与装备战备助理国防部长及其下属的助理部长帮办(DASD)提供建议、政策指导和协助。资源管理办公室还负责为后勤与装备战备助理国防部长开展所有的信息管理活动，提供所有的网络和图表支持。

此外，资源管理办公室还是负责后勤与装备战备的助理国防部长网站的管理机构，支持可视化通信方式的开发。任何与网络内容有关的信息或者格式方面的问题应由网络开发人员处理。

资源管理办公室组织机构如图6-7所示。

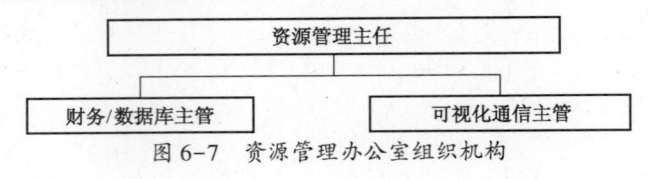

图6-7 资源管理办公室组织机构

第二节 国防后勤局

国防后勤局是美国国防部的直属业务局，也是美军的作战后勤保障机构，负责对作战人员和其他用户提供有效且高效的全球性保障。国防后勤局共有2.6万名工作人员，包括军职人员和文职人员，是国防部最大的机构。美军95%的维修备件由国防后勤局管理。国防后勤局下设很多机构，与采办项目的维修备件供应有关的机构包括国防供应中心、国防分发中心，以及太平洋分局、欧洲分局和中央分局。

一、国防供应中心

国防供应中心是国防后勤局下设的主要供应管理机构,负责接收备件申请、数据管理等任务。国防供应中心有多个驻点,其中与备件供应有关的驻点主要有两个,分别是里士满国防供应中心和哥伦布国防供应中心。

(一)里士满国防供应中心

里士满国防供应中心主要负责航空系统维修备件的供应,包括发动机部件、机身、起落架、飞行安全设备和推进系统。里士满国防供应中心是美军最大的武器系统备件供应机构之一,也是国防后勤局的首要库存控制点(ICP),管理的产品超过160万件,每年供应产品的总价值超过23亿美元。里士满国防供应中心任务是在平时和战时,向部署在世界各地的美国武装部队提供最佳的后勤及合同管理保障。该机构主要负责陆基武器、海上武器和导弹的备件,目标是在正确的时间、正确的地点,将正确的备件以准确的价格提供给美军的作战人员。

(二)哥伦布国防供应中心

哥伦布国防供应中心的前身是1918年成立的陆军军事仓库,最初命名为国防建筑供应中心,当时的主要任务是装备供应与装备维护,并负责美军部分基础设施的建设工作。该中心为第一次世界大战后美军参加的几乎所有作战行动提供了装备保障与供应工作。第二次世界大战后,该中心已成为当时世界上最大的装备供应服务机构。1996年,美军对国防建筑供应中心进行了调整改革,与国防电子供应中心合并,成立了哥伦布国防供应中心。2005年,国防部进一步强化了哥伦布国防供应中心的职能任务,扩展了预算基金、合同签订、产品目录编制、招标过程管理、用户服务、零部件管理、库存控制、武器系统二级零部件技术保障、需求决策等职能。

目前,哥伦布国防供应中心是美国军用电子元器件供应和管理的承办机构,主要负责军用电子元器件的采购与供应,相关军用标准的制定,军用电子元器件的试验评价、质量认证和失效分析,以及部分元器件的试验鉴定等工作。哥伦布国防供应中心在全球拥有24000多家军、民用客户和1000多家承包商。此外,哥伦布国防供应中心还负责国防部后勤局的供应/需求链,管理200多万种产品,每年向军方提供30多亿美元的器材。哥伦布国防供应中心的角色逐步从批发商转变成供应链管理者,把供应商与用户直接连接起来。

哥伦布国防供应中心主要根据职能和区域设置下属机构,设有7个职能部、3个供应商运营服务处、2个用户运营服务处、4个产品测试中心,以及陆基武器系统小组、采购过程支持部、工程与技术保障部。其中:职能部主要负责与供应商签订合同来获取电子元器件,并对相关武器系统元器件合同进行计划、招标、评估、谈判、奖励等管理工作;供应商运营服务处主要负责向运营商提供各类服务,使供应流程更加顺畅,降低相关成本,缩短供应周期;用户运营服务处是哥伦布国防供应中心的前端机构,负责向各地区用户提供技术支持、应对方案等服务;产品测试中心负责电子元器件的测试与鉴定工作;陆基武器系统小组负责陆基系统元器件管理;采购过程支持部主要就合同签订、产品售后等采购环节中可能出现的问题,向国防后勤局和国防部提供建议和帮助;工程与技术保障部主要向用户提供工程、技术、后勤服务等方面的指导和支持。

二、国防分发中心

国防分发中心管理总价值约892亿美元的各类产品,负责协调26个分发基地(7个分布在美国本土)的备件接收、储存和分发工作,提供各种类型的备件分发服务和信息,该机构的目标是创建一个无缝的、专用的国防部分发网络,在平时和战时向作战司令部、各军种和其他机构提供及时的、高质量的备件分发保障。

国防分发中心下设26个国防分发基地,主要任务是接受、储存、分发、包装、保存各种产品,包括维修备件。26个国防分发基地分别设在美国本土和海外相关驻地,是备件供应的实施单位。

三、地区分局

为便于在全球提供供应服务,国防后勤局在不同的地区设立分局,负责和该地区的部队进行联系,管理派驻在所在地部队的办事机构与人员。主要的地区分局有三个,分别是太平洋分局、欧洲分局和中央分局。

太平洋分局是国防后勤局在太平洋战区的事务集中点,总部设在夏威夷,主要任务是充当国防后勤局在太平洋战区的代表和联络机构,向太平洋司令部(包括美军驻韩司令部,冲绳岛,日本本土,阿拉斯加,夏威夷)提供保障。此外,该分局还向太平洋司令部、驻日美军和驻韩美军司令部派驻了联络军官,负责协调备件供应相关事宜。

欧洲分局是国防后勤局在欧洲司令部的事务集中点,主要任务是担任国防后勤局在欧洲司令部的代表和联络机构。欧洲分局的保障专家可随时向欧洲司令部提供备件供应方面的协助。此外,该分局还向美军驻欧陆军司令部、海军司令部和空军司令部派驻了规划人员,可协助上述司令部规划备件供应工作。

中央分局是国防后勤局在中央司令部的事务集中点,总部设在美国麦克迪尔空军基地,主要任务是充当国防后勤局在中央司令部的代表和联络机构。

第三节 军种后勤保障机构

与国防部相对应,各军种也均有一名分管武器系统维修工作的领导,军种分管其他领域的领导在管辖范围内对武器系统维修承担对应领导职责。

军种分管武器系统维修工作的领导负责统筹军种武器系统维修工作,开展顶层规划、管理和协调。陆军和空军为一名副参谋长,海军则为海军作战部的一名副部长。分管维修的军种领导负责:制定整个军种的武器系统维修政策和目标,确保武器系统维修大纲的全面性、兼容性、有效性;对武器系统维修大纲以及中继级、基地级维修机构进行评估;在军种预算编制和评审阶段,协调舰艇维修预算需求的制定和提交工作;与装备(系统)司令部及其下属的项目执行官,协调和批准武器系统计划性基地级维修的时间安排;评估武器系统的维修需求,确定资金、程序、技术、维修时间安排、能力等方面的不足,并推荐解决方案。

军种分管其他领域的领导承担管辖范围内的武器系统维修领导职责。例如:主管财务与审计的助理部长负责制定维修费使用政策与程序,监督维修费使用等;主管采购的助理部长负责管理武器系统全寿命周期保障,确保武器系统研制方对新研武器系统开展基地级维修规划以及基地级维修方式分析,确保对新研制的核心武器系统开展建制基地核心保障能力评估等;主管人事的副参谋长负责制定维修人员的管理规划、计划与政策等。

各军种基地级维修基地基本情况如表6-1所列。

表6-1 各军种基地级维修基地基本情况

军种	大修基地	位置	负责维修的武器系统类别
陆军	安妮斯顿基地	阿拉巴马州	作战车辆、火炮系统、桥梁系统、轻武器、以及相关部件
	科泊斯·克里斯蒂基地	得克萨斯州	直升机及相关部件
	莱特肯尼基地	宾夕法尼亚州	战术导弹及弹药、相关的地面支援与雷达武器系统、悍马车
	红河陆军基地	得克萨斯州	轻型履带式战车、战术轮式车、电子系统、导弹系统、拖行式与自行式火炮、以及相关保障装备
	托比汉纳基地	宾夕法尼亚州	通信电子系统、航空电子系统、相关的设备与导弹制导系统

(续)

军种	大修基地	位置	负责维修的武器系统类别
海军陆战队	阿尔巴尼基地	佐治亚州	作战与作战支援系统(包括两栖装备)、作战与战术车辆、汽车与建筑设备、通用装备、通信与电子武器系统
海军陆战队	巴斯托基地	加利福尼亚州	作战与作战支援系统(包括两栖装备)、作战与战术车辆、汽车与建筑设备、通用装备、通信与电子武器系统
海军	东部机群战备中心	北卡罗莱纳州	海军和海军陆战队的飞机、喷气与涡轮矢量发动机、辅助电力单元、推进系统及相关部件
海军	东南机群战备中心	佛罗里达州	机身、推进设备、航空电子设备、监视设备、对抗设备、相关部件、与飞机维护大修有关的工程与制造任务
海军	西南机群战备中心	加利福尼亚州	海军及海军陆战队固定翼与旋翼飞机的机身、推进系统、航空电子设备、指控设备、预警及空战管理系统、相关部件
海军	诺福克船厂	弗吉尼亚州	核燃料补充与清除、水面战斗舰、大型甲板船、核潜艇
海军	普斯茅斯船厂	缅因州	核燃料补充与清除、核潜艇和深潜船
海军	普吉特海湾船厂	华盛顿州	核燃料补充与清除、水面战斗舰、大型甲板船、核潜艇(包括退役潜艇)、舰船的报废与回收再利用
海军	珍珠港船厂	夏威夷	核燃料补充与清除、水面战斗舰、核潜艇、水上飞机
空军	奥格登保障中心	犹他州	作战飞机、飞机起落架、轮胎和制动系统、涂层、火箭发动机、航空弹药、制导炸弹、航电系统、各类工具与电气设备、水压与液压系统、特种车辆、防护设备、雷达天线罩、通信系统、燃气涡轮发动机、辅助动力支援设备、相关部件
空军	俄克拉荷马城保障中心	俄克拉荷马州	轰炸机、侦查机、加油机、飞机发动机、巡航导弹发动机、水压与液压系统、气动设备、氧气及其他气体制造设备、电子攻击系统、飞行控制系统、飞机及发动机相关可修复件
空军	沃纳罗宾斯保障中心	佐治亚州	大型飞机、运输机、直升机、水压与液压系统、气动设备、氧气及其他气体制造设备、显示设备、航空电子系统、飞机相关可修复件

114

一、陆军装备司令部相关机构

陆军装备司令部下辖10个二级司令部（见第三章），其中4个二级司令部是针对装备类别设立的寿命周期管理司令部。陆军的各个项目办公室（分为地面作战系统、弹药、战术指挥控制与通信、陆航等）分别设在4个寿命周期管理司令部，牵头某一类别武器系统的研制工作。

陆军装备司令部下辖5个大型维修基地：安妮斯顿基地、科珀斯·克里斯蒂基地、莱特肯尼基地、红河基地和托比汉纳基地，分别负责主战坦克、战术导弹、直升机、通信电子系统与主战坦克5大类武器系统的基地级维修，同时也承担武器系统的现代化升级改造任务。超出各战区维修能力、需要进行基地级维修的武器系统，由各战区持续保障司令部联络陆军装备司令部下属的陆军持续保障司令部，安排大修基地进行维修。

二、空军装备司令部相关机构

空军装备司令部于2011年进行了机构调整，新成立寿命周期管理司令部。与陆军类似，空军各计划执行办公室负责某一类别武器系统的全寿命周期管理，同时接受采办助理部长的业务指导。

空军装备司令部下辖奥格登保障中心、俄克拉荷马城保障中心、沃纳罗宾斯保障中心，分别负责洲际弹道导弹及各型飞机的基地级维修。空军部队的基本行动单位是联队，各联队分别归属不同的空军二级司令部领导。其中：空战司令部领导各类战斗机联队，如装备F-22的第1战斗机联队、装备F-15的第4战斗机联队等；教育与训练司令部领导各类教练机联队；全球打击司令部领导轰炸机联队；空中机动司令部领导运输机联队等。各联队具备基层级和中继级维修能力，超出联队维修能力、需要进行基地级维修的武器系统，由各联队司令上报至所属空军二级司令部，由该司令部主管保障工作的领导与空军装备司令部、空军三大保障中心进行协调，确定飞机大修的具体实施单位和时间。

三、海军海上系统司令部与航空系统司令部相关机构

海军海上系统司令部与航空系统司令部分别负责舰船和海航飞机的寿命周期管理。以海上系统司令部为例，下设5大计划执行办公室，分别主管水面战舰、潜艇、航空母舰、近海与水雷战武器系统、一体化作战系统的研制、采购及保障工作。

海军海上系统司令部下辖普斯茅斯、诺福克、珍珠港和普吉特4个海军船厂，负责海军舰船的大修工作；航空系统司令部按照地域设有8个机群战备完好

性中心,负责海军航空武器系统维修工作,其中3个以基地级为主、5个以中继级维修为主。此外,海军陆战队还有2个大修基地:阿尔巴尼基地和巴斯托基地。

海军舰船和飞机的大修工作通常有固定的使用与维修周期,在固定的大修基地按计划进行维修。海军武器系统主要归属各舰队,武器系统大修工作由舰队司令和海军作战部主管维修的副部长、海上系统司令部、航空系统司令部及其下属的项目办公室协调,制定批准武器系统计划性基地级维修的时间安排。

第七章 国防采办经费管理机构

美国国防预算规模长期高居世界首位,其中国防采办预算经费支出比例约为40%,规模大,构成复杂,是美国国防预算经费的重要组成部分。为保证这些经费科学合理地管理使用,美国政府建立了特色鲜明的管理体系和严格繁复的管理程序。目前,美军采用"规划计划预算与执行系统"来实现以经费预算为主导的资源分配,主要程序是:在国防部常务副部长领导下,参谋长联席会议、各军种、国防部长办公厅等制定军事战略规划,明确未来6年所需的作战能力;在国防部成本评估与计划鉴定局总体协调下,各部局根据规划战略文件以及需求文件制定采办发展中期计划,并提出人力和财力需求;在国防部主计长(主管财务)领导下,各部局确定未来2年的预算,国防部长批准后提交国会;国会通过并经总统签署后,成为《国防授权法》和《国防拨款法》,法案中包括采办经费预算;国防部按照法案要求和联邦相关规定执行预算。在这个系统运行过程中,美国国会、行政管理与预算局等联邦行政部门,国防部主计长、成本评估与计划鉴定局、国防财会局,以及军种相关机构等参与其中,分别按照各自权能开展工作。

第一节 国会和联邦政府相关机构

在美军"规划计划预算与执行系统"中,国会主要对包括采办经费在内的国防预算进行审议和批准,联邦政府的行政管理与预算局等机构主要从国家层面对包括国防预算在内的联邦政府预算进行审查、平衡。

一、国会相关机构

美国国会是美国最高立法机关。根据《美国宪法》的规定,国会拥有的权力有两大类:立法权和监督权。具体来说,与国防采办相关的权力可以细分为:一是立法权,每年国会要通过授权法案和拨款法案,首先对国防预算进行授权,规定能够花多少钱,然后再由拨款委员会进行拨款;二是人事任命权,根据宪法和法律的规定,总统提名任命的高级官员须征询参议院的意见和经参议院批准;三是调查权,国会可以成立特别委员会对相关问题进行调查。

美国国会由参议院和众议院组成。参议院现有议员100名,各州不论面积大小、人口多少一律两席。参议员代表本州,任期6年,可连选连任,每两年改选1/3。参议员的当选资格条件是:年满30岁,为合众国公民9年以上,当选时必须是本州的居民。众议院现有议员435名,议席分配的原则是按各州人数占全国人数的比例分配到各州,但每个州至少应有一个议席。

国会中的委员会一般分为:①常设委员会是国会基本的工作单位,具有立法权限。每个常设委员会下设若干小组委员会,一项议案在送交全院讨论或投票之前,必须提交常设委员会审议。而常设委员会通常会根据议题的不同将其分送有关小组委员会,实际上,审议工作是在小组委员会进行的。如果某个常设委员会或者小组委员会赞同某个提案,他们通常先采取举行听证等方式收集有关信息,然后委员会通过修正案的形式完善提案,最后将提案送到全院大会进行辩论,全院通过之后再将提案送到协商委员会。②协商委员会是临时为了协调两院同一议案的差异而临时成立的,在问题解决之后就解散了。提案在协商委员会进行协调,有可能附加新的、两院议员都能够接受的修正案。如果两院议员在协商委员会能够就提案达成妥协,提案将被返回两院全体会议讨论是否通过,在此阶段不能对提案进行修改,要么通过要么不通过,如果提案在这一环节获得通过,则该提案将送交总统签署成为法律。如果总统否决了此提案,需要参众两院2/3多数通过才能推翻总统的否决,提案仍能成为法律。③专门委员会是为专门任务而设立的。④联合委员会是由参议员和众议员参加的常设机构,用来协调日常事务。

美国国会设有授权委员会和拨款委员会。

(1) 授权委员会。以国会立法形式确立的项目授权是包括国防部和美国军队在内的美国各联邦政府机构和组织进行各种活动的法律基础。授权法案还有一些附加的作用和功能,它可以通过设定一些限制来对每一项国防项目进行监督和管理。目前,项目授权以年度国防部项目授权法案的形式覆盖了大部分国防活动安排,从购买靴袜、制服到采购数十亿美元的武器系统。现在,武装部队委员会每年都必须制定一个年度国防授权法案。

(2) 拨款委员会。美国人常说,国会是政府的"钱袋",而在国会中具体操控这个"钱袋"的是参众两院的拨款委员会。拨款委员会的主要工作是通过为联邦政府的活动提供资金的拨款法案。这些法案主要按照政府不同职能部门分为13个。如果这13个法案都没有被通过,那么政府的主要活动将会中止。其中,有关美国国防的拨款由拨款委员会下设的专门的小组委员会负责。在拨款委员会中有3个小组委员会在国防政策上都发挥重要的作用。例如,有关核武器的活动是由能源和水资源拨款小组委员会负责,军事基地的费用则由军事建设拨款小组委员会负责。但是,其中最重要的是国防拨款小组委员会,它在国防政策领域最重要的权力是决定在这方面应当花多少钱。

武装部队委员会负责国防项目的授权,而拨款委员会中的国防拨款小组委员会具体负责这些项目的拨款,在没有获得授权之前,拨款部门不得拨款。如果授权和拨款部门对于某项立法的意见不一致,可以使用两条简单的决策规则来解决问题:一是拨款法案在数额规定方面拥有决定权;二是拨款法案在与授权法案产生矛盾时,在有矛盾的方面拨款法案拥有最后的决定权。

此外,国会还有政府问责办公室、国会预算办公室、国会研究服务处等相关机构,其中,国会预算办公室主要支持国会开展与预算有关的工作,包括提供客观的、无党派偏见的分析报告,阐明与联邦预算有关的经济和政治问题。具体工作包括对各种期限的联邦预算问题以及宽泛的经济问题进行研究,对总统提交国会的预算案进行分析等。该办公室主任人选由两院的预算委员会酝酿提出,共同任命。

二、联邦政府相关机构

总统在美国国防预算编制与审批过程中发挥着重要作用。国防部的国防预算编制完成后,必须交由总统审批,总统签署总统预算后再提交国会审批。经过总统签署后的预算提案成为"总统提案",总统提案经过国会审议批准后,还要由总统再次签署后才能生效和正式拨款。总统审批、汇总政府预算主要依托行政管理与预算局完成。

行政管理与预算局负责辅助总统制定和管理联邦计划与预算,为政府部门编制预算提供指导,汇总、综合平衡和协调各政府部门(含国防部)上报的预算,负责评估政府预算的实施绩效,促进部门间的协调与合作。

财政部负责制定美国国内外财政政策,并为联邦各政府部门提供财政服务,包括资金的发放、借贷、税收等,负责与各联邦部门共同管理财务数据,确保中央财务与报告制度的落实。

第二节 国防部相关机构

国防部负责采办经费管理相关工作的机构主要是主计长及其领导下的成本评估与计划鉴定局、国防财会局以及国防定价局。

一、主计长

目前,美国防部设1名兼任主计长的副国防部长(如图7-1所示),统一领导美军的财务工作,包括财务管理、财会政策、预算制定与执行、国防合同审计、国防项目分析与评估等。据《2015财年美国防预算报告》统计,目前美军从事财务管理工作的人员为5.4万名。

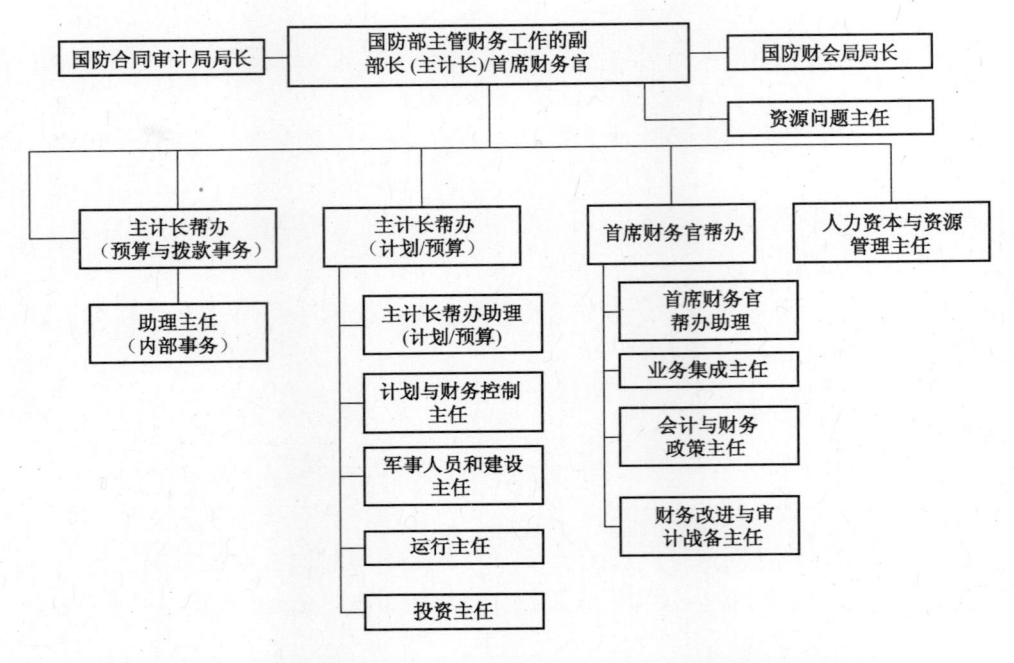

图7-1 国防部主管财务工作的副部长(主计长)/首席财务官组织机构

副国防部长(主计长)办公室为美军经费管理的中央机关,下设预算与拨款主计长帮办、计划/预算主计长帮办和首席财务官帮办以及人力资本与资源管理主任,主要负责:汇总编制全军预算,并负责对预算进行审查、上报和执行监督、调整,参与相关计划的审查与决策;制订财务管理政策、法规等。其中,计划/预算主计长帮办主要负责监督和执行国防部各项预算工作;首席财务官帮办主要负责监督和执行国防部的各项财会政策和财务改进与管理工作。

此外,美军的财务审计监督工作由国防部总监察长负责。总监察长在审计方面的主要任务是:监察全军审计工作的实施,监督国防部机关和各直属局的内部审计工作,必要时对美军任何部门任何项目重新进行审计。

人物专栏

现任副国防部长(主计长)/首席财务官简介

2017年6月2日,大卫·L·诺奎斯特(David L. Norquist)被任命为负责财务的副国防部长(主计长)/首席财务官,并担任国防部长在所有预算和财务事项方面(包括超过6000亿美元的国防部年度预算的制定与执行)的首席顾问。诺奎斯特在联邦财务管理方面拥有超过28年的资历,是一名注册政府财务管理人。

入职国防部之前,诺奎斯特是科尔尼公司合伙人。该公司是一家会计师事务所,主要为联邦政府提供审计、会计和咨询服务。作为联邦雇员,诺奎斯特主要为各层级联邦政府支出或支出监管提供财务管理方面的指导。这部分经历包括在陆军司令部工作的8年,众议院拨款委员会下属国防小组委员会工作的5年以及在主计长办公室担任副国防部长帮办工作的4年。

2006年—2008年底,诺奎斯特担任国土安全部第一位经参议院任命的首席财务官,其间,他创建了一套工作程序,用来解决国土安全部财务报表中普遍存在缺陷的问题。2006财年—2008财年,国土安全部的重大缺陷数值降低40%,部门范围内拒绝表示意见的审计报告数量减少了70%。

诺奎斯特拥有密歇根大学政治学学士学位和公共政策硕士学位,还获得了乔治城大学的国家安全研究硕士学位。合著有《国土安全部:达成无保留意见审计报告之路》,并著有《国防预算:是否转型》,分别刊登于《政府财务管理杂志》(2014年夏季刊)和《联合部队季刊》(2002年夏季刊)。

前任副国防部长(主计长)/首席财务官简介

国防部前任副部长兼主计长迈克·麦考德(Mike McCord)于2014年6月27日宣誓就职,并担任国防部长在所有预算和财务事项方面的主要顾问,包括国防部年度预算(超过5000亿美元)的制定和执行。

在此之前,麦考德曾担任了5年的主计长首席助理。他还曾担任2009年国防部关于美国复苏与再投资法案的高级负责官员,并且是国防部许多有关战略、预算、项目、财务管理和立法事项

的高级决策机构中的一员。

1987年,麦考德成为参议院军事委员会中的专业工作人员。1995年,他开始担任参议院军事委员会战备与管理支持小组委员会工作人员主管。麦考德拥有24年在立法部门国家安全事项方面的工作经验(包括为参议院军事委员会前参议员山姆·那姆和卡尔·列文专业服务21年)。

在参议院军事委员会的战备附属委员会中,麦考德负责设施与全球基地事项,包括新军用设施的建造或租赁、现有设施的维护、基地关闭和重启事项、土地和财产处理和交换问题、国防部对公有土地的利用以及国防部住房和公用设施的私有化。他还负责监督国防部的年度运转和维护资金(超过1000亿美元)以及军事战备政策事项,包括训练资金、应急作战资金、设备维护和周转资金。

2003年,他在约翰·斯普拉特(John Sprat)议员领导的众议院预算委员会中担任国防和退伍军人问题的预算分析师。他的主要工作重点是伊拉克和阿富汗军事作战的成本问题。

麦考德拥有俄亥俄州立大学经济学学士学位和宾夕法尼亚大学公共政策硕士学位。

二、成本评估与计划鉴定局

成本评估与计划鉴定局是美国防部的采办成本管理机构,是国防部长和其他国防部高级官员在独立成本评估、计划鉴定和分析方面的首席顾问。成本评估与计划鉴定局局长直接向国防部长汇报工作。

成本评估与计划鉴定局的职能主要包括:①对成本分析、备选方案分析(AoA)和能力分析有关的事务提供采办保障;②对规划、计划、预算与执行(PPBE)程序中规划和计划阶段有关的事务提供分析和建议;③对"联合需求监督委员会"正在考虑的资源和能力讨论提供分析和建议;④撰写年度报告,总结上一财年的国防部成本估计和成本分析活动,评估国防部在改善成本估计和分析准确度方面的进步。

成本评估与计划鉴定局的前身是计划分析与鉴定局。2003年5月,为满足反恐作战对武器系统采办的需要,美国国防部开始对国防采办制度和方式等进行改革,以"放权"和增强采办灵活性为主线,简化了采办程序,扩大了采办人员和承包商的自主权。改革实施后,美国国防部较好地调动了采办人员和承包商的积极性,但由于削弱了对采办过程的管控力度,加之采办需求变化频繁、技术管理和项目管理不完善等诸多因素,国防采办项目成本超支问题日益严重。为此,2009年5月,美国在原计划分析与鉴定局的基础上组建了成本评估与计划鉴定局。成本评估与计划鉴定局局长为助理国防部长级别,在国防部享有很高权力,无需获得其他官员批准即可同国防部长、常务副部长就成本管理等事务进行直接沟通。

三、国防财会局

国防财会局为国防部主管财务工作的副部长(主计长)的直属业务机构,下设局机关和克利弗兰、哥伦布、丹佛、印第安纳波利斯和堪萨斯城等5个国防财会中心。其中,局机构的主要职责是:指导所有国防预算资金、非预算资金、业务经费、周转和信用基金的财会需求和运行,制定和实施军队财会法规制度,编制规定的财务报告,对国防部主管财务工作的副部长(主计长)指定的各部门和其他联邦政府机构提供财务和会计服务,并指导国防部内部财务、会计和预算等工作。

(一) 5个财务中心

财务中心主要负责美军所有经费的支付工作。

1. 克利弗兰财会中心

克利弗兰财会中心的前身是1942年成立的供应和会计局,1955年改名为海军财务中心,1991年1月更名为国防财会局克利弗兰财会中心。克利弗兰财会中心下设克利弗兰、查尔斯顿、日本、彭萨克拉、圣迭哥等5个地区财会办事处,主要负责:海军现役与预备役部队的日常账务处理及经费支付,海军医学院学员、后备军官训练队学员的经费支付,以及陆军、海军和海军陆战队、空军退役金、养老金及军人遗孀的经费支付。

2. 丹弗财会中心

丹弗财会中心成立于1991年1月,下设代顿、奥马哈、圣安东尼奥等3个地区财务办事处,是美军在世界范围内最大的支付机构,集中管理退役人员及承包商的财务会计、报告,负责向空军和国防部其他业务局提供集中的财会服务及报告等工作。

3. 印第安纳波利斯财会中心

印第安纳波利斯财会中心的前身是陆军财会中心,1991年1月更名为国防财会局印第安纳波利斯财会中心,并纳入三军财务保障体系,下设印第安纳波利斯、欧洲、奥兰多、罗克岛、圣路易斯等5个地区财务办事处,主要负责驻在上述地区陆军和预备役军人及其家属的经费支付业务。

4. 堪萨斯城财会中心

堪萨斯城财会中心的前身是海军陆战队财务中心,1991年1月更名为国防财会局堪萨斯城财会中心,并纳入三军财务保障体系,主要负责海军陆战队以及其他相关国防部和非国防部机构的财会服务、经费支付、报表编制任务,同时还负责海军陆战队财会系统的研发及维护工作。

5. 哥伦布财会中心

哥伦布财会中心的前身是成立于1988年的国防后勤局财务中心，1991年1月更名为国防财会局哥伦布财会中心，并纳入三军财务保障体系，下设印第安纳波利斯、俄亥俄州克利弗兰－哥伦布、缅因州莱姆斯通、罗马、纽约、欧洲、日本、得克萨斯州特克萨卡纳、俄亥俄州克利弗兰－布拉提纳河尔、弗吉尼亚州别洛沃尔堡等10个地区财务办事处，主要负责国防合同经费的支付工作，同时还承担国防部各业务局和军种的差旅费支付任务。

（二）财务账户体系

目前，国防财会局负责国防财务账户的管理和维护工作，国防财务账户体系主要由以下6类账户组成。

1. 现役军人工资账户

现役军人工资账户主要负责美军所有现役军人工资的记录、发放等业务工作。目前，国防财会局下属的克利弗兰财会中心、丹弗财会中心、印第安纳波利斯财会中心等机构负责现役军人工资账户的使用和维护工作。

2. 退役军人工资账户

退役军人工资账户主要负责美军所有退役军人工资的记录、发放等业务工作。目前，国防财会局下属的克利弗兰财会中心负责退役军人工资账户的使用和维护工作。

3. 预备役军人工资账户

预备役军人工资账户主要负责美军所有预备役人员工资的记录、发放等业务工作。目前，国防财会局下属的克利弗兰财会中心负责预备役军人工资账户的使用和维护工作。

4. 文职人员工资账户

文职人员工资账户主要负责美军所有文职人员工资的记录、发放等业务工作。目前，国防财会局下属的丹弗财会中心、堪萨斯城财会中心等机构负责文职人员工资账户的管理和维护工作。

5. 商业支付账户

商业支付账户主要负责向为美军提供商品或服务的承包商支付资金，目前主要由哥伦布财会中心负责管理和维护。据统计，仅2005年，商业支付账户处理的支票高达1420万张，支付的总资金高达2760亿美元。

6. 差旅费支付账户

差旅费支付账户主要负责美军军职人员、文职人员差旅费的记录、发放等业务工作。目前，国防财会局下属的哥伦布财会中心负责差旅费支付账户的使用和维护工作。

四、国防定价局

国防定价局的主要任务是：督促国防部各部局在满足作战需求的情况下，有效采购物资和服务；通过监督和实施国防部长办公厅颁布的《更优购买力倡议》，制定复杂的国防部定价政策和策略，并监督实施，确保最大化纳税人的利益。

国防定价局直属采办、后勤和技术副国防部长领导。国防定价局局长对国防部所有成员、部门和其他美国政府部门以及国防工业负责，并承担向国会进行日常汇报的职责。

国防定价局的具体职责包括：①监督和实施国防部长办公厅颁布的《更优购买力倡议》；②作为采办、技术与后勤副国防部长以及国防采办委员会的重要顾问，提供关于采办和合同定价策略服务；③领导合同定价队伍业务工作；④建立和监督国防合同管理局下属的卓越国防合同定价中心（COE）（卓越国防合同定价中心负责国防部所有合同业务处理和合同定价数据分析，可在需要情况下提供战地合同定价协助）；⑤建立国防部范围内的定价、财务和利益政策；⑥开展对所有超过5亿美元的采办项目的先期审查；⑦对所有重大国防采办项目的应计成本/期望成本估计工作的监督；⑧按照 PGI 215.407-4 的要求，监督所有《联邦采办条例国防部补充条例》项目应计成本/期望成本审查；⑨承担采办、技术与后勤副国防部长赋予的其他职责。

第三节　军种层次相关机构

与国防部层次的国防采办经费管理机构相对应，美军在陆军、海军、空军分别设立了财务管理与审计助理部长，该助理部长及其办公室是本军种的财务领导机构，负责各军种包括国防采办经费在内的国防费管理工作。各军种财务机构直接向国防部兼任主计长的副部长负责，无须经过主计长下属机构。各军种还设有一名总主计长，通常由财务管理与审计助理部长兼任，总主计长及其所属的审计局负责各军种的审计工作。各军种内部的审计工作则由本军种部长通过总主计长办公室实施。

一、陆军国防采办经费管理机构

陆军国防采办经费管理机构为财务管理与审计助理部长，下设的主要机构有预算助理部长帮办、财务信息管理办公室、财务运行助理部长帮办、成本与经济分析中心等，如图 7-2 所示。其中：预算助理部长帮办，主要负责陆军预算的编制、审查、执行、分析、调整等工作；财务信息管理办公室，主要负责陆军财务管理系统的建设与维护、陆军部队财务信息服务保障等工作;财务运行助理部长帮办,主要负责制定陆军财会政策、程序、计划等,以及陆军财务内部控制、审查、评估等工作;成本与经济分析中心,是陆军国防采办经费管理的最重要机构,受成本与经济助理部长帮办领导,主要负责制定、指导和实施陆军成本与经济性分析计划,制定成本与经济性分析政策、方法和程序,制定武器与信息系统独立成本估算和部门成本分析要求,开展独立的成本审查和经济性分析等。下面重点介绍一下成本与经济分析中心。

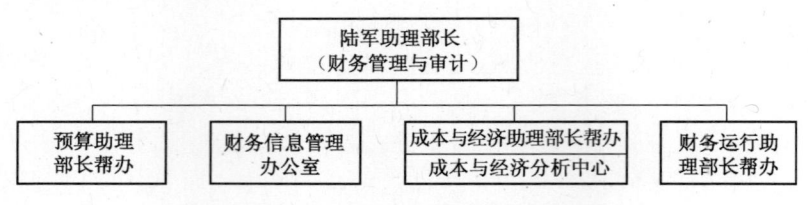

图 7-2 陆军国防采办经费管理机构

如图 7-3 所示,成本与经济分析中心下设采办成本核算处、成本审查委员会和计划与策略处。其中,采办成本核算处下设三个部门:①武器系统成本核算部,对重要的陆军武器系统进行全寿命成本估算,在重要武器系统的里程碑决策之前协调与成本评估与计划鉴定局成本评估副局长办公室和项目管理办公室相关的工作,为备选方案分析提供成本数据或评估成本数据,收集和管理历史成本数据等。②C^4ISR 成本核算部,估算重要的自动化信息系统和通信电子系统的全寿命成本,审查所有自动化信息系统的经济性分析,在重要的自动化信息系统里程碑决策之前协调与成本评估与计划鉴定局成本评估副局长办公室和项目管理办公室相关的工作,为备选方案分析提供成本数据或评估成本数据,收集和管理历史成本数据等。③成本政策与研究部,制定成本与经济性分析政策,开发成本分析模型和工具等。

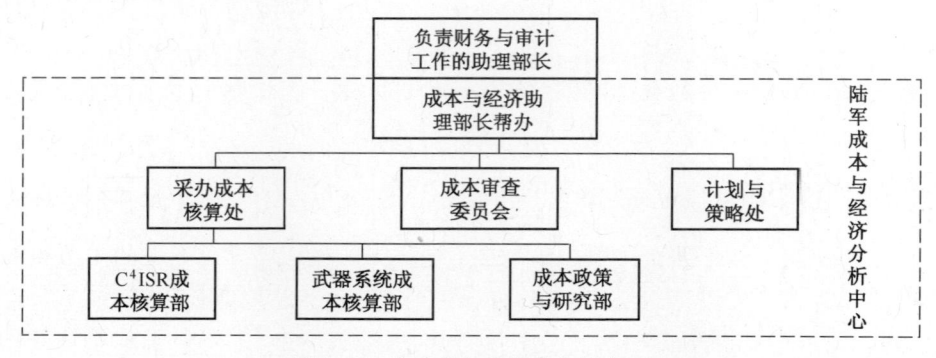

图 7-3 陆军成本与经济分析中心

二、海军国防采办经费管理机构

海军国防采办经费管理机构为财务管理与审计助理部长,下设的主要机构有预算办公室、财务运行办公室、成本分析中心等,如图7-4所示。其中:预算办公室,主要负责海军和海军陆战队预算的编制、审查、执行、分析、调整以及监督等工作;财务运行办公室,主要负责海军和海军陆战队财会政策、程序、计划等的制定,财会系统建设与维护,并向海军和海军陆战队部队提供财会信息服务等工作;成本分析中心,是海军国防采办经费管理的最重要机构,受成本与经济助理部长帮办领导,主要负责海军和海军陆战队采办成本与经济性分析政策的制定,以及海军和海军陆战队采办成本独立估算、成本审查、过程成本监控等工作。

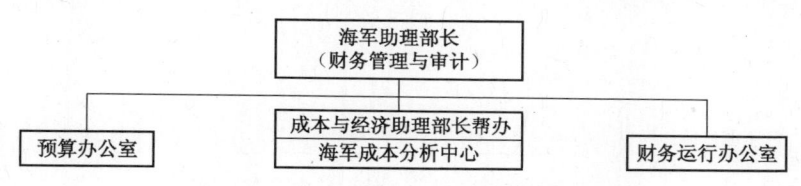

图7-4 海军国防采办经费管理机构

如图7-5所示,成本分析中心下设文职副主任办公室、军职副主任办公室和技术主任办公室。其中:文职副主任办公室由IT估算处、航空处和舰船/武器处组成,分别负责相关采办项目的成本分析、过程成本监控等工作;军职副主任办公室由业务运行处、经济与特别分析处和成本研究与工具处组成,负责海军采办成本管理的相关保障和支持工作;技术主任办公室负责向中心各办公室提供技术支持与咨询。

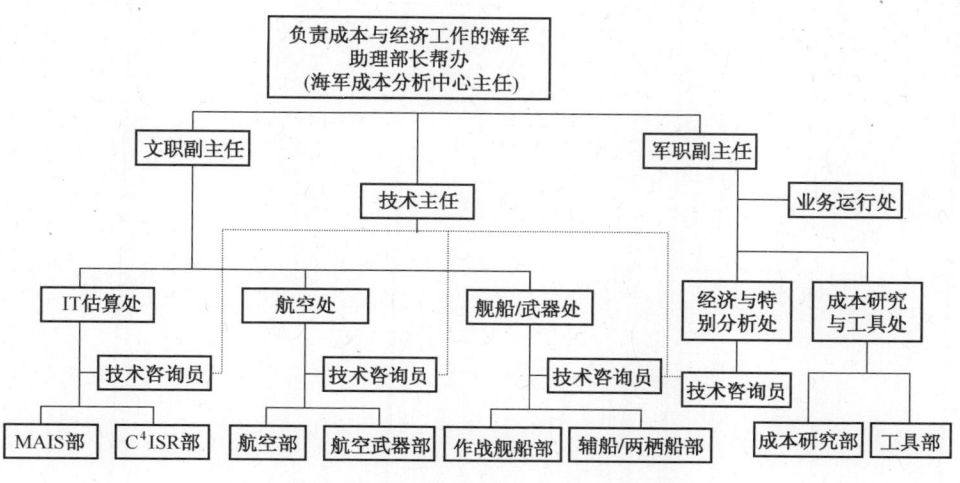

图7-5 海军成本分析中心组织机构

三、空军国防采办经费管理机构

空军国防采办经费管理机构为财务管理与审计助理部长,下设的主要机构有:预算助理部长帮办,成本与经济助理部长帮办,财务运行助理部长帮办,服务、通信与人力发展主管等,如图7-6所示。其中:预算助理部长帮办,主要负责空军预算的编制、审查、执行、分析、调整以及监督等工作;财务运行助理部长帮办,主要负责空军财会政策、程序、计划等的制定,并向空军部队提供财会信息服务等工作;服务、通信与人力发展主管,主要负责空军财务系统队伍建设、通信以及相关服务工作。

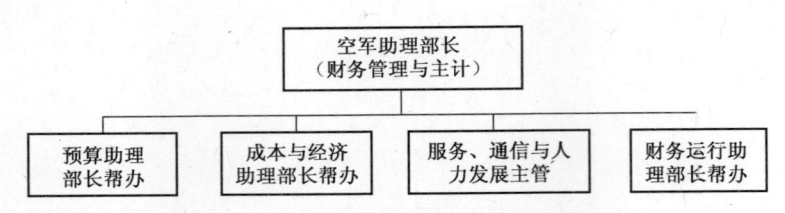

图7-6 空军国防采办经费管理组织机构

成本与经济助理部长帮办是空军国防采办经费管理的最重要机构,下设成本分析局、专业性财务管理中心和经济与业务管理处。其中,成本分析局成立于1986年,下设飞机与武器部、航天项目部、信息技术部、兵力分析部以及资源部等(如图7-7所示),分别负责飞机与机载武器、航天飞行器、信息系统、空军兵力建设等方面的成本估算、分析、审查和过程成本监控,以及空军国防采办资源分析等工作。

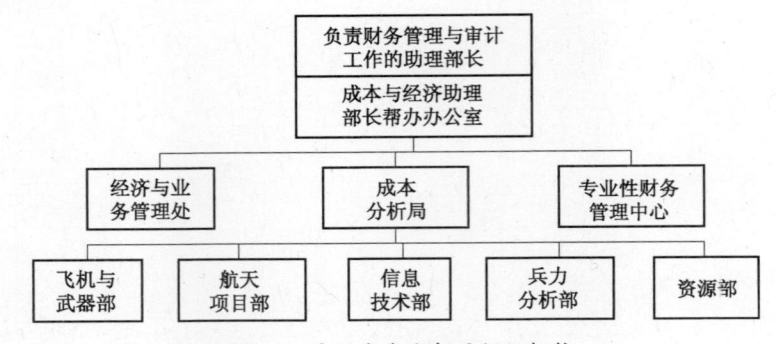

图7-7 空军成本分析局组织机构

第八章 国防采办情报保障机构

美国非常重视情报工作,建立了组织完备的工作体系,特别是在"9·11"事件后,美国将情报工作提升到了一个前所未有的地位,构建了更为完善的情报工作体系:在国家层面设立了情报总监,组建了国土安全部,改组了总统对外情报顾问委员会、中央情报局;在国防部层面设立了情报事务副国防部长,组建了国家地理空间情报局等。

国防情报是美国国家情报的关键组成部分;不仅对于维护美国国家安全、获取信息优势具有极端重要的作用,而且对于采办工作中的任务数据保障也发挥着重要作用。以技术情报为主的数据信息作为采办工作的重要输入条件,为发展先进国防科技、打造先进武器系统提供了重要保障。

第一节 美国国防情报工作组织体系

国防情报工作以情报事务副国防部长为统领,以国防情报局、国家安全局、国家地理空间情报局等为主体,以军种情报机构为延伸,同时与国家情报系统紧密联系,形成了较为完备的国防情报工作体系。

一、情报事务副国防部长

情报事务副国防部长于2003年3月11日设立,是美国军事情报系统的最高首长,也是国防部长在情报、反情报、安全及所有情报相关事务上的首席顾问。他代表国防部长对国防部内的情报与反情报组织及其搜集、处理、生产、分发活动进行领导、指导和控制,确保其在人员、训练、装备、组织等方面拥有足够的能力,完成国防部长及国家情报总监所赋予的任务。

国防部情报事务副部长负责:对国防情报局、国家地理空间情报局、国家安全局/中央安全署、国家侦察局和国防安全局行使国防部长的管辖、指导与控制职权,并对这些机构的活动实施监督;对所有相关的政策、计划和项目实施规划监督、政策监督和战略监督。

情报事务副国防部长下设4个副部长帮办,下面分别进行描述。

（1）技术搜集和分析副部长帮办，负责对各个技术搜集门类的行动同步和作战融合，以及国防技术搜集行动和国家搜集行动之间的同步和协调一致，并制定政策；确定搜集优先次序排定流程，确保国家搜集优先次序排定流程和国防搜集优先次序排定流程之间的同步协调。

（2）作战保障副部长帮办，负责帮助各军种、各作战司令部确定其情报保障需求，利用国防部的建制资产或情报界的其他资源满足这些需求。

（3）反情报与安全副部长帮办，负责指导与监督国防部反情报机构的活动，保护国防部人员、设施、程序、信息、计算机网络系统的安全。

（4）计划与资源副部长帮办，负责军事情报计划的预算编制，与其他部门及作战支援机构进行协调，提出统一的计划建议，确保其预算能够满足国防部的情报需求。

此外，情报事务副国防部长还是国防情报执行委员会的执行秘书，协助国防部长审查监督国防情报计划与活动，就国防部在情报需求、政策、目标、资源、互通性、优先等级等方面所面临的挑战与问题进行讨论和协商，并在必要时提出解决方案。

人物专栏

前任负责情报事务的副国防部长简介[①]

马塞尔·赖特（Marcel Lettre）于2015年12月被美国参议院一致任命为情报事务副国防部长。

作为国防部长的首席情报顾问，马塞尔·赖特代表国防部长对国防部内的所有情报和安全机构行使职权、指导权和控制权。他还同时兼任国家情报总监办公室的国防情报主管，并向国家情报总监汇报工作。赖特是国防部内与美国中央情报局及情报界其他部门的主要协调人，并在国家安全委员会中担任国防部在情报和敏感行动方面的代表。

2015年5月到12月，赖特担任情报事务代理副国防部长。他曾经得到参议院的认可，并从2013年10月到2015年5月期间担任情报事务副国防部长首席助理。从2011年到2013年，赖特曾先后担任国防部长罗伯特·盖茨、莱昂·帕内塔和哈格尔的特别助理，并担任过盖茨—帕内塔和帕内塔—哈格尔过渡团

---

① 截至2017年7月，根据美国国防部网站显示，负责情报事务的副国防部长一职处于代理状态。

队的领导。2009年到2011年间,他担任立法助理国防部长。在此期间,他为国防部长提供国防战略和预算的制定、危机管理、网络计划、敏感情报和反恐作战决定、重大采办和研发投资以及战略核武器与军备控制等方面的支持。

2005年到2009年间,赖特曾担任高级国防和情报顾问,然后担任美国参议院多数党领袖的高级国家安全顾问,负责处理领导者的所有"八人帮"情报事务。在此期间,他推出了国家安全立法和情报政策举措,为年度国防与情报授权法案、拨款法案和战争补充法案的安全通过提供了支持,并负责参议院对高级国防和情报官员的确认。

2002年到2005年间,赖特曾担任美国众议院特别情报委员会的专业参谋人员,为"9·11"恐怖袭击和伊拉克大规模杀伤性武器的事后情报审查提供支持,并为2004年情报改革和防范恐怖主义法(根据该法案产生了国家情报总监)提供了建议。

赖特还曾担任过全球管理咨询公司的分析师,并曾在国际和平核不扩散项目的卡内基国际和平基金会、威廉·J·皮特和阿什顿·B·卡特主持的哈佛-斯坦福预防性防御项目、审查美国政府为应对大规模杀伤性武器而制定的情报和项目等组织中担任过研究职位。

赖特是美国外交关系协会会员,拥有哈佛大学肯尼迪政府学院硕士学位和南方大学硕士学位。赖特成长在一个军人家庭,是一名户外运动者和徒步旅行者,曾经背包穿越了长度为2100英里的阿巴拉契亚山道。赖特目前已婚,并有两个女儿。

二、国防情报局

国防情报局依据1961年国防部5105.21指令于1961年10月1日成立。1986年国防部改组后,国防情报局成为为军事行动提供支援的作战支援机构。"9·11"事件尤其是情报事务副国防部长设立之后,该局"作战支援机构"的特色愈加明显。国防情报局的组织机构图如图8-1所示。

2008年3月18日,美军颁布新修订的国防部5105.21指令,更新了国防情报局的任务、职责、功能、指挥关系和权力。新指令规定国防情报局的主要任务包括:①满足国防部长、副部长、参谋长联席会议主席、国家情报总监的军事及军事相关情报需求,为国家对外情报和反情报活动提供军事情报支援;②计划、管理与实施和平时期、危机和战争时期的情报行动;③充当满足作战司令部情报支援需求的国防部主要协调单位;④领导情报搜集、分析,以及情报、监视和侦察活动与所有作战行动的协调工作;⑤实现军事、国防与国家情报能力的链接、同步。新指令所规定的这5项任务,更加明确了国防情报局的作战支援及协调、管理职

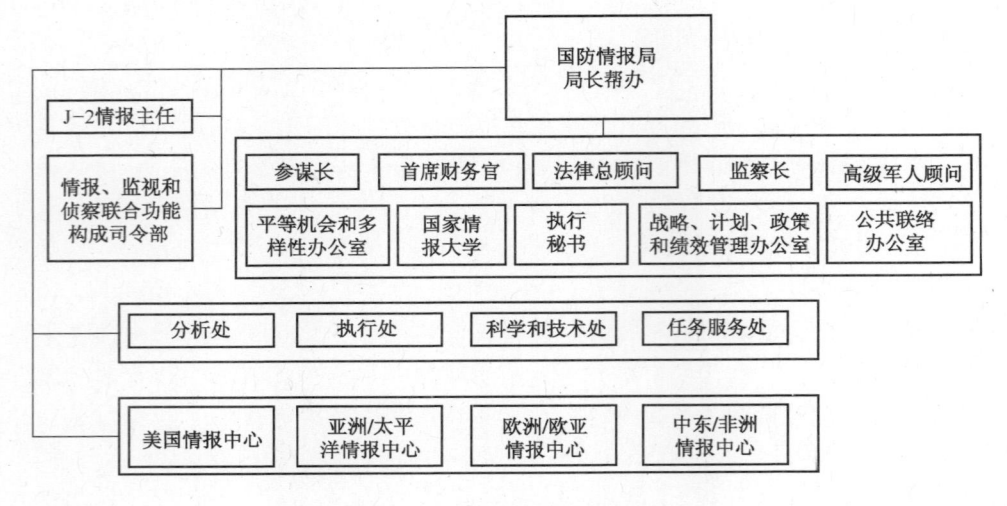

图 8-1　国防情报局组织结构图

能;而有关后 4 项任务的规定,则几乎将美军联合作战情报支援的所有国家级领导、协调、管理职能赋予国防情报局一身。

三、国家安全局

国家安全局成立于 1952 年 11 月,又称中央安全署或网络司令部,是美国政府主管密码工作的部门,隶属于国防部,总部位于华盛顿特区东北 16 公里的马里兰州米德堡。

国家安全局的主要职能包括:实施信号情报搜集、加工、分析、生产和分发工作,以及国家安全局局长指派的其他密码行动;向国防部下属单位和国内用户提供信号情报和信息保障指导与支援。国家安全局同时受国家情报总监的监管,承担国家情报总监分配的国家情报任务,以及人事、采购管理、安全、信息技术、教育和训练等方面的职责。国家安全局负责监听包括电台广播、通信、互联网在内的所有军事和外交的秘密通信,掌握比美国中央情报局还要多的经费,是世界上单独雇佣数学博士和电脑专家最多的单位。该局的保密程度极高,甚至不为美国政府的其他部门所了解,所以它的缩写 NSA 经常被戏称为"No Such Agency"(无此单位)。

国家安全局在各军种均设有密码单位,主要职能是支持国家安全局指派的任务。军种下属密码单位的指挥官在所有密码事务上接受国家安全局局长领导,在其他事务上接受所属的军种部领导。国家安全局的所有军职和文职职位都视为关键的敏感职位,在调查、安全许可和雇用方面也视为关键的敏感职位,雇员总数约30000人(2012年数据),年度预算约为80~100亿美元。

四、国家地理空间情报局

美国国家地理空间情报局2004年成立,前身是国家图像与测绘局,是国防部下属业务局,总部位于马里兰州。国家地理空间情报局的主要职能是:支持美国国家安全目标的实现,向国防部、情报界及美国政府其他部门和机构提供及时、相关和精确的地理空间情报;执行对美国国家安全至关重要的情报相关行动;提供确保导航信息安全的地理空间情报;绘制并分发地图、图表、手册和大地测量产品;设计、开发、运行并维护与地理空间信息的加工和分发相关的系统;提供地理空间情报,支持美国武装部队完成作战任务。

国家地理空间情报局是国防部的一个作战支援机构,也是情报界的一个组成部分,受到国家情报总监的监管,也承担国家情报总监分配的国家情报任务,以及人事、采购管理、安全、信息技术、教育和训练等方面的职责。

国家地理空间情报局局长兼任国防部地理空间情报主管,执行根据国防部长、情报副国防部长的职权指派的所有地理空间情报行动;就国家情报总监职权范围内所有地理空间情报相关事务上向国家情报总监和国防情报主任提供咨询意见。在向国家地理空间情报局局长咨询后,国防情报主任将就与地理空间情报相关的国防情报能力的关键缺陷和优势问题向国家情报总监提出建议。

五、军种情报机构

各军种部的情报主官在军种部长、参谋长的领导及各自参谋部门的协助下,为涉及军事系统、设备、训练的军种任务提供情报和反情报支援,并通过支援各作战司令部、下级联合司令部及其军种组成部队等国防部实体的形式为国家情报活动提供支援。美军认为,在语言和技能培训、武器系统目标确定、信息作战、外国武器系统等特定领域,各军种情报部门可以提供大量的、范围广泛的产品和服务,参与军种组成部队的情报、监视与侦察行动,为武器系统的使用提供适当的情报支援。

第二节 国家测量与特征情报管理办公室

根据国防部5105.58指令《测量与特征情报》,测量与特征情报(Measurement and Signature Intelligence,MASINT)是指通过探测、跟踪、识别、描述固定和动态目标源的独特特征而获得的情报,可划分为雷达、射频、地球物理、核辐射、材料和光电6个子类,美国科学家协会将激光和碎片也列入测量与特征情报的范畴。测量与特征情报的目的是识别与辐射源或发信机相关的显著特征,为此后识别和/或测量相同特征提供便利。检测到的特性可以是反射特性,也可以是辐射特性。

特征(Signature)是指重复出现的,且可识别装备、材料、活动、个体或事件的一个或一系列特殊的数据,如无线电频率和声学特征。根据2013年版国防部5250.01指令,特征是美国国防采办中情报任务数据(Intelligence Mission Data)的5类数据之一①。也就是说,美军的特征管理体制被纳入到国防部情报任务数据管理体制之中。

目前,美国国防部建立了主要由情报、采办和作战训练三个系统组成的情报任务数据组织管理体系,如图8-2所示。情报系统由情报副国防部长领导,由情报副国防部长、国防情报局和国家测量与特征情报管理办公室三级构成,是整个情报任务数据工作的牵头部门和责任主体。采办系统由技术、采办与后勤副国防部长领导,包括其领导下的预研、项目采办、研制试验鉴定机构,及作战试验鉴定局领导下的作战试验鉴定机构,主要负责提出情报任务数据需求,使用情报部门提供的情报任务数据,同时也向情报部门提供国防研究、开发、试验和采办中的相关数据。作战训练系统由参谋长联席会议领导,由联合参谋部及各联合作战司令部等构成,

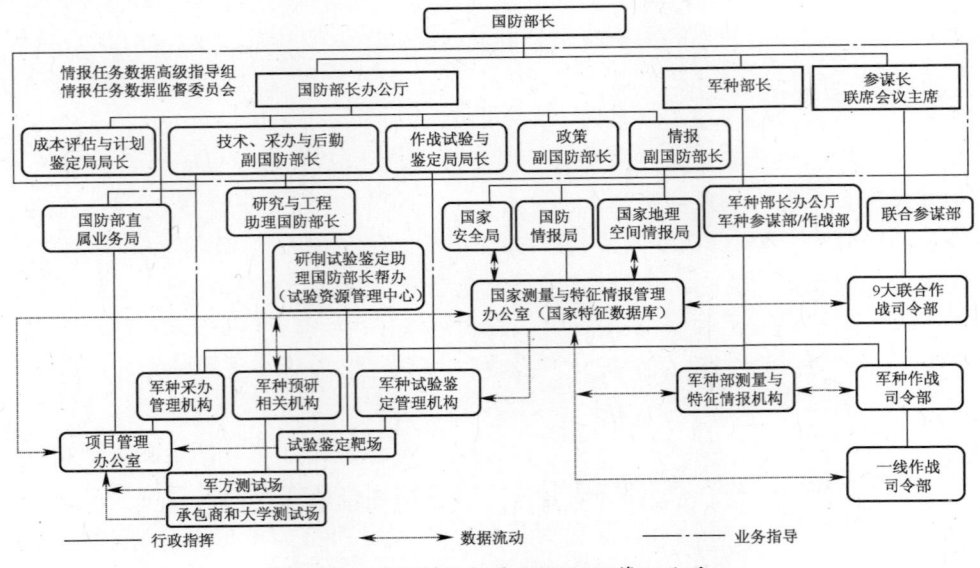

图8-2 美军情报任务数据组织管理体系

---

① 这5类数据是目标特征、电子战综合重编程、战斗序列、系统特性和性能、地理空间情报。

负责向情报系统提供执行作战任务、演习和训练任务时搜集到的敌方、己方和盟友的相关情报任务数据,同时也使用情报部门提供的情报任务数据。

美军的情报任务数据(测量与特征情报)关乎国防建设的各个方面,牵涉部门多,除上述三个主要系统外,还涉及负责政策、成本管理的相关部门。为此,美军建立了由情报部门牵头的情报任务数据高级指导组和情报任务数据监督委员会两级协调机构(见图8-2),以加强跨部门协调和管理,形成整体合力。

一、情报系统

情报系统主要由情报副国防部长、国防情报局和国家测量与特征情报管理办公室三级构成,是整个情报任务数据工作的牵头部门和责任主体。

(一)情报副国防部长

情报副国防部长是美军情报任务数据工作的最高领导,主要职责是:针对属于情报部门的、开展情报任务数据行动的国防部机构及相关外勤机构行使国防部长的权力、指导和控制;针对国防部所有情报任务数据的政策、计划、项目行使计划、政策和战略监督权;对军事情报计划内的国防部测量与特征情报任务行使指导、控制和财政管理权;协调、评估与测量特征情报相关的军事情报计划需求,并与国家情报计划需求相关联,消除二者之间的冲突。

(二)国防情报局

国防情报局在情报副国防部长领导下,作为情报任务数据的管理部门履行以下职责:就情报任务数据问题向国防部长、情报副部长、参谋长联席会议主席和各作战司令部司令提出建议;管理国防情报局情报任务数据任务;必要时,使用来自其他国家的情报任务数据及相关数据;在遵守政策和协议的前提下,鼓励与国外合作伙伴和政府共享情报任务数据。

(三)国家测量与特征情报管理办公室

作为国防情报局的下设部门,国家测量与特征情报管理办公室是美军测量与特征情报工作的具体实施机构,主要职责是:为国防部管理、指导、规划、计划和监督美国测量与特征情报系统,开发和维护国家目标特征数据库(包括国防部测量与目标特征数据库),开发和维护测量与特征情报门户站点及其他后续工具,为测量与特征情报产品的集中分发提供重要手段;规定或指定测量与特征情报标准以确保互用性,批准将标准和体系结构整合到美国测量与特征情报系统;支持信息共享、数据采集,支持情报界使用测量与特征情报产品、数据和工具;促进测量与特征情报需求的接收、注册、演示、任务分配、跟踪和用户满意度管理。

此外,在情报副国防部长领导下,国家安全局为情报任务数据的生产和获取过程、相关情报任务数据管理提供信号情报支撑。国家地理空间情报局在情报任务数据管理中提供适当的地理空间情报支撑。

二、采办系统

采办系统主要由采办、技术与后勤副国防部长领导的研究与开发、项目采办、研制试验鉴定机构，作战试验鉴定局领导的作战试验鉴定机构，以及军方和承包商试验场等构成。该系统在采办全寿命过程中使用由情报部门提供的情报任务数据，同时测量并搜集相关武器系统的目标特征数据，提供给情报系统。

（一）国防研究与开发

美军国防研究与开发由技术、采办与后勤副国防部长下属的研究与工程助理国防部长统一领导，军种研究与开发部门在研究与工程助理国防部长业务指导下具体实施，包括众多军内科研机构、军种研究实验室等。这些机构应用情报系统提供的相关情报任务数据，并将研究中产生的相关目标特征数据提供给情报系统。

（二）项目采办

美军国防采办由技术、采办与后勤副国防部长统一领导，各军种负责具体实施。各军种采办管理部门下设若干项目管理办公室，各办公室由项目主任领导，负责采办项目的全寿命管理。项目主任在采办过程中，负责制定采办全寿命数据计划，要求情报部门为采办各阶段提供必要的数据，同时测量并搜集相关武器系统的目标特征数据，提供给情报系统。

（三）试验鉴定

美军试验鉴定采取国防部统一领导与各军种分散实施相结合的管理体制，国防部设有直属国防部长领导的作战试验鉴定局。陆、海、空军和海军陆战队都有专门的作战试验鉴定管理和执行机构，具体组织开展本军种的作战试验鉴定活动。各军种和一些承包商还拥有一些专门的测试场（见表8-1），这些试验场在试验鉴定过程中可以使用情报部门提供的情报任务数据，并将产生的各类数据提供给国防研发和国防采办部门（主要是项目管理办公室等）。

表8-1　各军种与情报部门、国防研发和国防采办部门的相关试验场

---

1. 陆军国家地面情报中心雷达紧缩场

陆军国家地面情报中心承担来自国防部的相关任务，负责提供、分析、验证构成威胁的地面车辆和直升机的雷达特征数据。为了完成这一任务，该中心制定了专家雷达特征解决方案（Expert Radar Signature Solutions，ERADS）计划，用于提供和分析微波和毫米波段的雷达特征数据。通过上述计划，该中心及其承包商利用多种方法获取目标特征数据，包括缩比高频紧缩场、转台和外场雷达设施测量，以及各种计算电磁学代码。

(续)

2. 海军埃切朗河谷路口牧场 RCS 测试场

埃切朗河谷路口牧场 RCS 测试场(Etcheron Valley Junction Ranch Range RCS Facility)是美国海军主要的室外测试设施,用于研究、开发、测试和验证天线特征、GPS 天线测试/干扰试验、高功率微波/瞬态电磁和雷达散射截面/雷达特征测试。该测试场位于阿格斯山脉(Argus Mountain)西面的河谷中,在劣马峰(Maturango Peak)西南 2mile(3.2km)处,位于中国湖(China Lake)海军武器中心的东北方向。该测试场提供仪器组件、测试协调、靶标、设施及包括地面车辆、全尺寸飞行器等各种测试的支持功能,可以进行模型和实际目标的室外 RCS 精确测量。可测目标包括空中、海上和陆上的目标、甚低可探测目标、舰船模型和部件、导弹、战术弹道导弹、再入飞行器和地面车辆等。

3. 海军大西洋动态测试场(ATR)

该测试场位于马里兰州帕特森特河(Patuxent)入海口的海军空战中心飞机分部,可提供全尺寸飞机动态飞行中的 RCS、J/S 以及箔条测量,同时支持电子战与航空电子系统的仿真与特征提取。

4. 海军雷达反射实验室

海军雷达反射实验室(Radar Reflectivity Laboratory, RRL)位于加里福尼亚州穆古角(Point Mugu)的海军空战中心武器分部,是美国海军最重要的室内目标雷达特性试验机构。该实验室可提供对全尺寸导弹、目标、车辆及部件的远场 RCS、双站 RCS 测量以及用于生存力评估的飞机和舰船的缩比模型测量、分析与测量合成,同时还可进行武器系统的飞行试验、产品/质保测试、故障诊断测试、散射模型制作等。

5. 空军研究实验室的先进室内紧缩场

空军研究实验室的先进室内紧缩场(Advanced Indoor Compact Range, ACR)位于俄亥俄州赖特-帕特森空军基地(WPAFB, OH),可进行隐身或低可见飞机和导弹的模型与部件、天线、天线罩与阵列的 RCS 测试。

6. 空军国家雷达散射截面测试场

国家雷达散射截面测试场(National Radar Cross Section Test Facility, NRTF)是国防部的主要 RCS 测试设施,原名为雷达目标散射部(Radar Target Scatter Division, RATSCAT),隶属于美国空军第 781 测试中队。该测试场位于新墨西哥州霍尔曼(Holloman)空军基地西侧,专门从事全尺寸目标的 RCS 测试、空气动力飞行器、天线辐射方向等研究。该测试场的测试成果直接支持国防部内各种武器系统的研制开发计划、易损性评估研究和作战任务规划工作等,这是测试成果对武器系统项目(如 A-10、B-1、B-2、AMRAAM、F-16、F-18、F-117)和各种高级技术项目的主要贡献。

7. 美国亚毫米波技术实验室

亚毫米波技术实验室(Submillimeter-Wave Technology Laboratory, STL)隶属于马萨诸塞州立大学劳威尔分院,主要从事 100GHz~5THz 频率范围内的亚毫米波及其雷达技术的研究、开发和应用。在雷达测试技术方面,该实验室为美国陆军国家地面情报中心开发了著名的 ERADS 雷达紧缩场。该实验室在先进的数据获取技术、运动控制、数据处理和可视化技术方面都取得了丰富的经验,在各类军事目标的高保真度缩比模型制作、高效吸波材料制作等方面也处于领先地位。

该实验室管理着世界级的目标模型加工设施,可以通过战术目标的照片和 CAD 模型加工得到惊人的高保真度的缩比模型。该实验室注重细节的处理,可以在缩比模型上制作出缩比的焊缝、螺栓头、履带、螺母盖、铁锈、战斗损伤和非金属部件,例如橡胶垫、玻璃钢和帆布。

8. 洛克希德·马丁公司海伦达尔(Helendale)测试场

该测试场位于加利福尼亚州莫哈韦沙漠西面的海伦达尔附近。

(续)

> 9. 诺斯罗普·格鲁曼公司泰昂信号研究实验室
> 诺斯罗普·格鲁曼公司综合系统测试实验室下属的泰昂(Tejon)信号研究实验室位于美国加利福尼亚州的泰昂牧场,位置偏僻,总面积超过 1400 英亩,主要进行电磁、雷达散射截面、天线及信号方面的试验、开发、验证测试与评估服务。
>
> 10. 波音公司波德曼(Boardman)测试场
> 该测试场位于俄勒冈州,在美国西部的阳光地带,是波音公司的大型室外测试场。该测试场与同属于阳光地带的加利福尼亚州莫哈维沙漠附近的洛克希德·马丁公司海伦达尔测试场、诺斯罗谱·格鲁曼公司的泰昂测试场,共同构成了美国大型军工企业所属的最著名的大型测试场群。
>
> 11. 波音公司室内测试场
> 波音公司在位于密苏里州圣路易斯市的"幻影"工厂建有电子系统集成实验室,并专门建设了近场测试设施以验证飞机的 RCS,确保飞机尽可能不被敌方雷达探测到。波音公司的近场测试设施是一个用于飞机部件、模型和全尺寸生产型飞机的创新型的室内近场 RCS 测量设施。

从近几年的发展变化看,美军在情报任务数据的组织管理和运行机制方面推出了以下改革措施:

(1) 提高了国防部协调领导机构的级别。相对 2008 年的高级特征管理论坛(Senior Signature Management Forum)的组织构架,2013 年美军成立了情报任务数据高级指导组和监督委员会,提高了国防部决策机构的级别和构成人员的职级,并设有具体办事机构,加强对跨部门事务的协调管理。

(2) 强化了国防部相关数据的联动。2013 年最新颁布的国防部 5250.01 指令提出了国防部采办中的情报任务数据,明确提出对目标特征、电子战综合重编程、战斗序列、系统特性和性能、地理空间情报 5 大类数据进行统一管理。

(3) 明确提出了采办全寿命的情报任务数据要求,将采办项目分为两类:第一类是情报任务数据依赖型采办项目,这类项目需要情报部门提供的情报任务数据;第二类是其他采办项目,在采办过程不需要应用情报任务数据。对第一类采办项目,项目管理办公室应在采办全寿命程序中的里程碑 A 制定寿命周期任务数据计划,提出采办 5 个阶段的情报任务数据生产和采集需求,以满足采办部门的要求并经能力要求部门确认。国防部采办项目应开展风险管理,以确定情报任务数据的不足及其对项目全寿命系统能力的影响。

(4) 更加重视成本分析与管理。把成本评估与计划鉴定局纳入协调领导机构中,加强了相关工作成本分析与经费管理。对于每一个功能领域,所有情报任务数据生产者均应采用标准、明晰的数据成本计算方法,进行数据成本分析。

三、作战与训练系统

作战与训练系统由参谋长联席会议主席领导,由参谋长联席会议、联合参谋部、联合作战司令部及作战部队等构成,负责向情报系统提供执行作战、演习和训练任务时搜集到的敌方、己方和盟友的相关情报任务数据,同时也使用情报部门提供的情报任务数据。

(一)参谋长联席会议和联合参谋部

参谋长联席会议是总统、国防部长和国家安全委员会的军事咨询机构。联合参谋部是参谋长联席会议的常设机构。本书第一章已有相关内容,这里不作介绍。

(二)联合作战司令部及作战部队

联合作战司令部及作战部队负责组织、实施联合作战、训练和演习任务。美军目前共有9个联合作战司令部,其中:6个联合作战司令部按地区设置,分别为太平洋司令部、欧洲司令部、北方司令部、南方司令部、中央司令部和非洲司令部;3个联合作战司令部按职能设置,分别为战略司令部、特种作战司令部和运输司令部。

各作战部队在联合作战训练和演习中,可以使用情报部门提供的情报任务数据,并将产生的己方、敌方和盟军的各类数据提供给情报系统。

第九章 国防采办人力资源管理机构

国防采办活动涉及专业领域多、程序复杂,高素质的采办人才队伍是采办活动顺利开展的重要保证。美国建立了贯穿国防采办全过程管理与决策的专业化人员队伍,共计超过15万人。国防采办人员是美国国防部人力资源的重要组成部分。从人事管理的角度看,美国国防部形成了上下贯通、制度健全的人事管理组织体系,人事与战备副国防部长是国防部长的首席参谋助理和顾问。国防部人力资本倡议局是负责采办人员政策、计划、管理的专门机构。国防采办大学是负责国防采办队伍教育培训的核心机构。

第一节 国防部人力资源管理机构

美国国防部人力资源管理工作由人事与战备副国防部长统一领导,国防部人力资源局进行业务支撑,同时三军种也相应建立了人力资源管理机构。

一、人事与战备副国防部长

人事与战备副国防部长是国防部长的首席参谋助理和顾问,主要职能是:负责为战备、国民警卫队和预备役部队事务,以及人员要求和管理等方面工作提供咨询,包括均等机会、士气、福利、娱乐和生活质量问题;负责为140万现役军人、130万警卫和预备役人员以及68万国防部文职人员提供招募、职业发展、薪酬和福利提供政策咨询,并负责监督战备完整性状态;负责监督金额为150亿美元的国防卫生计划、145亿美元的国防代表与交流项目、国防教育活动、国防均等机会管理研究所等。

目前,人事与战备副国防部长办公室设有1名首席帮办和2名副部长帮办以及国防部军内妇女问题咨询委员会。

(一)人事与战备副国防部长首席帮办

人事与战备副部长首席帮办是人事与战备副国防部长的代理,在人事与战备副国防部长授权下,行使该副国防部长的权利。首席帮办还负责为人事与战备副国防部长的所有职责提供建议和协助,包括部队管理、国民警卫队和预备役部队事项、健康事项、战备与训练、军事和文职人员工作、语言、家属、教育、均等机会、士气、福利、娱乐以及生活质量等相关问题。

（二）军事副国防部长帮办

军事副国防部长帮办是人事与战备副国防部长的高级军事顾问，还担任人事与战备副国防部长办公室的代表。具体职责包括：①为国防管理行动小组（DMAG）会议提供支持；②在影响未来军事战备的人事与战备计划工作中为人事与战备副国防部长提供协助；③对将军级军官管理事项进行监督；④参加战备论坛；⑤与军方代表进行协调；⑥在某些事项上担任人事与战备副国防部长的代表；⑦对军内妇女问题咨询委员会军事主任办公室进行监督。

（三）战备副国防部长帮办

战备副国防部长帮办负责就关键军事战备和训练问题为人事与战备副国防部长提供咨询。具体职能包括：①重点关注所有美国武装部队战备相关的问题和活动；②制定政策和计划并监督执行，以确保美国军队在和平时期突发事件、危机和作战方面始终保持战备准备；③为国防部高级战备监督委员会、战备工作小组和特别高级战备任务部队提供支持；④制定和监督国防部训练政策和计划，包括对训练系统和技术的成本有效性应用；⑤制定训练政策和计划并监督执行，以确保训练计划和资源足以配备战备力量；⑥担任国防部训练创新工作的积极推进角色；⑦参与国防部有关战备、训练、危机规划与响应的规划、计划和预算工作；⑧开展分析研究倡议和监督，为国防部的战备、训练和危机规划以及响应功能提供支持。

（四）国防部军内妇女问题咨询委员会

国防部军内妇女问题咨询委员会（DACOWITS）于1951年成立，主要职能是就武装部队中高素质职业女性的招募、保留、待遇、职业、福利等相关事项和政策提供意见和建议。

该委员会由20多名文职人员组成，委员会成员的选择是基于他们在军队或妇女劳动力问题上的经验。委员会成员必须是美国公民，而且在选择成员时不考虑种族、肤色、宗教、性别、国籍、精神或身体残疾、年龄、婚姻状况、性取向等。现役军人（包括国民警卫队或预备役的成员以及联邦政府的现雇员）没有资格获得该委员会的提名或成为委员会的一员。

人物专栏

现任负责人事与战备的副国防部长托尼·库尔塔简介

托尼·库尔塔现任负责人事与战备的副国防部长。

库尔塔于2014年9月8日担任负责军事人员政策的助理国防部长帮办。

库尔塔出生于蒙大拿州哥伦比亚佛斯。1981年库尔塔毕业于美国海军学院,获得过乔治城大学国家安全研究专业硕士学位,是空军指挥参谋学院优秀毕业生,曾在哈佛大学肯尼迪政府学院担任国家安全研究员。

库尔塔担任海军水面战军官职务达32年,期间指挥过美国海军"哨兵号"扫雷舰(MCM3)、"守护者号"扫雷舰(MCM5)、"勇士号"扫雷舰(MCM10)、"卡尼号"驱逐舰(DDG64)以及第2、4驱逐舰中队和联合特遣部队-"非洲之角"(CJTF-HOA)。岸上服役期间主要工作包括:联合参谋部特别行动处处长;海军人事司令部海面舰船军官分配处处长(Pers-41);美国海军欧洲和非洲部队政策、资源和战略主任;海军作战部军事人员政策主任(N13)。2013年库尔塔少将从海军退役。

1993年12月—2014年9月,库尔塔担任海军部高级主管,职务为海军将官管理与发展部主任,主要负责海军将官队伍的管理和发展。

前任人事与战备副国防部长彼得·莱文简介

彼得·莱文(Peter Levine)是前任人事与战备副国防部长,兼任国防部的副首席管理官(DCMO),是国防部长和副国防部长在业务转型方面的高级顾问。

在任副首席管理官(DCMO)之前,彼得从1996年8月到2015年2月期间曾在参议院军事委员会工作,其中担任参谋主管2年、法律总顾问8年和一定时期的少数族法律顾问。在此期间,彼得负责提供有关立法和提名方面的法律建议,并为委员会的成员提供采办政策、文职人员政策和影响国防部的国防管理问题方面的建议。彼得在执行2009年军事委员会法、2009年武器系统采办改革法案、2007年采办改进和问责法、2005年拘禁人待遇法以及多个国防授权法案方面起了重要的作用。

彼得在1995年到1996年期间担任民主党参议员的顾问,并在1987年到1994年期间担任由政府事务参议院委员组织的政府管理监督小组委员会的顾问。在此期间,彼得在执行1995年游说公开法、1994年联邦信息采集合理化法案和1989年举报人保护法方面起了关键的作用。

彼得拥有哈佛大学最高荣誉文学士学位和哈佛法学院最高荣誉法律博士。

二、国防部人力资源局

国防部人力资源局是人事与战备副国防部长的下属职能机构,负责向国防部提供有关人力资源管理的计划和政策支持,并协调信息管理的搜索、分析和处理有关事务。具体职责包括:①各种人力资源事务的总体管理和指导;②预算支持和管理;③指导文职人员政策、职业发展计划以及人员安全;④为福利、战备和部队防护领域提供项目支持;⑤管理、研究和分析人力数据;⑥为人员行动效率提供指导;⑦指导通用访问卡(Common Access Card)的发放和管理;⑧在与语言和区域专业知识方面进行战略指导;⑨监督国防部对性侵犯受害者的需求做出反应的能力;⑩执行、整合和管理国防部的差旅事务。

三、军种人力资源管理机构

美军各军种都设有一名主管人事与战备事务的助理部长,由文职人员担任,协助军种部长管理本军种人事事务。

(一) 陆军人力与预备役助理部长

陆军部人力与预备役助理部长在美国陆军能力建设中发挥着重要作用。该助理部长首要责任是提供战略指导,全面监督陆军现役、国民警卫队、预备役、文职人员和合同制人员的人力、人事与预备役事务。依据《美国法典·军事法卷》和陆军指令,人力与预备役助理部长指导陆军军事人员和文职人员政策、人事法规监察、现役和预备役事务政策和其他有关陆军领导力的关键事务。人力与预备役助理部长下辖首席助理部长帮办、战略计划与协调办公室和5个助理部长帮办,分别负责培训、战备和动员,军队管理、人力与资源,陆军审查委员会、平等雇用机会和文职人员权利事务,同时负责陆军预备役政策委员会和陆军人力分析局。

此外,陆军部还设有人事监督助理部长帮办,主要负责对现役和预备役人员提供政策监督,还负责军事人员和文职人员管理,伤亡事务和悼念事务,军队保健政策,军队薪酬与奖励,外语计划,平等计划和军人及其家庭支持。

(二) 海军人力与预备役助理部长

海军部人力与预备役助理部长在美国海军能力建设中发挥着重要作用。该助理部长首要责任是提供战略指导,全面监督海军现役、国民警卫队、预备役、文职人员和合同制人员的人力、人事与预备役事务。海军部人力与预备役助理部长下属机构有:

（1）一体化军队改革助理部长帮办是海军人力与预备役助理部长在现役、预备役、文职、士兵等人力资本转化问题上的首席顾问，在一体化部队管理、海军部人力资本战略、战略性劳动力计划、改革与现代化方面提供政策和监察。

（2）军职人员政策助理部长帮办负责海军和海军陆战队现役军官和人员计划有关的政策和计划问题，主要提供以下政策和监督程序：军职人员问题；影响现役人员、他们的家庭和退休人员的生活质量的问题；与健康有关的问题；军事司法问题等。

（3）预备役助理部长帮办是海军人事与预备役助理部长的首席顾问，负责与海军和海军陆战队预备役人员有关的政策和程序等事项，具体包括后备动员、后备补给、生活质量/工作福利、后备战略规划、总兵力结构、人力资源管理等方面的政策制定、审查和评价。

（4）文职人员助理部长帮办是海军人事与预备役助理部长的首席顾问，负责与美国海军部文职人员有关的政策和程序事项，主要是在文职人员人力资源管理业务与计划等方面提供政策和监督。

（5）人力和预备役事务总法律顾问助理。主要负责提供法律服务，包括军事人员和文职人员的政策和管理。职责范围涉及：文职人员平等就业机会，劳资关系，公务员法，举报人保护，职业道德/行为标准，人员安全，人事诉讼，国会质询，法规、规章和指示。总法律顾问助理直接向海军总法律顾问报告。

（三）空军人力与预备役助理部长

空军人力与预备役助理部长，下辖助理部长办公室和助理部长帮办，业务执行部门主要是空军人事中心。

空军人事中心负责管理人事计划，监督空军现役和文职人员的各项政策执行情况，包括监督绩效考核、晋升、退休、退役、奖励、教育、人员招募、残疾问题和空军选举投票计划。中心还负责管理空军文职人员数据和信息系统以及职业管理计划运行。中心目前大约有1900名军职和文职人员，其计算机系统还管理着11万空军国民警卫队和12.8多万预备役人员。整个中心管理着航空和空间远征军事行动委员会、调配委员会、文职人员综合委员会、军事行动委员会、人事数据系统委员会、人事服务委员会等多个委员会。

第二节　国防部人力资本倡议局

国防部人力资本倡议局是采办、技术与后勤副国防部长的下属职能机构，是国防部负责采办人员管理的专门机构。

一、主要职能

国防部人力资本倡议局的主要任务是执行整个国防部范围内采办人员管理计划和策略政策，保持高素质的采办专业团队，为美国陆军、海军、空军和海军陆战队作战人员采办和提供世界级作战能力。

人力资本倡议局的目标是建立一个高质量、高绩效、快速反应的国防采办队伍，使之有能力提供最好的采办成果，为作战部队提供支持。

人力资本倡议局遵守的价值观是：①快速反应，为作战部队提供支持，快速响应采办部门的需求；②正直，不论做任何事情，始终保持符合要求的道德行为标准；③及时，当客户提出需求时，迅速以积极、灵活、专业的解决方案满足需求；④质量，对政府部门和重要任务的号召力感到自豪，努力实现和保持最佳表现；⑤专业，尊重那些"把生命奉献在前线"的作战人员，不断完善自己，培养职业潜力，实现最佳采办目标。

二、工作关系

国防部人力资本倡议局负责协助国防部采办、技术与后勤副部长履行与国防采办队伍（AWF）以及国防采办队伍加强法（DAWIA）有关的法定权力、职责和义务。人力资本倡议局认为，在威胁不断变化、技术不断演进、节奏日益加快的形势下，国防部采办队伍不仅要满足当前需求，也要预测未来的需求和作战能力。为此，该局积极创新人力方面的策略、政策与程序，使国防部能够吸引并留住能力最强的专业人员，确保国防采办队伍具有较高的技能，能够接受足够的培训，以满足当前和未来的需求，并努力营造能够精益求精、满足战士需求的专业采办人员文化。

人力资本倡议局还领导国防采办队伍高级指导委员会。该委员会有权监督采办队伍教育、培训和职业发展计划的执行。该委员会由采办、技术与后勤副国防部长担任主席，通过制定总体的团队策略、政策和监督制度，确保达成统一而恰当的团队发展目标。该委员会包括人力资本倡议局局长（任执行秘书）、国防采办大学官员、人事和战备副部长办公室的一名高级官员以及部门采办执行官。该委员会讨论的议题包括主席预算，部门和职责发展策略，陆军、海军、空军采办队伍更新以及立法计划。

陆军、海军、空军都设有采办职业管理主任，是国防采办队伍军职人员和文职人员之间的沟通渠道。采办职业管理主任通过提出用于弥补差距的政策和计划，积极发现团队的趋势和反向挑战。他们为各自的部门或机构的工作人员提供采办职业发展和专业培训，帮助他们取得成功。采办职业管理主任与招聘机构及其员工密切合作，以便为采办队伍招收最优秀、最精明的人才。

> 人物专栏

现任国防部人力资本倡议局局长简介

托马斯·瑞秋(Thomas-Rizzo)是现任国防部人力资本倡议局局长，是采办、技术与后勤国防副部长在国防部所有采办人力战略、政策和计划方面的首席顾问和高层领导代表。

在她担任该职位之前，瑞秋曾经担任负责采办职业生涯管理的海军部官员，负责海军部5.3万名采办人员的管理和发展，并在所有有关教育、培训和职业生涯发展事项上担任研究、开发和采办海军助理部长的直接顾问和助理。

瑞秋毕业于玛丽华盛顿学院，并持有工商管理学士学位和工商管理硕士学位。她在国防采办项目管理方面拥有3级认证资格。

瑞秋的职业生涯是从位于弗吉尼亚州克里斯特尔城的海军航空系统司令部的一名采办后勤实习生开始的。在从三年制课程中毕业之后，她接受了项目主任的职位，并在1991年1月到1997年7月期间，负责海军水下作战中心夏威夷分遣队的海军航空系统司令部(NAVAIR)武器训练支持项目，以便为水下训练系统提供保障。

从1999年到2005年，瑞秋就职于计划执行办公室——船舶组织机构的水面作战舰队支持委员会的人力、人员和训练部门。作为人力、人员和训练部门的负责人(代理负责人)，她负责建立和主持智能船舶训练执行团队(TET)，而且由于其在2003年的出色表现，该团队被授予了PEO卓越船舶奖。从2003年到2005年，她还被分配到LPD 17项目办公室，并成为全寿命周期保障团队的一员。

2005年，瑞秋被委派为培训系统开发经理/华盛顿海军海上系统指挥部项目领导。她还是项目主任在制定关键采办项目策略时的咨询顾问，并实现国防采办过程与PPBE(规划、计划、预算和执行)和需求之间的平衡。她负责5艘岸上导航、航海和船舶操纵训练舰(NSST)的设施以及20多个船上NSST设施采办相关工作。

从2007年10月到2009年8月，瑞秋曾担任综合作战系统计划执行办公室

(PEO IWS)的参谋长,并负责综合作战系统相关项目的程序和政策制定,以便为 PEO IWS 指挥小组提供支持。她还负责为计划执行办公室提供指导,以便确保综合作战系统计划执行办公室高效和有效地实现愿景和任务,并持续组织改进。

瑞秋曾获得的奖项有:2009 年她担任 PEO IWS 参谋长期间获得海军卓越文职人员服役奖章;2011 年到 2014 年期间,由于她在担任采办职业管理主任方面的表现而获得了两个海军卓越文职人员服役奖章。

三、国防采办队伍

美国国防采办队伍以文职人员为主,文职人员与军职人员的比例大体为 9∶1。截至 2016 财年 3 月底,美军采办队伍 158212 人,其中文职人员 142728 人、军职人员 15484 人,如图 9-1 所示。

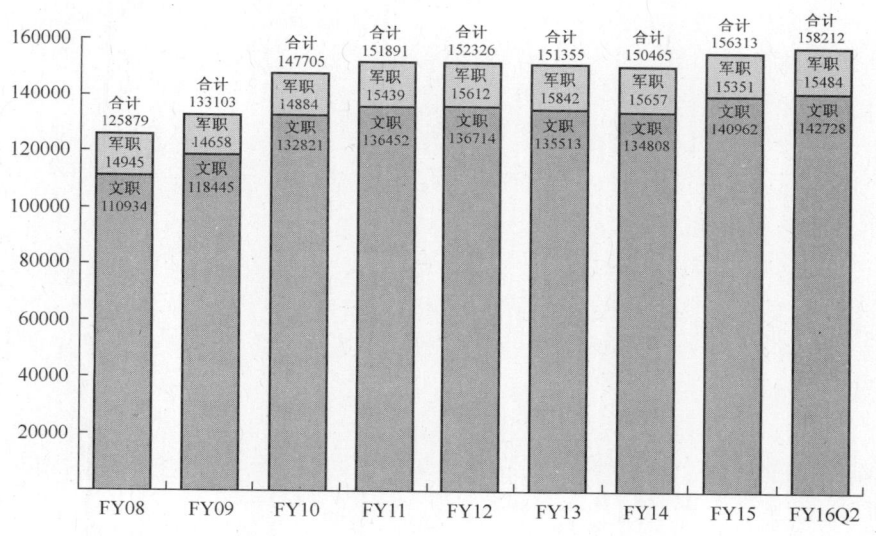

图 9-1 美军采办队伍 2008—2016 财年军职与文职人员数量情况
(图片来源:美国国防部人力资本倡议局网站 http://www.hci.mil)

美军国防采办队伍,是按承担采办职能与相关职业进行统计的。如果按照从事采办管理的部门统计,将相关部门的所有人员都统计在内,这个队伍数量将更加庞大。

总体来看,美军国防采办队伍主要集中在军种层面,如图 9-2 所示。其中:海军采办队伍最多,为 5.86 万人左右,占总量的 37%;陆军采办队伍为 3.66 万人左右;空军采办队伍 3.61 万人左右;国防部及业务局约 2.7 万人,占比 17%。

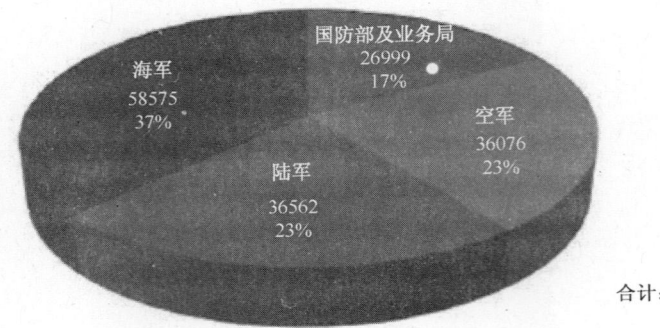

图 9-2　2016 财年 3 月底国防部及各军种采办队伍数量情况示意图
(图片来源:美国国防部人力资本倡议局网站 http://www.hci.mil)

美国国防采办人员按照专业可分为 14 个领域,具体包括:系统工程,合同签订,全寿命后勤,项目管理,生产、质量与制造,试验鉴定,商务,设施工程,信息技术,审计,采购,科学与技术管理,资产管理,其他(含教育、培训与职业发展)。各专业人员变化情况见表 9-1。

(1) 系统工程人员数量最多,2016 财年 3 月底高达 4.13 万人,主要负责领导与管理武器系统的设计、研制、制造、采购、改进的工程活动,人员多为工程技术或工程管理人员。

(2) 合同签订人员数量次之,总数约 3 万人,负责承包商的选择与招标,合同的准备、谈判与签订,合同全过程管理,终止合同。人员包括合同谈判员、合同专家、合同终止专家、合同管理员、采购分析员、行政合同签订官、采购合同签订官、合同定价或费用分析员。

(3) 全寿命后勤人员与项目管理人员数量相近,2016 财年 3 月底分别为 1.94 万人和 1.68 万人。全寿命后勤人员负责制定采办后勤战略与规划,并开展后勤保障工作,相关人员主要集中在后勤与装备战备助理国防部长及其领导下的国防后勤局。项目管理人员负责采办项目全寿命管理,对采办项目实施成本、进度、性能综合管控,主要包括各部门采办执行官、计划执行官、项目主任及项目管理办公室核心管理人员。

(4) 生产、质量与制造人员数量约 1 万人。生产、质量与制造人员主要是指合同管理人员,主要负责合同履行监督管理工作,且主要集中在国防合同管理局。

(5) 试验鉴定人员与设施工程人员数量相近,2016 财年 3 月底分别为 8764 人和 7285 人。试验鉴定人员主要是指国防部层面的试验鉴定管理机构及军兵种的试验鉴定实施机构的相关人员;设施工程人员负责军事装备、设施、道路和

表 9-1 2005—2016 财年美军采办各专业人员数量变化情况

国防采办队伍职业领域	FY05	FY06	FY07	FY08	FY09	FY10	FY11	FY12	FY13	FY14	FY15	FY16	%08财年以来的变化	%15财年以来的变化
系统工程	34752	35142	34710	34537	36704	39201	39690	39807	39544	39242	41050	41325	20%	1%
合同签订	26025	27748	26038	25680	27655	29792	30327	30292	30171	29826	30230	30414	18%	1%
全寿命后勤	12493	12332	12604	13361	14852	16861	17369	17539	17122	17724	19222	19442	46%	1%
项目管理	12284	12775	12427	12781	13422	14915	15683	15824	16171	16003	16585	16758	31%	1%
生产、质量与制造	9397	8966	8364	9138	9023	9727	9601	9458	9658	9671	9822	10099	11%	3%
试验鉴定	7384	7280	7419	7420	7892	8446	8573	8603	8580	8569	8692	8764	18%	1%
设施工程	8356	3927	4394	4920	5420	6911	7428	7290	6970	6617	6986	7285	48%	4%
信息技术	5472	4843	4423	3934	4358	5165	5563	5832	5870	5776	6402	6676	70%	4%
商务（财务管理）	8119	7747	7387	7085	7262	7054	7009	6761	6463	6142	6205	6322	−11%	2%
审计	3536	3486	2852	3638	3777	4143	4231	4505	4368	4560	4316	4151	14%	−4%
科学与技术管理	314	291	483	480	623	2561	3062	3209	3293	3401	3681	3754	682%	2%
现货采购	—	—	—	—	—	1070	1252	1278	1312	1309	1346	1421	6%	6%
商务（成本评估）	2438	1680	1170	1196	1238	1287	1276	1340	1283	1205	1330	1367	14%	3%
资产管理	571	530	481	451	475	501	483	449	402	389	400	393	−13%	−2%
其他	3229	1495	3280	1258	402	71	344	139	48	31	46	41	↑25.7%	↑1.2%
合计	134370	128242	126032	125879	133103	147705	151891	152326	151355	150465	156313	158212		

图片来源：美国国防部人力资本倡议网站 http://www.hci.mil

海洋设施的设计、建设和全寿命周期维护，并开展环境保护工作。

（6）信息技术人员与商务（财务管理）人员数量相近，2016财年3月底分别为6676人和6322人。信息技术人员负责信息系统建设与管理工作，主要为信息技术专家、计算机工程师、信息管理人员等；商务人员分为两类，分别是成本估算人员与财务管理人员，其中财务管理人员较多，成本评估人员较少（有1367人）。

（7）科学与技术管理人员08财年以来增长速度很快，08财年仅有480人，而2016财年3月底有3754人，增长了682%。

（8）审计人员数量变化较小，2016财年3月底有4151人，负责国防采办过程的财务审计，且主要集中在国防审计局。

此外，美军还拥有现货采购、资产管理等方面的采办人员，2016财年3月底分别为1421人、393人。

从上述情况可以看出，美军采办队伍建设具有以下特点：①美军高度重视系统工程管理，通过维持规模庞大的系统工程及技术管理队伍，强化对采办项目的精细化管理，使武器系统保持较强的可靠性、稳定性与技术成熟度；②强化合同签订管理工作与竞争性采购，美军认为合同内容是否科学、合同签订是否规范、承包商来源选择是否经过充分竞争，直接决定着最终的采办结果，因此美军严把合同签订管理这一关，每个项目办都设有合同签订官，加强对合同签订工作的统筹与管理；③对采办项目实施全寿命管理，全寿命后勤及项目管理人员各1.5万人以上，是美军项目管理体系的主要组成人员，美军依托项目管理体系对采办项目实施全寿命管理，加强对国防采办各阶段的有效统筹与科学管理；④加强采办项目成本管理，美军拥有一支专职的采办项目成本估算与管理队伍，总数为1367人，此外美军合同签订队伍（30414人）以及生产、质量与制造队伍（即合同管理人员，10099人）广泛参与成本与价格管理，确保了美军国防采办管理的科学性与有效性。

总体来讲，美军国防采办人员拥有较高的学历层次。截至2016财年3月底，83%具有本科以上学历，获得学士学位，总量为123734人。其中，52832人具有研究生学历，占整个采办队伍的比例为34.8%，未达到本科学历的占比17%，如表9-2所列。

从学历结构可以看出，美军一方面重视学历教育，绝大多数都能达到本科以上学历，有1/3以上达到硕士及以上学历；另一方面，并未将学历教育作为衡量采办队伍能力的唯一标准，有接近1/5的采办人员未达到本科学历。美军采办队伍学历结构体现了美军对实际工作能力的重视程度。

表 9-2 美军采办队伍学历结构

学历层次	采办人员数量及所占比例	
硕士	61428	39%
本科	69007	44%
专科	11791	7%
高中	12464	8%
其他	3522	2%
总计	158212	100%

数据来源：美国国防部人力资本倡议局网站 http://www.hci.mil

如表9-3所列，美军采办队伍按照岗位，可分为三大类：最高层为核心领导岗位，2016财年3月底该类岗位共有1128名采办人员，占比0.7%；中间层为关键采办岗位，2016财年3月底该类岗位共有15701名采办人员，占比10%；最底层为一般性采办管理岗位，2016财年3月底该类岗位共有133750名采办人员，占比89.3%。

除了上述国防部文职和军职采办队伍外，美国政府还根据任务需要，聘用一定数量的合同制人员（Contractor Personnel），主要负责协助正式采办人员开展管理与技术工作。

表 9-3 美军采办队伍岗位设置结构

岗位类别	采办人员数量及所占比例	
核心领导层	1128	0.7%
关键采办岗位	15701	10%
一般性采办管理岗位	133750	89.3%
总计	158212	100%

数据来源：美国国防部人力资本倡议局网站 http://www.hci.mil

奥巴马政府期间，在国会要求下，美国政府问责办公室围绕采办队伍发布多份评估报告，较为重要的如2009年4月发布的《采办队伍：国防部可通过跟踪分析合同制人员数据加强对合同制人员的监管》等。该报告分析了美军66个项目办上报的数据，采办人员（含合同制人员）总数为8762人，其中合同制人员总数为3277人，占比37%。整个国防采办领域雇佣的合同制人员总数为2万多人。美军合同制采办人员在一定情况下，也可以转化为正式雇员。

合同制人员主要从事服务性专业技术工作，即非政府固有职能类工作，如技术支持、论证咨询、决策支持、服务保障等。在国防采办领域，采办合同签订前的准备工作、合同签订后的履行监督工作以及装备保障工作,都会吸收合同制人员广泛参与。

合同制人员与政府及军方人员紧密配合,职能上相互补充,工作内容方面相似性强,经常在共同的场所开展工作,形成一种"混合型"组织模式。另外,合同制人员一般都为长期的全职岗位,少量为短期合同,合同期满后一般续签合同。

第三节 国防采办大学

国防采办大学是美军国防采办队伍教育培训的核心机构,按照国会要求于1992年8月成立。国防采办大学采取院校联盟的组织模式,联合美军13所院校组建而成,2011年10月又新设国防合同管理学院,下属院校数量增加到14所。国防采办大学隶属采办、技术与后勤副国防部长办公室,由采办助理国防部长直接领导,主要任务是提供全面的学习环境,培养合格的采办、要求和应急方面的专业人员,从而实现和维持有效而可承受的作战能力。培养目标是使国防采办队伍当前和未来有能力实现更好的采办结果。截至2013年,国防采办大学共拥有教员722人,设置各类课程500多门(含课堂教学课程165门,网络教育课程336门)。2013年,各类培训结业(包括网络培训)总计199980人次,年度经费预算2.2亿美元。自成立之日起,国防采办大学不断加强对其下属院校的统筹管理,逐步建立了较为完善的管理模式和较为顺畅的运行机制。国防采办大学组织机构图如图9-3所示。

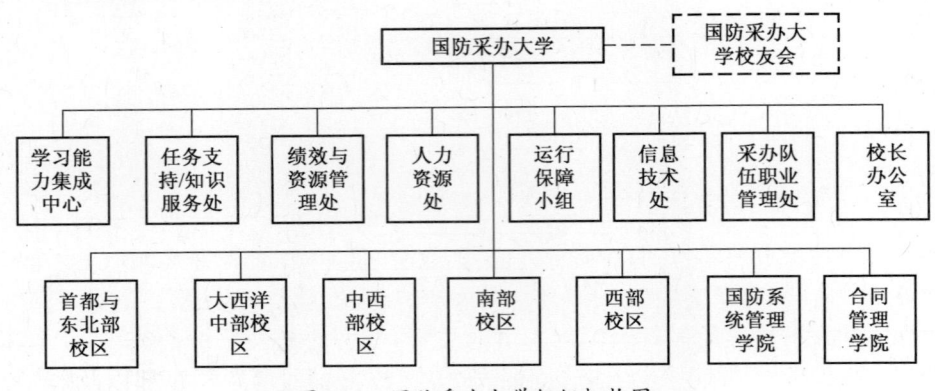

图9-3 国防采办大学组织机构图

一、国防采办大学总部

国防采办大学总部负责国防采办大学战略规划、经费与预算管理、人力资源管理、课程编制与管理、资产与设施管理、网络与数据库系统建设等,并对国防采办大学各校区及学院工作进行评估、考核与监管。

总部下设学习能力集成中心、任务支持/知识服务处、绩效与资源管理处、人力资源处、运行保障小组、信息技术处、采办队伍职业管理处以及校长办公室。其中:学习能力集成中心主要负责课程的编制与管理、科研项目管理等;任务支持/知识服务处主要负责任务支持培训与知识共享服务,即组织各校区对具体采办项目及采办任务提供针对性培训,并对国防采办大学的数据资源进行集成和共享;绩效与资源管理处主要负责编制国防采办大学预算,并评估各部门资金使用情况;人力资源处主要负责国防采办大学教职员工的招聘、评估与管理;运行保障小组主要负责教学设施设备的保障维护、工作规程、出版印刷等;信息技术处主要负责网络体系结构设计、网络与数据库设计与开发、信息安全保证;采办队伍职业管理处主要负责各领域采办队伍职业生涯的发展规划与管理;校长办公室主要负责协助校长开展大学战略规划、协调内外关系、制定法规政策、对外合作等。

二、五大校区

国防采办大学设立五个校区,每个校区下辖一定数量的分校区(卫星校区),对分校区的培训工作进行管理。校区设立具有如下特点:一是改变"院校联盟"模式下军种色彩浓厚、采办大学难以有效统管等问题;二是合理布局全国的培训资源,在全国采办队伍最密集的区域设立校区,使采办队伍获得最便捷的培训资源,提高培训效果。

(1) 首都与东北部校区。位于弗吉尼亚州拜尔沃尔堡,是国防采办大学总部所在地,也是国防系统管理学院的校园。该区域内的采办队伍数量最为庞大,达到3.66万人。该校区毗邻首都华盛顿,便于为五角大楼等采办队伍密集的机构提供采办队伍培训,并在马里兰州阿伯丁试验场、玛丽大学(斯塔福德堡)设立两个分校区。

(2) 大西洋中部校区。位于马里兰州加利福尼亚,区域内采办队伍数量为2.87万人。该校区下设三个分校区,包括诺福克海军基地分校区、切斯特市分校区,并在德国设立分校区。

(3) 中西部校区。位于俄亥俄州凯特灵,毗邻空军装备司令部以及陆军装备司令部下属的坦克自动化全寿命管理司令部。区域内采办队伍数量为2.14万人,下设三个分校区(哥伦布校区、洛克岛校区、斯特灵校区)。其中,哥伦布校区位于国防供应中心哥伦布分中心内部,主要为该地区的国防财会局及国防后勤局采办人员进行培训。

(4)南部校区。位于阿拉巴马州亨茨维尔,毗邻大量的陆军采办机构,如陆军红石试验场等。区域内采办队伍数量为3.47万人,下设埃格林空军基地分校区、华纳罗宾分校区。

(5)西部校区。位于加利福尼亚州圣迭戈,位于海军采办机构密集的地区。区域内采办队伍数量2.98万人,下设希尔空军基地、洛杉矶、怀尼米港以及夏威夷等4个分校区。

三、国防系统管理学院

国防系统管理学院位于弗吉尼亚州的拜尔沃尔堡,也是国防采办大学总部所在地,是国防采办大学正式成立前美军主要的采办队伍培训机构。该学院主要针对高级采办管理人员进行培训,一般为计划执行官以上层级的采办官员,主要课程包括采办执行官课程、国际采办管理、需求管理、采办领导力培训等。学院经常邀请现任及前任的采办高层领导及知名专家授课,有效保证受训人员能够掌握所需的专业知识和技能,并有效拓展工作思路与视野。

四、合同管理学院

合同管理学院是2011年10月新组建的机构,位于弗吉尼亚州国防合同管理局内,负责为国防合同管理局所属的采办人员提供必要的技能培训。课程包括合同管理、合同签订、定价、质量保证、工业制造、项目组合管理、应急采购合同管理。

五、资源投入

2013财年,国防采办大学经费约为2.2亿美元,全年共安排各类课程1010万学时,共有教员722名(按照美军采办队伍规模计算,大约每210人拥有1名教员)。

教员专业领域大致情况为采办和项目管理(占37%)、合同管理(占26%)、技术管理(占12%)、后勤管理(占9%)、商业管理(占9%)、其他专业(占7%)。许多教员来自军队、工业界、政府部门以及企业中的关键岗位。国防采办大学不仅要求其教员拥有成功的采办经历,而且还能流畅地将所掌握的知识传授给学员,即具备较高的教学水平。

国防采办大学主要通过公开招聘的方式聘用满足各类培训要求的教员,通常在国防采办大学网站上公开发布职位招聘公告,访问者可以下载并提交入职申请。职位招聘公告内容十分详尽,主要包括任职部门、任职期限、薪酬水平、职位描述、工作职责、资格认证要求、其他要求以及职位申请方式等。

以"陆军 SE2T 项目系统工程兼职教授"职位为例,应聘者可通过公开渠道在国防采办大学网站下载招聘公告,工作地点位于阿拉巴马州亨茨维尔市,薪酬为 41.73~62.95 美元/小时(如果按每天工作 8 小时、每月工作 20 天计算,月薪约为 6600~10000 美元),要求应聘者为美国公民,安全许可等级为公共信任等级。招聘公告描述了此职位开展的相关任务、工作职责和需要出差的情况等,不仅要求应聘者具有系统工程、后勤工程、质量工程、制造工程、产品工程、运筹学、试验鉴定工程等领域的工作经验,还对应聘者所需的学历学位要求、相关领域培训经历、对相关法规的了解情况等都提出了明确要求。此外,招聘公告还向应聘者阐述了此职位大致的职业生涯发展情况、职位的价值与荣誉等内容。应聘者在提交相关证明材料、通过必要的笔试和面试、完成美国劳工法律所规定的相关手续后,即可与国防采办大学签订雇佣合同,正式入职。

六、培训模式和内容

经过多年的发展,国防采办大学建立了系统完备的培训体系,囊括了丰富的培训模式和内容。

(一)培训模式

为适应不同采办岗位和人员培训需要,国防采办大学不断拓展多种培训模式,在丰富原有培训体系的同时,借助信息技术,大力开展网络远程培训与计算机辅助教学。目前,国防采办大学的培训及教学模式主要有集中培训、网络培训、任务支持和知识共享 4 种。

1. 集中培训

集中培训主要是针对采办管理人员开展的课堂培训,在各课程主办学校具体实施,包括在课堂开展的各种短期讲座、授课、案例分析、研讨等,重点培训中级和高级人员。

集中培训课程主要分为三类:一是资格认证课程,主要是为满足不同专业领域、不同级别专业资格认证设置的课程;二是特殊职位培训课程,主要是针对某些专业的特殊个人如项目主任等开设的培训课程;三是执行官及国际采办培训课程是针对采办执行官和国防项目采办人员的高级培训课程,这种课程是为满足用户要求而设置的。

2. 网络培训

网络培训主要包括持续教育模型和部分培训课程,主要针对中、低层采办管理人员开展网络培训。由于采办人员平时任务繁重,难以抽出足够多的时间进行住校集中培训。为此,国防采办大学积极利用信息技术发展成果,大力开展网络远程培训和计算机辅助教学,建立基于网络的学习管理系统,进行网络授课,并通过 WEB 网提供培训课程。同时,在网上公布"持续教育模型"(CLM)。此外,国防采办大学还通过远程卫星电视、邮局邮件等方式对学生开展函授培训。

3. 任务支持

任务支持主要针对项目管理中的高层管理人员,以重要项目管理任务为中心,提供项目管理业务咨询服务,在工作现场或接近现场的地方提供针对性业务培训,帮助项目管理团队提升项目管理绩效。对采办人员的直接现场指导起效快、周期短,为解决工作中突发的采办领域问题提供了重要支持。

4. 知识共享

在采办、技术与后勤副国防部长的积极倡导下,国防采办大学从 2000 年起启动知识共享系统的建设,指定每个采办部门都是一个知识部门,负责整理与提供系统性的采办知识。在此基础上,由国防采办大学进行整合与完善,形成更为全面的知识系统,使其他部门可以充分共享。目前,知识共享系统主要包括国防采办门户(DAP)、采办团体连线(ACC)、推特(Twitter)、手机门户等多个网站系统以及多种在线工具。此外,还有一个为国防预研项目管理人员提供的"向教授提问"的栏目,教授能够对所提问题给予高质量的解答。该系统提供的知识和信息十分丰富全面,包括法规政策与程序文件、领导发言与指导、最佳实践、经验教训、争议与讨论、教学文档、模拟与方针、用户信息、问题与解答、相关网站与链接等,为全体采办人员查找相关信息资料、与本领域专家取得联系等提供便利。

此外,还出版《国防采办大学杂志》。它是国防采办大学最重要的官方刊物,也是供采办官员及管理人员的权威参考读物,双月刊,内容十分丰富,如:国防部采办、技术与后勤副国防部长的署名文章及相关评论,采办领域的最新理念、动态,装备研制和发展情况,采办管理经验介绍等。

(二) 课程设置

为配合繁重多样的采办队伍培训任务,国防采办大学紧贴采办任务需要,不断拓展和丰富课程体系,课程设置主要分为培训课程和持续教育模型两类。

1. 培训课程设置

目前,国防采办大学共设有 23 个专业类别、165 门课程。以采办管理为例,共设有 19 门课程,其中 0 学时的为当前未开放的课程。每门课程的相关信息都可以登陆网站查看,包括课程描述、培养目标、设计受众、学时、附加课程信息等。

2. 网络培训课程设置

美国国防部一贯重视采办队伍的持续教育工作,目前的持续教育政策由采办、技术与后勤副国防部长于 2002 年亲自签署。采办工作环境的不断变化,要求采办队伍必须要持续学习,不断改进知识结构,提高工作绩效。因此,国防采办大学把持续教育作为课程设置的重要内容,为采办工作人员领导和管理经验的持续提升提供支撑。目前,国防采办大学开发了共13个大类的336个模型。以商务类持续教育模型为例,国防采办大学共下设16门课程。每门课程的相关信息都可以登陆网站查看,包括课程描述、培养目标、设计受众、学时、附加课程信息等。

（三）分级分类培训要求

美军一贯重视采办队伍的职业化发展。国防采办大学对各个领域、各个级别分别制定不同的教育、经历和培训认证标准,并依法规定采办人员的职业发展道路。

美国国防部采办队伍的每个专业领域和每个等级都有明确的编制员额、岗位设置、职责要求和晋升路径。在晋升路径中,相关法规明确规定,从一个等级晋升上一个等级时,必须具备教育、经历和培训三个方面的强制性标准:国防采办大学培训、实际工作锻炼、学位教育及专业团体专职培训(如图9-4所示)。

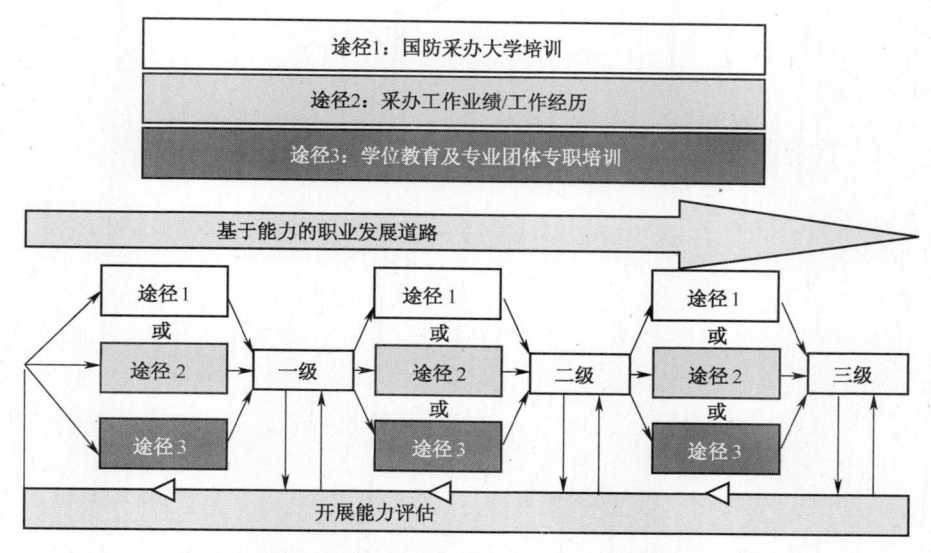

图9-4 美国国防部基于能力的采办队伍职业化发展道路

美国国防部规定,只有满足各资格等级的三个标准,才能从事相应的工作,从而确保相关人员的能力满足任务的要求。下面以项目管理职业领域为例。

（1）进入该领域的新手要满足初级(第一级)资格需要具备三个强制性标

准:①具备1年项目管理经验;②获得工程学、系统管理或企业管理学士学位;③学完国防采办大学系统采办管理方面的基础课程,主要包括核心认证标准必修和增强型核心发展指导两类。其中:初级资格的核心认证标准必修要完成ACQ001系统采办管理基础、SYS101系统规划研究开发与工程、CLB007成本分析、CLB016收益值管理简介共4门课程;增强型核心发展指导则要完成BCF103商业会计管理基本原理、CLC非专业人员合同订立课程、CLE采办专业信息安全、TST试验鉴定基础等15门课程。

(2)满足中级(第二级)资格需要具备三个强制性标准:①具备2年采办工作经验,其中1年必须为项目管理经验;②获得工程学、系统管理或企业管理的硕士学位;③学完国防采办大学系统采办管理方面的中级课程。其中:中级资格的核心认证标准必修要完成ACQ201中级系统采办、PMT251和PMT256项目管理工具课程、CON110任务保障计划、SAM101基础软件采办管理/IRM101信息系统采办基础共5门课程;增强型核心发展指导则要完成ACQ265以任务为中心的服务采办,ACQ370采办法,BCF102收益值管理基础,BCF215运行与维持成本分析,CLE004企业一体化综述,PQM产量、质量与制造管理基础等15门课程。

(3)满足高级(第三级)资格需要具备三个强制性标准:①具备4年采办工作经验,其中2年必须为项目管理经验;②在会计学、企业财务、法律、合同法、购置、经济学、工业管理、营销学、计量方法、组织和管理等学科中,至少修满24个学分;③完成国防采办大学系统采办管理方面的高级课程。其中:高级级资格的核心认证标准必修要完成PMT352项目管理办公室课程、PMT203国际安全与技术转让/控制、PMT304国际管理高级研讨、PMT202国际项目管理、PMT401项目主任课程、PMT402执行项目主任课程共6门课程;增强型核心发展指导则要完成ACQ452建立合伙人关系、BCF207经济分析,BCF209重要国防采办项目/重要自动化信息系统采办报告,CLE008六西格玛概念与过程,LOG200中级采办后勤,LOG235绩效后勤学,PQM中级产量、质量与制造管理,SAM高级软件采办管理等15门课程。

第十章 国防采办监督机构

美国作为世界头号军事强国,国防采办具有经费巨量、过程复杂、部门众多、周期较长等特点。如何对这些采办经费、采办过程等进行有效监管,防止发生欺诈、浪费以及权力滥用等问题,一直是美国国会、联邦行政部门以及媒体与社会高度关注的重点。目前,美国已经形成了较为完善的采办监督组织体系,从国会到联邦行政部门、从国防部到各采办管理部门,都有相应机构负责采办监督相关工作。本章主要介绍国会相关部门、联邦行政部门相关机构、国防部采办监督机构以及有关社会组织的情况。

第一节 国会相关部门

国会是美国最高立法机关,基本职权包括立法权、财政权、人事权、行政监督权等。"严密监督政府的每项工作,并对所见到的一切进行议论,乃是代议机构的天职。"[①]国会主要由参议院和众议院组成,两院共同行使监督权。从国会的组成来看,国会监督主要可以分为相关委员会监督和政府问责局监督两种。

一、相关委员会

参议院和众议院都有各自的常设委员会,每个常设委员会下设不同的小组委员会。各常设委员会分别负责一定领域的事务,具体事务均由小组委员会先进行研究处理。由于历史和职能等原因,两院常设委员会及小组委员会分工有所不同。参议院主要有拨款委员会、武装部队委员会、预算委员会、能源和自然资源委员会、对外关系委员会、国土安全与政府事务委员会等常设委员会,其中武装部队委员会下设战略力量、海上力量、战备与管理支持、人事、新兴威胁与能力、空地一体等6个小组委员会。众议院主要有拨款委员会、武装部队委员会、预算委员会、能源与商业委员会、国际关系委员会、国土安全委员会等常设委员会,其中,武装部队委员会下设战术空中与地面部队、军事人员、监督与调查、海

---

① [美]威尔逊.美国政体:国会政治研究[M].熊希龄,吕德本,译.北京:商务印书馆,1986:167.

上力量与投送部队、战略部队、新兴威胁与能力等6个小组委员会。每个小组委员会都有各自的分工，如新兴威胁与能力小组委员会主要负责监督11个预算账目、4个国防部重要职位和8个国防部部局，如图10-1所示。

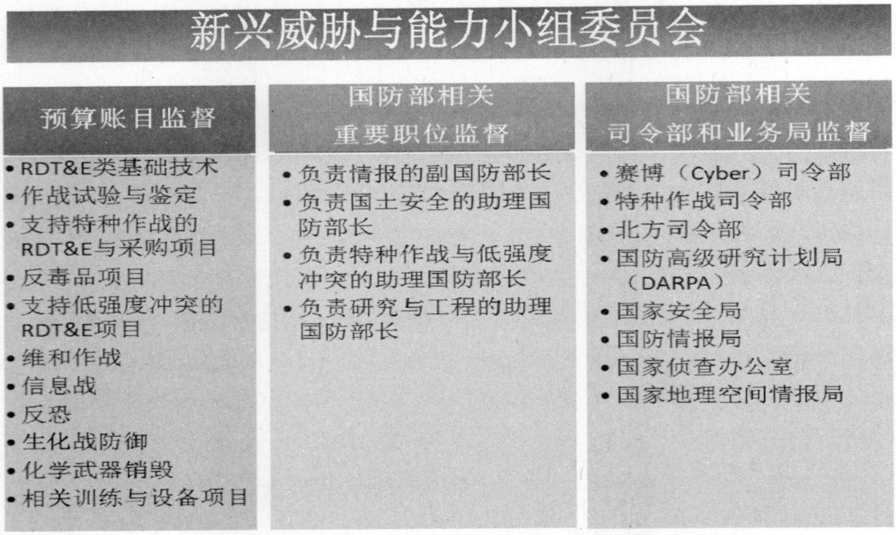

新兴威胁与能力小组委员会

预算账目监督	国防部相关 重要职位监督	国防部相关 司令部和业务局监督
• RDT&E类基础技术 • 作战试验与鉴定 • 支持特种作战的RDT&E与采购项目 • 反毒品项目 • 支持低强度冲突的RDT&E项目 • 维和作战 • 信息战 • 反恐 • 生化战防御 • 化学武器销毁 • 相关训练与设备项目	• 负责情报的副国防部长 • 负责国土安全的助理国防部长 • 负责特种作战与低强度冲突的助理国防部长 • 负责研究与工程的助理国防部长	• 赛博（Cyber）司令部 • 特种作战司令部 • 北方司令部 • 国防高级研究计划局（DARPA） • 国家安全局 • 国防情报局 • 国家侦查办公室 • 国家地理空间情报局

图10-1 新兴威胁与能力小组委员会的监督分工

国会的监督权力主要包括质询权、调查权、弹劾权等，具体由上述相关委员会行使。一般来说，听证是其中重要的组织形式。在国会就某项特别立法或补救性立法进行调查，或对政府政策和执法行为进行监督时，常设委员会或小组委员会通过检查有关记录、传唤证人、召开听证会等方式进行调查和监督。国会相关委员会在对国防事务进行监督时也经常利用听证手段。

以每年的国防授权和国防拨款过程为例进行介绍。国防预算的大体过程已在第七章进行了介绍，此处不再赘述。在预算的审查过程中，如果涉及相关部门，该部门首脑就会被邀请参加听证，即使是国防部长也经常面临被国会邀请听证的情况。国会一般在每年3月到9月审议国防预算，期间各机构主管会根据国会参众两院武装部队委员会的要求，就本财年工作进行陈述，并就下一财年计划进行汇报。每次作证基本上都要先介绍一下机构的主要任务、成就等情况，然后陈述预算理由，最后接受议员们的询问。

二、政府问责办公室

政府问责办公室（Government Accountability Office，GAO）是一个隶属于国会的审计机构。前身是1921年创建的美国审计总署，成立初期主要是检查政府财政支出的合法性与合理性。2004年,国会通过《审计总署人力资源改革法案》,并将审计总署更名为政府问责办公室。

政府问责办公室的任务是为国会履行宪法赋予的责任提供支撑,及时为国会提供客观、无党派偏见、非意识形态的公正公平的信息。基本职责是调查、监督联邦政府如何花费纳税人的钱。在监督方面,它对联邦政府机构的支出进行审计,以保证资金被运用到适当的地方;有人指控联邦政府出现不合法的或不适当的行为时展开调查;为国会分析、设计新的政策选项;签发关于政府机构行为及法规的合法性意见书。

政府问责办公室最高领导称为总审计长,任期长达15年,先由国会提名候选人,再由总统任命,并经参议院认可。总审计长以下设有首席运营官、首席行政官/首席财务官和总顾问办公室(图10-2)。首席运营官主要负责协助总审计长领导和管理政府问责办公室各项业务,确保政府问责办公室各项任务目标的实现。首席运营官根据不同专业领域设有14个专业工作组,分别负责对联邦政府有关部门进行审查监督,并提供审查技术和信息服务。政府问责办公室现有各领域雇员近3300名,主要涉及经济学、社会学、国防与安全、工程、计算机、医疗卫生等领域。

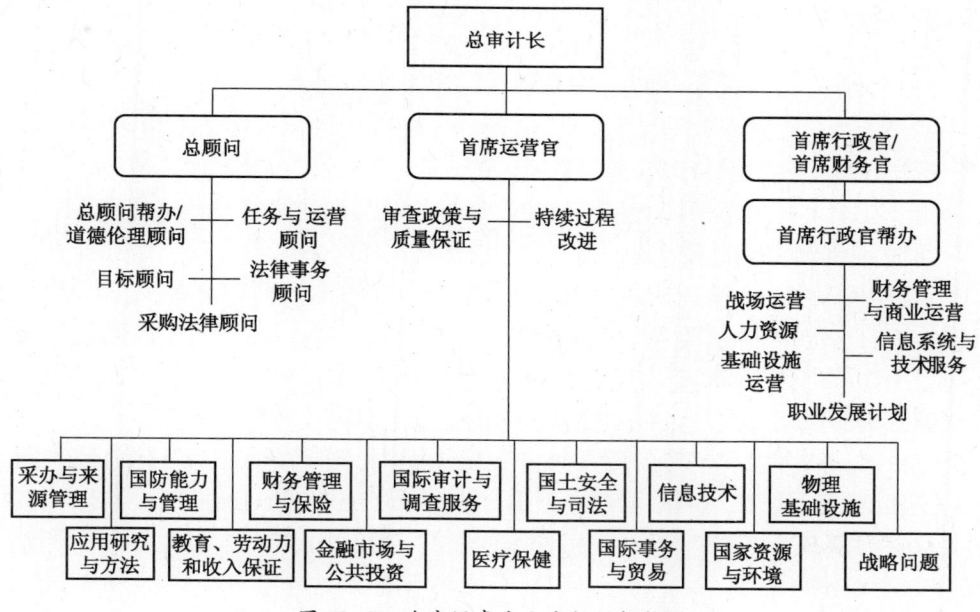

图10-2 政府问责办公室组织机构图

政府问责办公室每年都要发布许多报告,披露包括国防部在内的联邦政府项目超支现象。对于报告的建议,联邦部门必须回应;如果不予采纳,则应当说明理由。为更好地接受公众的监督,确保审查监督的有效性与公正性,政府问责办公室会在向国会提供各种审查报告(含秘密内容的除外)的同时,还将报告作为政府问责办公室的"产品",通过公开出版物出版或者直接在互联网上公开,社会公众可以随时获取最新的审查报告。

涉及军事技术开发和国防采办的监督事项由采办与来源管理(Acquisition and Sourcing Management)工作组负责。监督对象包括国防部、国家航空航天局、国土安全部等部门。这些联邦政府部门每年花费数千亿经费采购复杂武器、综合空间和卫星系统,以及先进技术和大量保障运行的物资与服务。这些经费占联邦预算中自由裁量支出的很大一部分。采办与来源管理工作组的分析专家们能够帮助国会来决定这些钱花得是否有效、是否有效保护了联邦政府利益以及是否最大限度得到投资回报,同时帮助政府采用更好的购置系统、装备和服务。这个工作组的工作还涉及采办队伍、国防工业基础、出口控制以及国防部合同商之间的国际化等问题。国防高级研究计划局(DARPA)就是由这个工作组进行监督。

政府问责办公室每年都向国会提交军事技术发展与采办方面的监督评估报告。例如,在军事新兴战略技术发展上,政府问责办公室的多份报告通过分析美国面临的战略和安全形势、美军面临的战略任务、美国现有的技术能力以及存在差距,对美军探索新兴战略技术和武器系统提出措施建议。2009年,政府问责办公室根据众议院武装部队委员会要求发布报告,对国防部正在探索的"全球快速打击"计划进行评估,对"猎鹰"计划、"战略轰炸机"计划、X-37B轨道试验飞行器计划等多个项目实施全面审查。政府问责办公室指出,国防部未对相关的重要能力进行全面评估,包括:信息收集与分发;情报、侦察与监视;指挥、控制与通信;毁伤评估等。报告认为,虽然国防部确立了一些实现全球快速打击的投资重点,但没有制定全球快速打击的优先发展投资战略,而全面的投资战略是全球快速打击能力采办、管理与决策的重要支撑。针对这些问题,政府问责办公室建议国防部加强内部沟通与交流以强化"全球快速打击"计划的实施,确定全球快速打击所需能力并制定可承受且持续的优先发展投资战略。

政府问责办公室还专门负责调查个人或机构对联邦政府部门招标项目的投标抗议问题的处理工作,根据调查做出合法性处理决定,并由政府问责办公室总法律顾问发布法律决议、意见、投标抗议报告。例如2014年初,雷声公司对国防高级研究计划局采用单一来源合同的形式将远程反舰导弹项目(LRASM)授予洛克希德·马丁公司向政府问责办公室提出抗议。政府问责办公室经调查后认为,洛克希德·马丁公司是这个项目唯一最具竞争力的投标方,且国防高级研究计划局选定承包商的过程符合法定程序,因此否决了该抗议。

第二节 联邦政府道德办公室

按照美国《政府道德法》、《道德改革法》等法律要求,所有政府重要部门都必须设立道德办公室,制定所属人员道德行为规范,审查官员财产申报,判定工作行为是否存在利益冲突等。其中,美国联邦政府设有道德办公室(OGE),作为道德规范体系的顶层管理机构,领导和指导美国联邦政府的廉政建设。该办公室虽不足 80 人,却承担着政府 130 多个部门、400 多万雇员道德行为的指导检查工作,其中包括总统、副总统、各部部长等重要官员。道德办公室负责人由总统提名并经由参议院批准,直接向总统汇报工作。

联邦政府道德办公室主要负责制定行政部门道德行为规章、管理政府各级官员财产申报、监督政府官员道德行为等工作。办公室工作重心是解决利益冲突问题,并通过规范、审查和监督,防止人员在职务行为中可能产生的不正之风。道德办公室制定的《行政部门雇员道德行为准则》,对联邦政府工作人员涉及收受礼物、接受报酬、财产申报、旅差旅游、滥用职权等行为进行了详细规定。例如,在收受礼物上,除第一章总则和最后一章相关法律授权外,其余 7 章中有两章是关于礼物的规定,凡是与职务影响有关的礼物一般都不能收受,礼物包括任何奖励、好处、折扣、娱乐、招待,以及以实物、购物券、提前支付或事后报销方式提供的服务、培训、交通、当地旅游以及住宿等。对可以收受礼物的例外情形也有具体规定,例如:雇员每次可以从一个来源接受非索取、总的市场价值不超过 20 美元的礼物,而且这种例外不适用于现金、证券、债券或存单。该准则还附有案例说明:国防制图局某雇员受邀到制图者协会就国防制图局在导弹技术发展过程中的角色问题发表演讲,受赠一个价值 18 美元的装框地图和一本价值 15 美元的关于制图历史的书,按照规定,该雇员只能接受其中一个礼物。

美国联邦政府还通过人员财产申报及相关利益冲突审查,预防和约束职务行为中的不正之风。联邦政府相关法规要求所有联邦政府官员,必须于任职前在本系统内申报本人、配偶及受抚养子女的财产状况,并按规定程序提交财产状况的书面报告。申报内容包括从联邦政府之外的任何来源得到的超过 200 美元的红利、租金、利息以及其来源、种类和数量或价值,以及从非亲属收受的累积价值超过 250 美元的所有礼品等。个人财产报告向社会公开,任何公民均可查阅或复印。如发现可能存在利益冲突,就需要采取取消资格、豁免、财产处理等措施。《行政部门雇员道德行为准则》列举案例说明:某空军雇员拥有一家主要的飞机发动机制造商的股票,他正在被考虑提拔到一个新的职位,负责开发新型战斗机,如果空军道德管理机构认定空军有关战斗机的工程和相关决定会直接和可预期地影响雇员的财务利益,就需要雇员出售股票才能获得提拔。

第三节 国防部采办监督机构

国防部作为采办主体,在机构设置上非常重视监督工作,不仅形成了采办相关机构专业指挥线与行政管理线之间的相互制约与监督,而且从教育预防到审计监督都有专门机构。这些专门机构按照法律法规所赋予的权力,严格履行监督职责,对采办管理过程形成强大约束。

一、国防法律服务局

国防法律服务局(DLSA)成立于1981年8月,主要任务是:向国防部各业务局、国防部各直属单位提供法律建议、法律服务、法律支持,同时根据要求,向国防部其他下辖机构提供法律服务;管理执行国防部行为标准项目;支持并协助立法事务助理国防部长推进国防部立法项目;根据国防部相关指令,审查国防部人员安全程序;通过国防听证与上诉办公室为国防部相关机构和人员提供公平公正的行政程序。国防法律服务局作为国防部业务局,受国防部法律总顾问领导与管辖,国防部法律总顾问兼任国防法律服务局局长。

国防部道德行为管理工作主要由国防法律服务局下设的行为标准办公室负责。国防部行为标准办公室对诸如到合同商驻地的交通选择这样的细小问题都做了详细的要求,使用公车、租车或者乘坐飞机都有严格的规定,期间接受的旅行报酬要使用制式的记录卡进行汇报,并向所在机构道德顾问和行为标准办公室提交报告。国防部相关部门制定的《雇员道德行为准则手册》通过生动形象的实例说明,例如:国防部雇员皮特每周与某承包商的代表进行非正式会谈,每次承包商都会礼节性地提供一份简单早点,按照国防部人员道德行为准则,皮特不能连续接受这样的早点招待。

根据国防部相关指令要求,每个机构都要指定道德官员,制定年度道德培训计划,开展年度道德培训,以保证这些繁密的要求能够得到有效落实。如果国防部人员不能确定自己的行为或决定是否符合要求、是否违反法律或条例,应向所在机构道德顾问、指定道德官员或者国防部法律顾问咨询。国防部各级机构首脑对所属人员行为标准培训执行工作非常重视,国防部5500.07指令要求:国防部部局首脑要确保其机构的道德计划正常执行;任命道德官员和其替代者;确保指定道德官员能够解决道德规范和行为准则中存在的矛盾;确保指定道德官员能够得到充足资源以高效执行道德计划;本机构制定的补充、限制以及修正本指令相关文件必须得到国防部法律总顾问审查同意。

国防部行为标准办公室定期对国防信息系统局（DISA）、国防情报局（DIA）、国防高级研究计划局（DARPA）等国防部业务局的道德行为培训落实情况进行指导和检查，并定期在网站上公布检查结果，对检查提出的问题整改情况还要进行回访监督，联邦政府道德办公室也定期检查国防部相关部局的道德行为落实工作。国防部行为标准办公室主要检查国防部道德要求和对象单位具体道德要求的执行情况。检查内容包括：道德项目的组成和人员，公开的财产申报和秘密的财产申报，道德教育和培训，道德咨询和服务，以及外部活动管理等情况。检查报告送指定的机构道德官员、机构首脑。该机构要在60天内将检查建议落实情况报行为标准办公室，该办公室再进行跟踪检查问效。

人物专栏

前任国防部总法律顾问简介[①]

詹尼弗·M·奥康纳是国防部总法律顾问，2016年6月14日宣誓就职。奥康纳自2015年10月起担任国防部副总法律顾问。

奥康纳曾在联邦政府多个机构任职，包括白宫副法律顾问办公室总统助理帮办、卫生与公众服务部高级法律顾问、国税局局长法律顾问。奥康纳还在克林顿行政当局担任劳工部政策助理部长帮办、白宫副幕僚长办公室总统特别助理、内阁事务办公室总统特别助理、白宫管理和行政办公室副主任。

奥康纳2002年加入位于华盛顿特区的威尔默·卡特勒和多尔LLP律师事务所，并成为合伙人，是该事务所国防和国家安全事务部门成员。此前，她曾在贝克博茨律师事务所和米勒卡西迪Larroca&Lewin律师事务所执业。

奥康纳曾在美国哥伦比亚特区联邦巡回上诉法院担任朱迪斯·罗杰斯的法律助理，并由此开启了她的法律实践之路。

奥康纳拥有哈佛大学文学学士学位、哥伦比亚大学国际和公共事务学院公共管理硕士学位以及乔治城大学法学博士学位。

二、国防部总监察长

国防部总监察长依据公法97-252第1117部分和1983年国防授权法建立，

[①] 截至2017年7月，根据美国国防部网站显示，国防部总法律顾问一职暂未正式任命。

是国防部长在审计和犯罪调查,以及预防和侦查国防部项目与运行中欺诈、浪费、权力滥用等事务方面的首要参谋顾问。主要职责是制定对欺诈、浪费、权力滥用等问题进行审计、调查、评估、检查的政策和指南,发起、执行、监督以及合作办理审计、调查、评估、检查等事务。按照国防部 5106.01 指令,总监察长下设常务副总监察长、负责审计和调查的副总监察长,负责审计、行政调查等 7 个业务部门以及行政管理、通信与国会联系、法律顾问、巡视官等工作办公室(见图10-3)。

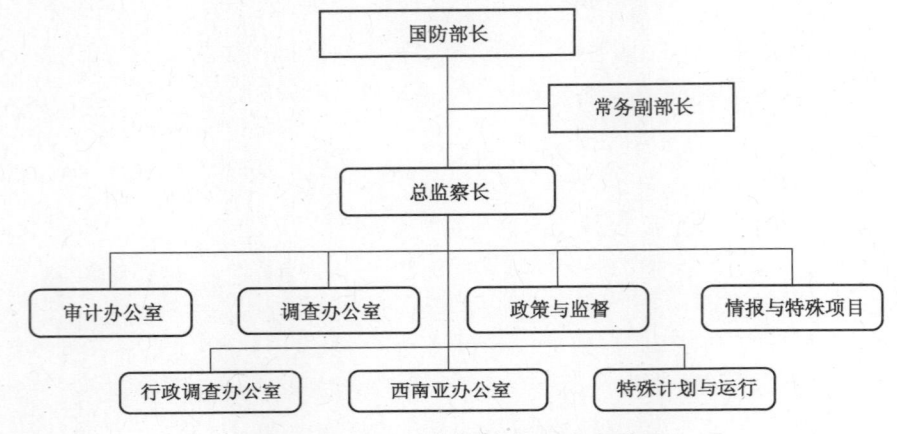

图 10-3 国防部总监察长组织机构简图

总监察长办公室的预算是独立的,由国会批准,国防部长不能用经费来限制总监察长办公室的业务活动。每项审查调查活动结束后,总监察长办公室都要发布工作报告。同时,总监察长每半年向国会提交工作情况报告,对投诉、举报和有关事项的调查向国会报告。总监察长的报告通过国防部长转交国会,国防部长没有权利修改总监察长的报告。

人物专栏

现任国防部总监察长简介

范恩(Glenn Alan Fine)是现任美国国防部总监察长。他于 2015 年 6 月进入美国国防部总监察长办公室,2016 年 1 月起出任美国国防部代理总监察长。

1979 年,范恩获得哈佛大学经济学学士学位,随后在牛津大学获得文学硕士学位。1985 年,范恩在哈佛大学获得法学博士学位。1986 年,范恩在美国华盛顿律师事务所担任助理律师。随后,进行私人法律执业。1995 年 1 月,范恩进入美国司法部,担任司法部总监察长的特别顾问。

2000 年,范恩被任命为美国司法部总监察长,监督司法部 400 多名工作人员,并对司法部的计划和支出进行调查、审计和特别审查。其中最引人注目的是审查了司法部与"9·11"袭击有关的情报资料,包括该部在"9·11"袭击之后对被拘留者的待遇、联邦调查局滥用国家安全信用等问题。在他的监督下,检查办公室还对司法部的业务和做法进行了多次审计,并调查了各部门工作人员的不当行为。由于他出色的工作成果,范恩在2008年被美国国家法律杂志评为年度律师。

范恩于2011年2月辞去了美国司法部总监察长职务,并加入了一家私企担任合伙人。2015年6月,范恩重新参与政府公共服务,并接受国防部总监察长办公室(DoD OIG)首席副总监察长职务。国防部总监察长办公室员工超过1500名,负责监督整个国防部。2016年1月10日,范恩成为国防部代理总监察长,并于2016年9月28日获得总统提名正式成为国防部总监察长。

作为监督部门,国防部总监察长的工作职权比较特殊,可以在任何时间对国防部内任何机构实施临时检查,可以查看国防部部局与业务相关的所有记录(电子形式或其他形式)、报告、调查情况、审计报告、文件、论文、推荐信以及其他信息或材料。国防部长和常务副部长不能阻止总监察长发起并开展的审计、调查以及检查工作,也不能阻止或禁止审计、调查过程中发出的任何传唤。除了国防部长书面明确限定外,国防部部局和军种中的任何人员都不能拒绝国防部总监察长或其委派的人员收集信息,阻止执行审计、调查、检查工作。按照国防部5210.56指令(国防部执法和保安人员使用强力和携带枪械)有关规定,国防部总监察长办公室人员工作时可以携带枪械。

美国国会政府问责办公室和国防部总监察长办公室没有领导与被领导关系,两者是互相协作、互相补充的工作关系。政府问责办公室对国防部的审计主要是事前和事后审计,事中审计则交给总监察长办公室进行。国防部总监察长作为联邦总审计长在国防部的主要联络人,负责协调与政府问责办公室有关的调查、检查、报告和其他活动,监督和分发有关政府问责办公室的活动信息,避免工作重复。

作为国防部重要监督部门,国防部总监察长通过设立举报热线、接受投诉、听取国会议员反映等多种方式收集问题,并根据问题进行审计、调查和监督。下面以对国防高级研究计划局的合同授予审计为例进行介绍。

2012年5月8日,参议院议员塞洛德·布洛恩(Sherrod Brown)专门给负责立法事务的助理国防部部长写信,反映国防高级研究计划局盘型旋翼技术研究计划合同授予过程的不公正问题,认为:国防高级研究计划局违规支付波音公司非竞争性合同金额900万美元;拒绝了该议员选区从1993年至2009年间提交的10份提案;所签订的合同侵犯了该议员选区关于盘型旋翼刀片技术的专利。国防部总监察长办公室经过调查,对该议员提出的问题进行了一一解释。

(1) 对于违规支付波音公司非竞争性合同金额900万美元问题,调查认为:2006年3月20日,国防高级研究计划局发布BAA06-15公告,以招标选取对航天系统和战术能力提升具有巨大创新价值的研究计划进行资助。通过对收到的147份概念白皮书和72份研究方案进行筛选,国防高级研究计划局战术技术办公室最终选择波音公司作为盘型旋翼技术概念性探索研究(零阶段)的合同承包方。在零阶段研发合同的实施过程中,波音公司与弗吉尼亚理工学院共同开展了盘型旋翼技术风险分析、设计改进、计算流体动力学分析、机械系统总体设计、风洞试验、台架飞行测试等工作,对盘型旋翼的研究绩效和飞行质量进行了较为可靠的评估。2007年6月25日,国防高级研究计划局根据竞争性合同HR0011-07-C-0076的具体条款,支付了波音公司499972美元的合同补偿。在确定下一阶段研究的合同时,国防高级研究计划局认为,波音公司通过零阶段的研究掌握了关于盘型旋翼技术的独特知识,这些知识对于后续阶段1的研发意义重大,同时,波音公司拥有开展阶段1研究所需要的能力、设施、知识产权和数据。最后,经评审,波音公司是唯一一个提交了关于盘型旋翼技术研究方案并通过评审的机构,因此国防高级研究计划局选定了波音公司,并于2009年1月30日支付给波音公司合同金额730万美元,合同编号为HR0011-09-C-0056。国防高级研究计划局的非竞争性合同授予获得了批准,并遵循了《联邦采办条例》6.303-2所有文件要求。

(2) 关于拒绝该议员选区从1993年至2009年间提交的10份提案问题,调查也显示:从国防高级研究计划局的档案资料看,指控人在2002年8月到2009年8月期间一共提交了4份研究白皮书和2份研究计划,但是都没有通过最后的评审,并且及时把结果通知了对方。

(3) 关于合同侵犯盘型旋翼刀片技术专利问题,根据《联邦采办条例国防部补充条例》第227.70部分和《美国法典》第28编1498章中与专利侵权相关的条款,以及国防高级研究计划局法律顾问的声明,目前国防高级研究计划局并未收到指控方关于侵权行为的交涉,也没有收到波音公司或者其子承包商关于专利侵权行为的声明。

总监察长的审计结果影响很大。例如,在2011年3月,有媒体反映国防高级研究计划局局长杜甘与RedX在合同上有不正当关系问题。国防部总监察长办公室的调查人员与杜甘本人进行了谈话,走访了33个熟悉相关事项的证人,并查看了国防高级研究计划局相关的记录、文件、合同等资料,最后形成长达69页的调查报告。调查认为,国防部《联合道德条例》禁止官员利用政府职位为商业产品、服务或者企业背书,杜甘违反了《联合道德条例》的背书要求,利用国防部高级官员身份,采用 RedX 公司生产的产品和其他由 RedX 公司销售的产品。2012年12月5日,杜甘在收到初步审计报告后,并不认同审查结果,后来经总监察长办公室认真研究,坚持了审计结果。最终,杜甘辞职(2009年7月2日被国防部长提名,2009年7月20日上任)。

国防部监察长还有奖励权力。按照国防部705004指令《对揭发欺诈、浪费、权力滥用并挽回损失者的奖励》规定,对向国防部总监察长办公室披露欺诈、浪费、权力滥用信息,从而使国防部节省资金的文职人员个人或团体予以现金奖励(披露信息时必须受雇于国防部)。奖励金额上限为1万美元,或者是因披露信息而使国防部节省资金总额的1%,两者取较低值。国防部总监察长最终批准奖励对象和奖励金额,还可根据情况,向人力资源管理部门推荐总统奖提名人选。奖励过程中,应受奖人要求,受奖人员身份可以保密。这一奖项不适用于审计人员、调查人员及其他相关职责人员,也不适用于现役军人。

三、国防合同审计局

美国国防合同审计局(Defense Contract Audit Agency,DCAA)成立于1965年7月,是美国国防部的直属单位,由副国防部长(主计长/首席财务官)负责授权、指导和管理。基本职能是开展合同审计以及相关的财务咨询服务,主要是对国防承包商制定的财务报表进行独立、专业的审核。它不承担国防部内部审计责任,但审计结果对评价国防部相关业务部门管理绩效有重要影响。

国防合同审计局下设局总部、5个地区审计办事处和1个野战分遣队。5个地区审计办事处管理着美国本土和海外的300多个现场审计室(图10-4)。截至2013财年,国防合同审计局在美国、欧洲、中东、亚洲以及太平洋地区拥有300多个办事处,约有4933名工作人员,其中审计人员4334人、管理保障人员599人。根据最新统计数据,2013财年国防合同审计局完成6259份审计报告,对超过1600亿美元的国防承包商成本进行过审查,帮助负责签订合同的官员为政府节省了44亿美元[①]。

国防合同审计局负责美军所有国防合同审计工作,工作目标是评估承包商的商业惯例和程序是否符合《联邦采购条例》《联邦采办条例国防部补充条例》、

---

① DCAA.Report to Congress on FY 2013 Activities at the Defense Contract Audit Agency[R/OL].[2015-01-19].http://WWW.DCAA.MIL/report_to_congress.html.

成本会计标准以及其他适用政府法律和法规的要求。国防合同审计局根据调查结果向负责采办和政府合同管理的政府官员提供建议和意见。这些官员负责选择合适的承包商来完成政府资助的工作。按照美国国防部5105.36指令的规定,国防合同审计局的主要任务具体包括:①就拟议的或已签订的合同,向负责采办和合同管理的国防部官员提供有关承包商财务方面的信息和建议,帮助他们拟定一份慎重、合理的合同。②审查、监察或核对承包商和分承包商的账目、记录、档案和其他证据,以及内部控制制度、会计核算制度、成本核算方法和一般的经营办法。③审查承包商的支付收据。④为负责采办和合同管理的官员从重复采购和激励性合同所发生的费用、承包商提出的有关合同授予、谈判、修改、变更、管理终止或解决争议时所发生的费用、合同条款中财务和会计方面的内容,以及承包商会计和财务管理制度、经费估算程序和资产控制等提出建议。⑤调查主要承包商的采办制度,为采办和合同管理活动提供协助。⑥把审计报告提交给具有权威性的和负责的政府合同管理部门,由他们根据审计结果和建议采取行动。⑦根据要求,在国防部研究采办政策和规定时提供帮助。

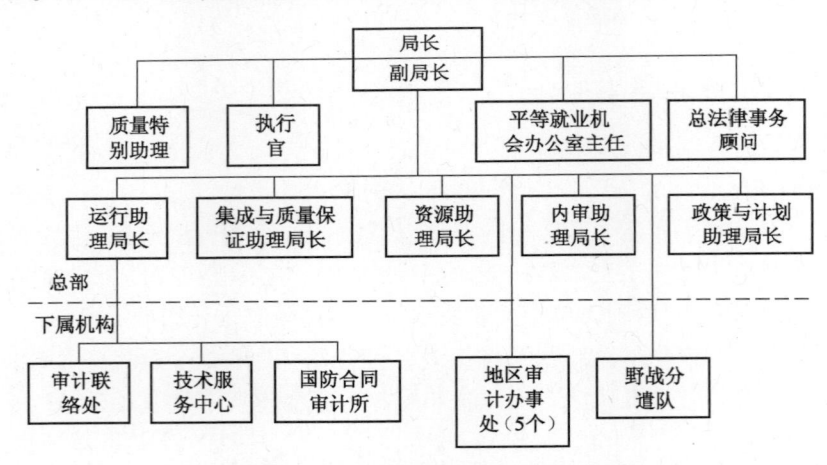

图10-4 国防合同审计局组织机构图

美国国防合同审计通常包括合同签订前审计、合同签订后审计、合同完成后审计等。

(1) 合同签订前审计。合同签订前审计是一种事前审计,目的是为在审查承包商的履行能力时提供审计服务、提供现场定价支持和确定最后间接费用率等。合同签订前审计主要包括以下内容:①审查承包商的履约能力。根据《联邦采办条例》的有关规定,无论是使用招标法还是谈判法签订的合同,军方事前均应掌握承包商的足够资料,以便评估其履约能力。这项工作通常是由国防合同审计局来完成。②向合同官员提供现场定价支持。根据《联邦采办条例》的有关规定,"如果合同金额超过 50 万美元,除非认定现有数据足以确定所提出的成本或价格是合理的,否则在合同谈判或修改之前,合同官员应提交一份现场定价支持报告。当要求提供现场审计支持时,合同官员应向主管合同审计的官员提出申请书,审计官员应在接到合同官员的请求后立即开始审计工作。"

(2) 合同签订后审计。合同签订后审计也称为事中审计,主要包括对合同成本、合同争议与诉讼、合同调整与修改、合同终止等进行审查。合同签订后审计主要包括以下内容:①合同成本审查。根据《联邦采办条例》的有关规定,"合同签订后,如果合同官员发现或怀疑(承包商)提供的数据不准确、不全面,而该数据仍被承包商使用时,合同官员应提出对承包商进行审计,以审查其成本或定价数据的准确性、全面性。"②合同争议和诉讼审查。当由承包商提出或军方向承包商提出的索赔不能通过协商解决,并需要对索赔做出最后决定时,合同审计官员应对有关合同争议和诉讼进行审查。③合同调整申请审查。当承包商提出调整合同申请时,审计人员应对此进行审查,以重新确定承包商的财务和成本数据,为合同官员或其指定代表决定是否同意调整合同提供依据。④合同终止审查。根据《联邦采办条例》的有关规定,在合同终止时,合同官员应委托合同审计人员对主承包商的结算方案进行审查。审计人员在审查结束后应将审计意见和建议书一并提交给合同官员。同时,审计人员还可审查转包商的结算方案,但审计人员的审查不能代替主承包商或高一级转包商应进行的会计审查。

(3) 合同完成后审计。合同完成后审计是一种事后审计。根据《联邦采办条例》的有关规定,在合同完成后,承包商的记录将保存至规定的期限,以备审查、审核或复制用。合同完成后,审计主要是对承包商完成合同的情况进行全面审查,以便发现采办和审计过程中存在的问题,积累采办和审计经验。

国防合同审计局的审计结果将直接影响到合同管理工作。即使合同已经生效,国防合同审计局的审计结果也可以说明政府在哪些地方对承包商进行超额支付,揭示潜在的欺诈或资金滥用,可在早期解决某些缺陷,从而对未来的合同价格产生影响。在合同期满之前,国防合同审计局应评估承包商已发生成本是否在可容许且合理的范围内、是否符合适用的采办法规和合同规定,这可以防止承包商向政府提出超额费用。

四、国防部组成部门内部监督机构

按照美国国会和联邦政府相关法律法规要求,国防部列入编制的工作机构都要设立相关的监督机构。一般来说,法律顾问都是各个机构的标配,在监督职能方面主要负责道德行为监督管理工作。例如,国防高级研究计划局(DARPA)设有法律顾问,为DARPA所有事务提供法律建议,是局长、办公室主任以及相关人员的法律代表,对DARPA资助、合作协议以及合同工作从法律上进行监督管理,协助司法部处理涉及协议或合同问题的起诉。法律顾问还负责道德行为管理监督工作,主要是对DARPA执行《政府道德法》以及相关法规的要求提供建议,管理行为标准培训项目,评审财务披露报告,解决利益冲突问题等。

部分重要机构一般设有监察长,主要负责审计监督工作。例如,国防情报局就设有监察长,负责执行国防部总监察长的政策要求,对该局全面工作进行审计。

美军三个军种都设有法律总顾问和监察长,负责本军种事务的相关监督工作。

第四节　相关社会组织

在美国政府部门以外,媒体和社会组织也是监督的重要力量。这里主要介绍社会组织监督。美国有很多社会组织热衷于对花费巨额资金的政府机构进行监督,国防部的采办相关机构自然是这些组织的重点目标。"政府监督计划组织"就是这样一个典型的民间机构。

政府监督计划组织(Project On Government Oversight, POGO)成立于1981年,是一个独立监督机构,主要对政府部门的贪污、渎职、利益纠纷等问题展开调查,使政府更高效、清廉、开放和富有道德正义。一直以来,美国国防部都是该组织的严密监督对象,20世纪80年代美军采办中7600美元咖啡机、436美元天价锤子等都受到该组织猛烈抨击,并推动国防部对军事开支进行了一系列改革。这里主要介绍该组织对国防高级研究计划局(DARPA)的监督事例。

2011年8月17日,政府监督计划组织提交了一份国防热线举报,举报内容是:DARPA信息创新办公室与BAE/AlphaTech建立了"旋转门"且存在利益冲突,从2002年到2010年BAE/AlphaTech至少有8名员工成为DARPA信息创新办公室的项目经理/领导或咨询顾问。这些人在DARPA工作,然后又返回BAE获得高级职位,因此,在合同签订方面容易存在偏向。该组织还声称,由于BAE/AlphaTech在2002年到2010年间获得了超份额的合同项目,涉嫌合同上的利益输送,从而产生了利益冲突。

国防部总监察长办公室专门启动"DARPA道德项目符合联邦政府标准"的专项调查。经国防部监察长办公室调查,政府监督计划组织反映的8人中7人为 BAE/AlphaTech 曾经的员工，该办公室对 7 名 DARPA 雇员的道德文件进行了审核后认为：DARPA 道德官员为 7 名雇员提供了道德建议和培训，并将培训信息记录在 DARPA 的道德文件中；7 名雇员按照要求完成了年度财务披露报告，并通过必要的授权和资格取消缓解了利益冲突；DARPA 为雇员提供了离职后的咨询意见，并说明了个人离职限制要求。因此，国防部监察长办公室给出调查结论，DARPA 并没有因为受项目经理来自于 BAE 系统公司的影响而授予合同，DARPA 的建议书评审和合同授予是公平的。虽然最后证明未发现这些雇员有非道德行为，但政府监督计划组织的工作还是受到国会两党议员、联邦政府工作人员、非营利机构以及媒体等的欢迎。

第十一章 国防采办评估机构

国防采办评估主要是对国防采办的组织实施做出客观的评估,总结成绩和经验,查找问题和原因,提出改进建议和措施,为国防采办的科学决策与管理提供支撑。美国是一个非常重视评估的国家,国防采办评估机构有很多,大致可以分为两类:一类是对项目本身无直接管理职能的独立评估机构,包括政府和军队独立评估机构,这类机构评估职能由政府授予,评估对象主要是项目本身、各级项目管理部门和承包商,目的是评判项目管理是否符合纳税人或者政府利益;另一类是为独立评估机构提供支撑的组织,包括专家咨询组织和咨询研究机构,对重大项目开展系统研究和客观评估,提供支撑性报告。

第一节 独立评估机构

美军国防采办项目的独立评估机构可以分为两类:一类是政府评估机构;另一类是国防部评估机构。独立评估机构主要对国防采办项目的综合绩效、预算、成本经费等方面进行独立的评估。

一、政府评估机构

政府评估机构,主要包括总统科技顾问委员会、白宫科技政策办公室、政府问责办公室等,主要负责为总统开展独立的咨询研究和决策支撑,协助总统开展国防采办项目政策、规划计划、综合绩效、成本经费等方面的评估。主要评估职能包括:①评估政策和规划计划。总统科技顾问委员会是咨询性质的委员会,在国防采办项目的政策、规划计划和重大决策中,发挥咨询和评估作用;白宫科技政策办公室负责分析和评估国防采办项目的政策、规划和计划项目,协助总统领导和协调各部门的国防采办项目发展。②对重大项目经费和综合绩效进行评估。政府问责办公室直接介入对国防采办项目采办与运行保障费用的监督与审查,对重大项目采办与保障的费用进行估算,对项目超概算的领域进行评估,提出控制项目采办与保障费用的对策建议,参与综合绩效评估,每年向国会提交年度审计报告。

政府评估机构职能独立于项目的运行管理,为政府负责。评估重点是项目政策和规划计划以及项目运行中的经费使用和综合绩效是否符合政府的各项规章制度和要求,以应对国会的质询。评估目的是为政府部门提供决策支持,维护政府的执政利益。

二、国防部评估机构

国防部评估机构主要是绩效评估与原因分析办公室,负责开展国防采办项目预算、价格、成本经费、综合绩效等方面的评估。

绩效评估与原因分析办公室是采办助理国防部长的下属机构,负责对国防采办项目采办过程中的"拖、降、涨"问题进行独立评估与监督管理,并对重大项目采办所存在的问题进行深入分析,提出改进意见和建议,每年向国会提交年度评估报告,汇报国防部重大项目的绩效以及所存在问题,为国会和政府制定决策提供支撑。绩效评估与原因分析办公室起初仅有采办绩效评估和原因分析两个机构,2011年建立了收益值管理和采办政策分析两个机构。目前组织机构图如图11-1所示。

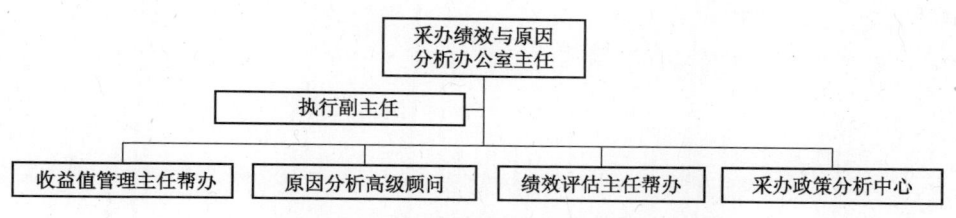

图 11-1 绩效评估与原因分析办公室组织机构图

目前,绩效评估与原因分析办公室的主要职能包括以下5项:①对所有重大国防采办项目(MDAP)每半年一次实施的综合绩效评估准备工作进行监督;②对于违背《纳恩-麦克科迪法案(Nunn-McCurdy)》的重大国防采办项目(MDAP)或者根据国防部高级官员的要求,进行原因分析;③对于军事部门和国防部门实施的绩效评估和根本原因分析,签发所需要的管理性政策、程序和指南;④对重大国防采办项目的成本、计划和绩效进行测量,对所使用的性能指标实用性进行评估,包括收益值管理政策;⑤通过年度报告,将重大国防采办项目组合的态势感知提供给国会。

绩效评估与原因分析办公室下设4个机构:①绩效评估主任帮办办公室,主要负责对重大采办项目实施评估,是制定《国防采办执行情况概要》的主要参与者,对重大采办项目的投资策略、优先次序、全速生产决策等都具有重要影响。同时,该办公室为采办各部门实施绩效评估制定指南,并监督和检查评估实施的相关情况。②原因分析高级顾问办公室,主要负责对重大采办项目违反《纳恩-麦克科迪法案》的情况进行原因查找与分析,如成本严重超支、进度严重拖延等。根据任务需要,该办公室还可接受国会的委托,提供重大项目评估的成本、进度等数据及相关管理情况。③收益值管理主任帮办办公室,主要负责监督和管理整个国防部的收益值管理绩效及实施过程,督促各收益值管理团体提高管理水平和成本效益。收益值管理又称"挣值管理",是利用与进度计划、成本预算和实际成本相联系的三个独立变量,进行项目绩效测量的一种方法。④采办政策分析中心,是采办技术与后勤副国防部长和采办助理国防部长制定采办政策的重要支撑机构,该中心在采办项目绩效评估的基础上,围绕提升采办系统绩效开展研究和建议等工作,帮助改进采办投资、战略及相关政策。

绩效评估与原因分析办公室有32名全职雇员,其中:8名是具有正式编制的政府工作人员;其余24名为主体研究力量,主要是来自联邦资助的研究与开发中心的研究人员和系统工程人员。在开展具体工作时,绩效评估与原因分析办公室还会吸收财务、会计、审计、法律、计算机技术等各专业领域的专家参加,并根据任务需要雇佣一定数量的合同制人员承担辅助工作。此外,对一些重大国防采办项目的评估,也会委托国防分析研究所和兰德公司等专业咨询研究机构完成,借鉴各领域专家完成相关工作。

人物专栏

现任国防部绩效评估与原因分析办公室主任简介

布利斯(Gary R. Bliss)毕业于威廉与玛丽学院,曾获得数学和经济的文科学士,现任绩效评估与原因分析办公室主任。

在职业生涯早期,布利斯曾供职于武器系统成本分析处(WSCAD),担任了13年的项目分析与评估办公室主任。在任职期间,由WSCAD的10名工作人员组成了一个支撑国防部长办公厅成本分析改进小组(CAIG)工作的办公室,负责重大武器系统(如战术导弹、直升机、潜艇、战斗机等)开发和采购成本评估的准备工作,布利斯在其中扮演了重要角色,为美军和国防部的重大武器系统决策提供了重要支撑。在担任绩效评估与原因分析办公室主任之前,布利斯曾供职于采办、技术与后勤副国防部长办公室,负责企业信息和国防部长办公厅研究监管工作,主要监督由国防部长办公厅资助的5个研发中心及大学研究项目,并负责企业管理系统再造

过程中的创新评估和开发。

布利斯在政府和工业部门中享有较高声誉,是国防采办经济学领域的权威专家,并且在改革和企业再造方面颇有建树,这些成就主要集中于管理信息系统的管理和再造、制造业重塑以及采办制度改革等领域。由于专业知识深厚,布利斯曾被英国、澳大利亚、日本等国政府邀请,与这些国家的采办工作人员就专业领域相关问题进行交流。

第二节 专家咨询组织

独立评估机构经常依托专门的专家咨询组织,对国防采办项目进行分析研究,提交咨询研究和评估报告,为相关机构提供决策支撑。在国防采办领域,有国防部、国家背景的咨询机构和民间智库发挥着重要作用。

一、国防部咨询机构

早在 19 世纪末,联邦政府各部门中就已经出现了类似联邦咨询委员会的咨询组织,向总统或各联邦政府部门提供建议。随后,这种咨询组织在课题研究、决策建议、项目评审等工作中发挥的重要作用越来越受到重视,并得到了迅速发展,总统、联邦政府各部局以及国防部各军种部纷纷建立了自己的联邦咨询组织。直到1972年,美国国会正式通过《联邦咨询委员会法》,美国政府开始将各种各样的联邦咨询委员会纳入到《联邦咨询委员会法》框架下统一管理。《联邦咨询委员会法》对"联邦咨询委员会"进行了明确的规定,即咨询委员会是指为使总统或联邦政府的一个或多个行政机关或官员得到咨询建议,而由一个或多个行政机关设立或利用的任何委员会、理事会、会议、专家组、工作小组和其他类似团体,或任何分委员会、分团体。咨询委员会不包括涉及政府间关系的咨询委员会、涉及政府采购的委员会以及成员为联邦政府全职官员或全职雇员的委员会。美国政府列出的国防部联邦咨询委员会共有 57 个,其中在采办领域最具有代表性的是国防科学委员会。

美国国防科学委员会是美国防部高级决策咨询机构,主要负责国防科研生产与武器系统管理领域的战略性、基础性、紧迫性问题研究,不仅被视为国防部长、参谋长联席会议主席等美军高官的重要智囊,同时也对美国会和政府具有一定影响力。该委员会于1956年成立,旨在汇聚国防科研领域的高级管理人才和技术专家,研究解决国防科研中的重大技术问题,促进高新技术在武器系统中的应用。目前,国防科学委员会共有委员41人,其中高级委员9人。现任主席为保罗·卡明斯基博士(曾任国防部采办与技术副部长、兰德公司董事会主席),

副主席为空军退役上将莱斯特·莱尔斯(曾任美空军副参谋长),高级委员和委员的任期一般为1~4年不等。国防科学委员会主要开展重大咨询课题研究,设有短期和长期两种工作组。短期工作组是根据当前重大、紧迫性任务需要而设置的项目组。长期工作组主要围绕基础性、战略性问题开展研究,例如"国防情报(2007—2010年)""核武器可靠性(2007年至今)"等,且每个工作组的成员不超过15人。工作组一般由1~2名委员牵头,其他成员根据任务需要从相关单位聘请。课题成果形式有简报、研究报告、执行计划建议书等,以委员会主席名义报送主管副国防部长。主管副国防部长根据任务性质和实际需要,转呈国防部长、常务副部长、参谋长联席会议主席或其他相关领导参考使用。

此外,军种部也建立了自己的联邦咨询委员会,分别为陆军科学委员会、海军研究咨询委员和空军科学咨询委员会。这些委员会积极发挥决策咨询作用,为国防部尤其是本军种的政策制定、采办策略、项目管理、绩效评估等提供了重要的支撑。

二、具有国家和政府背景的咨询机构

具有国家和政府背景的决策咨询机构,在美军采办管理改革中发挥着重要的作用,其中以国家研究委员会最具代表性。

国家研究委员会是由美国科学院、美国工程院和国家医学研究所共同赞助和管理的机构,成立于1916年,是一个半私有的非营利组织,负责在国会宪章指导下,向其他科研部门提供科学、技术和卫生等领域的政策建议。国家研究委员会的任务是在科学、工程、技术和卫生领域改进政府决策和公共政策,增强公众教育,加强民众对政策的理解,促进相关知识的获取和传播。国家研究委员会不直接接受联邦政府的投资,相关项目由参与项目的联邦机构资助。委员会有近6000名世界顶级科学家,他们的工作是志愿性的,在委员会工作和参加各项活动都是不求回报的。

工程学与物理学部是国家研究委员会的二级机构之一,任务是向联邦政府提供独立、权威的科学、技术与工程领域的政策建议,推动科学与技术团体、联邦政府和公众之间的交流。工程学与物理学部的工作主要围绕:①国防、空间和航天领域的特殊任务;②监督国家基础设施建设,如环境系统、通信、制造与工程设计和施工环境等;③各学科领域内科学与工程的规章制度;④对联邦政府实验室和研究项目的持续评估。工程学与物理学部下设涉及3个领域的13个委员会,负责向各自所涉及的领域和相关部门提出建议。例如,空军研究委员会、陆军科学与技术委员会、海军研究委员会、空间研究委员会等都在国防部和各军种采办工作中起到了一定的决策咨询作用,提出了很多科学可行的建议。

三、智库等外部咨询机构

美国联邦政府十分重视具有第三方立场的外部咨询机构的作用。智库等外部决策咨询机构从客观角度对决策进行支撑，承担了大量的分析论证工作，将决策问题细化成为方案，在美军采办管理改革决策中发挥着不可替代的作用。其中以兰德公司最为典型。

兰德公司自1948年成立以来，在国防、外交以及科学技术、社会、政治、经济等领域为美国政府的决策做出了杰出贡献。20世纪50~60年代，兰德公司对朝鲜战争、苏联发射卫星事件、越南战争进行了准确评估。此后，兰德公司又对中美建交、古巴导弹危机、美国经济大萧条和德国统一等重大事件进行了成功预测，这些预测使兰德公司的名声如日中天，成为美国政界、军界的首席智囊机构。在军事领域，从海湾战争、科索沃战争、阿富汗战争到伊拉克战争，兰德公司都与美军在战争实验室进行了预先作战模拟推演，美军近20年来发起的战争背后几乎都有兰德公司的影子。在国防采办科研领域，兰德公司在侦察卫星研制、弹道导弹研制、防空预警系统建设等方面对美军做出了重大贡献。此外，兰德公司还最先提出了"博弈论""系统分析"等一系列理论和方法。

兰德公司主要通过以下一些手段来影响决策：①密切保持业务来往。兰德公司认为，智库研究根本上是为决策服务的，重视与决策部门保持密切关系，能及时了解政策制定和实施中遇到的实际问题，使研究工作能"紧紧跟上国家的决策进程"。这样制定的政策就更成熟，研究的成果就更有价值和可操作性。为此，兰德公司坚持同政府保持长期业务关系，并视其为兰德公司的成功秘诀之一。例如，2008年国防部面临采办队伍规模难以胜任繁重采办任务的问题，兰德公司经过大量细致的研究，出版了《国防采办队伍：根据政策调整的人员变化趋势，1993—2006》，为国防部分析了1993—2006年国防采办队伍的变化情况，国防部据此做出部署，大力加强采办队伍建设，扩充人员规模。②密切保持人员交流。兰德公司经常派员到政府部门接受锻炼，高级研究人员也经常出席政府活动，甚至担任政府部门要职。为了工作需要，美国空军经常有5名以上军官在兰德公司工作。人员的交流与渗透，大大提高了兰德公司在政府的影响力和知名度，也使研究工作更具针对性。③大力推销成果和思想。兰德公司利用研究成果向政府部门传播政策主张，提供最新的想法和建议，帮助解决问题和挑战。兰德公司同国会也保持密切联系，并通过协助制订议案等活动影响国会决策。

除兰德公司外，列克星敦研究所、布鲁金斯学会、胡佛研究所等一大批美国防务智库也在美军采办决策中发挥着支撑作用。例如，列克星敦研究所副所长丹尼尔·古尔博士于2013年底发表题为《美国防部降低未来成本的3个关键步骤》的文章,针对国防部长哈格尔提出的重组国防部机构以节省国防开支问题,提出整治国防部混乱的财务状况、对政府仓库进行全面而精准的成本核算、扩大商业项目采购等建议。这些机构每年都开展大量研究,出版与采办相关的报告、评论多达数百份,为采办决策部门和公众提供了广阔而有深度的视角,辅助提高了采办决策的全面性、科学性。

第十二章 核化生项目管理机构

由于核化生武器的特殊杀伤力,在恐怖主义日益蔓延及核化生威胁不断上升的严峻形势下,美国高度重视核化生管理工作,国防部在其中地位作用非常重要。美国国防部在采办、技术与后勤副国防部长下专门设立核化生国防项目助理国防部长,承担核化生国防项目在采办、技术、军备控制等方面的统管职能。该助理国防部长办公室设有负责相关事务的助理帮办。

第一节 核化生国防项目助理国防部长

核化生国防项目助理国防部长的历史可追溯到美国《原子能法案》建立的国防部军事联络委员会(MLC),该委员会作为国防部与能源部所有有关原子能事务的官方沟通渠道,主要负责原子武器及原子能在军事应用上的政策制定、规划设计和资金的承诺等事项。1951 年,军事联络委员会移入五角大楼,该委员会主席被指派为原子能事务副国防部长。1953 年,国防部进行改组,该职位被重新指定为原子能助理国防部长。1982 年至 1996 年期间,原子能助理国防部长的职能扩大到包括化学和生物武器有关的问题、执行军控条约和协定、反扩散计划、协调合作威胁化减计划以及监督美国国防核能局(DNA)(国防威胁化减局前身)。1996 年,根据国防授权法案要求,原子能助理国防部长变更为核化生项目助理国防部长(ATSD(NCB)),组织机构以及任务范围进一步扩大。1997 年至 2001 年期间,作为国防改革计划的一部分,该职位还一度面临被取消的境况,但国会认为该职位对核化生领域监督指导很有必要,最终将其保留下来。在此期间,该职位连续多年没有指派主管官员,而其主要职责由采办、技术与后勤副国防部长承担。直到 2001 年 11 月参议院指派戴尔·克莱恩博士就任,才终结了该职位的空缺。2011 年 1 月,美国总统奥巴马签署国防授权法案,美国国会重新命名该助理国防部长职位为核化生国防项目助理国防部长(ASD(NCB))。

核化生国防项目助理国防部长下设核事务助理国防部长帮办、化学与生物武器防御助理国防部长帮办、威胁化减与军备控制助理国防部长帮办和国防威胁化减局主任,如图 12-1 所示。

```
         ┌─────────────────────┐
         │ 采办、技术与后勤    │
         │    副国防部长       │
         └──────────┬──────────┘
                    │
         ┌──────────┴──────────┐
         │  核化生国防项目     │
         │  助理国防部长       │
         └──────────┬──────────┘
                    │         ┌──────────────────────────────┐
                    ├─────────┤ 国防威胁化减局局长（兼美国战略司│
                    │         │ 令部打击大规模杀伤性武器指挥官）│
                    │         └──────────────────────────────┘
   ┌────────────┬───┴────────────┬────────────────┐
┌──┴───────┐ ┌──┴──────────┐ ┌──┴──────────────┐
│ 核事务助理│ │化学与生物武器│ │威胁化减与军备   │
│ 部长帮办  │ │防御助理部长帮办│ │控制助理部长帮办│
└──────────┘ └─────────────┘ └─────────────────┘
```

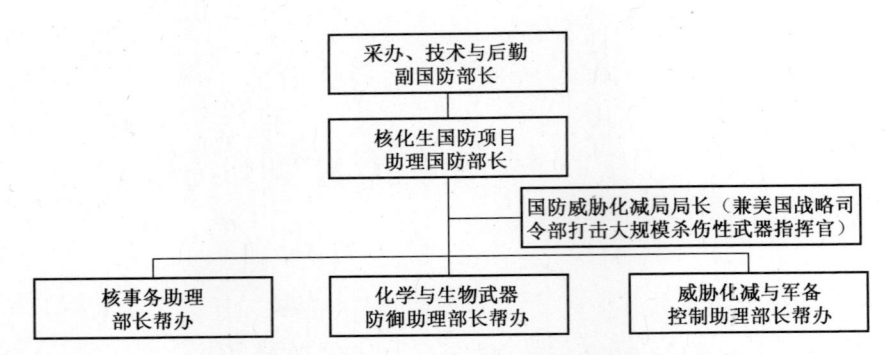

图 12-1 核化生国防项目助理国防部长办公室组织机构

核生化国防项目助理国防部长是采办、技术与后勤副部长在核能、核武器、化学与生物防御方面的首席顾问。主要职责是：①制定关于核武器、核生化与放射性(CBRN)医学和非医学防御、库存化学武器安全、打击大规模杀伤性武器、核生化(NCB)军备控制以及相关计划和项目等方面的政策，并实施统一管理；②制定核生化采办政策、战略和程序，并行使监督权；③监督军种部和直属局应对大规模杀伤性武器项目；④向国防采办委员会提供弹头核部件、核生化与放射性环境中作战系统、放射性物质处置系统、化学武器非军事化项目等评估意见；⑤管理核武器和放射性、核生化与放射性防御、化学非军事化方面的政策、计划、程序等；⑥与情报副国防部长(USD(I))、政策副国防部长(USD(P))以及人事与战备副国防部长(USD(P&R))协调，确保采办策略、项目计划、预算得以实施；⑦参与国防部规划、计划、预算和执行(PPBE)活动，以及与核化生相关的要求和采办过程；⑧加入与既定职责领域相关的委员会、理事会等组织，如在既定职责领域相关跨部门和国际活动中担任国防部长办公室代表、顾问和技术专家，担任国防部化学、生物、辐射、核和高能炸药设施防护指导小组联合主席，担任北大西洋公约组织核计划小组高级小组副主席，担任核武器理事会行政秘书，担任核生化与放射性生存能力监督小组主席；⑨其他职责。

核化生国防项目助理国防部长与国防部其他部门的工作关系如下：

（1）同技术与工程助理国防部长、人事与战备副国防部长、情报副国防部长、政策副国防部长、参谋长联席会议主席、美国战略司令部司令官协调涉及防止大规模杀伤性武器的研究与开发监管事项。

（2）与美国战略司令部司令官、政策副国防部长协调核武器事务相关事项。

（3）同人事与战备副国防部长在培训政策方面协调关于在化学、生物、辐射及核环境中作战的武装部队的相关训练政策。

（4）与国防部首席信息官就采办项目中的电磁脉冲政策、指南与需求事务进行协调，并将这些标准集成到国防部电磁环境效应计划中去。

（5）在政策副国防部长的指导下，同国土防御与美洲安全事务助理国防部长就国土防御和安全管理活动进行协调，贯彻国土防御和民间支援战略。

（6）与国防部长办公厅官员、国防部下属部门负责人、其他联邦官员和外国政府代表等（视具体情况）就国防部大规模杀伤性武器事务进行协调。

（7）与其他国防部长办公厅官员、国防部下属部门负责人和其他联邦官员协调并交换信息。

第二节　核事务助理国防部长帮办

核事务是国防部保持安全可靠有效的核威慑以及打击核恐怖主义与核扩散双重任务活动的重点。核事务助理国防部长帮办履行核化生国防项目助理国防部长在与核武器相关事务方面的职责，主要包括：核武器安全，核武器事件响应，核武器产生企业监督，核评估，核威胁预防、保护和响应，以及完成国防部内与核相关的其他职责，如国会作证、军备控制问题咨询、参与规划和预算编制活动等。核事务助理国防部长帮办还领导核事务协调办公室，该办公室是国防部联系国会、各有关机构以及公众的依托点，由与核相关的所有领域的代表组成，包括三军、国民警卫局、国防威胁化减局，能源部，国家安全局，国家核安全局，洛斯阿拉莫斯国家实验室、劳伦斯·利弗莫尔国家实验室、桑迪亚国家实验室、堪萨斯城工厂等机构。

如图12-2所示，核事务助理国防部长帮办下属4个业务部门：核安全、保障及应对办公室；核威慑办公室；对抗核威胁办公室；准备和保障办公室。

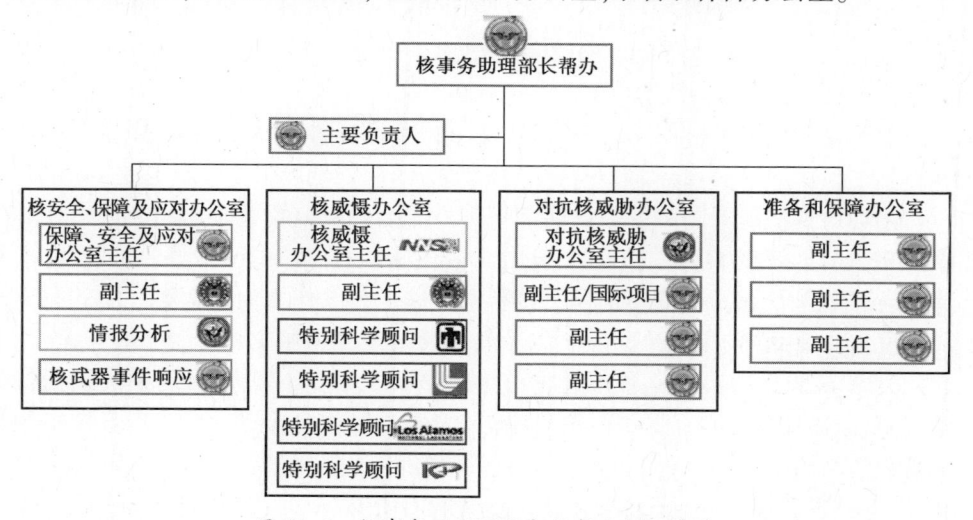

图 12-2　核事务助理国防部长帮办组织体系

(一) 核安全、保障及应对办公室(ONNSSR)

核安全、保障及应对办公室作为核事务助理部长帮办的首要办公室,主要致力于核武器安全保障工作。该办公室负责制定核武器安全保障相关政策,协调安全政策验证委员会工作,监管核武器技术检查计划,指导涉及核武器的后勤运输安全问题,协调和监督核武器事故/事件响应和相关训练工作,支持联合战区安全保障管理工作组(JTSMG)、北大西洋公约组织(NATO)安全保障工作组的运行,协助核化生国防项目助理国防部长履行 NATO 安全保障和生存性高级别小组副组长的工作职责。

(二) 核威慑办公室

核威慑办公室协助核事务助理国防部长帮办工作,作为国防部与能源部核武器委员会(NWC)和核指挥与控制系统委员会负责人(COP)之间的联系桥梁,负责对能源部核武器委员会和核指挥与控制系统委员会提供全面支持,包括会议后勤和行政支持、行动项目协调、提交国会的年度报告起草等。该办公室还负责提供一般的核分析,参与起草四年一度防务评审报告和核态势评估报告。

(三) 对抗核威胁办公室

对抗核威胁办公室负责协调国防部内部以及跨政府机构的对抗核威胁(CNT)事务,在预防、保护和应对涉及对抗核威胁工作中发挥重要作用。该办公室还担任美国及其盟国之间涉及核能问题的国际合作项目的联络工作。

(四) 准备和保障办公室

准备和保障办公室负责日常工作和行政保障,同时参与并协调核问题办公室在规划、计划、预算与执行(PPBE)活动中的工作,负责管理核问题办公室的资源。

第三节 化学与生物武器防御助理国防部长帮办

化学与生物武器防御助理国防部长帮办主要负责监督化学、生物、放射性和核(CBRN)防御能力建设,负责管理化学生物项目科学与技术研究、先期发展、试验与评估以及规划论证等工作。该帮办目前正将工作方向转向更广泛的打击大规模杀伤性武器、应对全球安全以及其他相关任务领域上来。

美国防部于1994年建立了化学与生物防御计划(CBDP),目的是发展防御能力,以保护作战人员免遭现有的和新兴的化学与生物威胁。CBDP 工作组织由横跨整个国防部的26个机构组成,任务包括:为保护作战人员,确定作战需求,提供科学和技术方面的专长,进行防御能力研发、采办及测试与评估,并实施监督。CBDP 的研究、发展和采办(RDA)计划的目标是,在有可能遭受化学或生物战剂袭击的未来战场,为美国军队提供确保其生存和任务完成的最好装备。

化学与生物武器防御国防部长助理帮办,负责化学与生物防御计划监督、采办政策指导以及机构间的协调。

由于美国陆军在未来作战环境中易于面临化学、生物、放射性和核(CBRN)威胁,化学与生物防御计划由陆军负责执行。陆军采办、后勤与技术助理部长作为陆军执行官,下设联合项目执行办公室,负责 CBDP 计划项目。

CBDP 工作组织涉及国防部多个部门,其中:国防威胁化减局下设联合科技与技术办公室,负责 CBDP 计划项目研发管理;国防高级研究计划局(DARPA)参与前沿技术研究;陆军主要研发和试验鉴定机构有 4 个,包括位于马里兰州阿伯丁试验场的美国陆军埃奇伍德化学生物中心、位于马里兰州迪特里克堡国家间生物防御营区的美国陆军传染病医学研究所(USAMRIID)、位于马里兰州阿伯丁试验场的美国陆军化学防御医学研究所(USAMRICD)、位于犹他州达格威试验场的西沙测试中心。

图 12-3 所示为化学与生物武器防御助理国防部长帮办监管工作示意图。

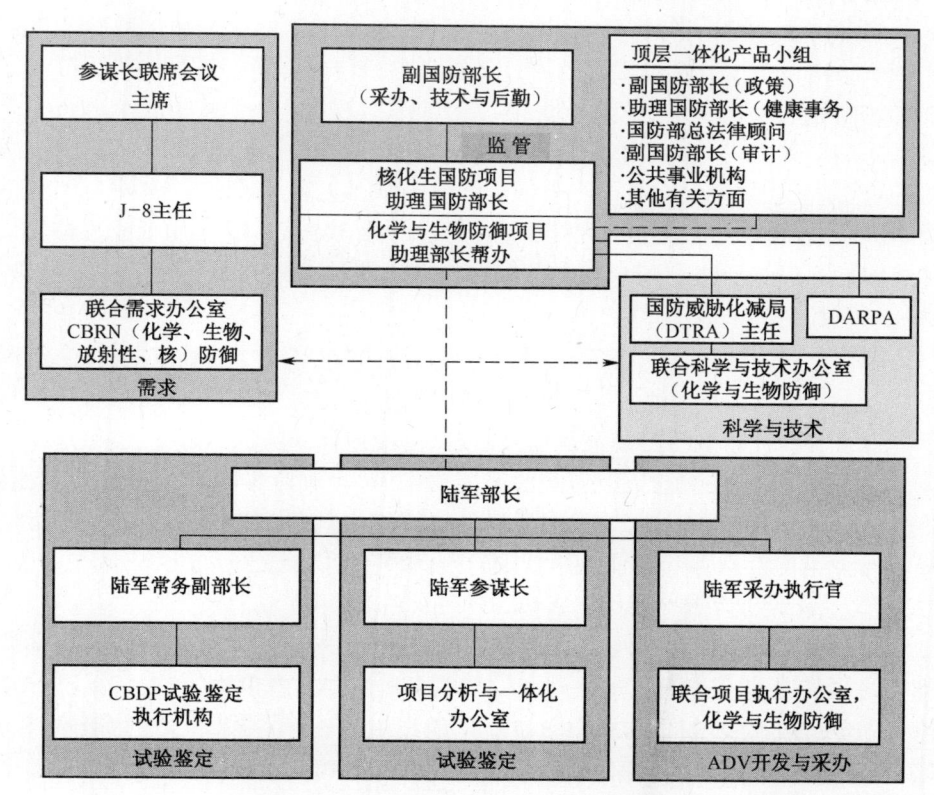

图 12-3 化学与生物武器防御助理国防部长帮办监管工作示意图

第四节　威胁化减与军备控制助理国防部长帮办

威胁化减与军备控制助理国防部长帮办是核化生国防项目助理国防部长在监督采办、执行和遵守核生化条约、合作化减威胁、化学非军事化计划、建立全球合作伙伴以应对大规模杀伤性武器等工作的主要顾问。该帮办还负责监督国防威胁化减局执行的化减威胁合作计划，并提供监督化学非军事化计划。此外，威胁化减与军备控制助理国防部长帮办在 DODD2060.1 的指导下，监督执行并遵守现有和在议的核生化军备控制协定，协助核化生国防项目助理国防部长作为反扩散计划审查委员会的执行秘书和常务委员会主席。

（一）合作化减威胁办公室

威胁化减与军备控制助理国防部长帮办下设的合作化减威胁办公室主要负责国防部合作化减威胁项目的实施和发展。1992 年以来，合作化减威胁项目一直致力于减少大规模杀伤性武器的风险。合作化减威胁项目跨越苏联时期，目前扩展到南亚、伊拉克、阿富汗和中国，与这些东道国合作解决相关威胁。合作化减威胁项目全力支持奥巴马政府，以确保所有核材料的安全；推进执行打击生物威胁国家战略、联合国安理会第 1540 号决议，以及其他应对大规模杀伤性武器方面的国际协定。在紧急安全环境中，合作化减威胁是美国政府应对威胁做法的重要组成部分，促进了国际组织和非政府伙伴之间的合作。这种合作包括制定区域战略，参与多方合作，发展适应当地的持续方案。合作化减威胁办公室的战略目标仍然是防止国家和非国家行为体扩散大规模杀伤性武器相关的技术、材料，并在确定大规模杀伤性武器来源上优先提供专业保障。

合作化减威胁项目主要包括：拆除战略武器运载系统和基础设施；提高运输和储存过程中大规模杀伤性武器及裂变材料的安全性；巩固和保证危险病原体不被盗窃、挪用、意外泄露或被恐怖分子利用；增强合作伙伴国家在检测、诊断和报告生物恐怖袭击、潜在传染病方面的能力，并符合国际卫生安全报告要求；促进生物学研究的合作伙伴关系；通过建立陆地和海上监视系统，帮助防止大规模杀伤性武器及相关材料扩散；促进与防扩散相关的军事接触。

（二）化学非军事化项目

化学非军事化项目由两个主要的国防采办项目组成，并由美国陆军化学武器局（CMA）和组装化学武器替代品（ACWA）项目办公室负责管理，目标是摧毁各种化学药剂和武器，包括前化学武器生产设施的破坏。该项目旨在消除符合化学武器公约（签署于 1997 年）的现有化学武器库存，确保公众和环境的安全与保障。

化学非军事化项目在5年内的主要任务领域包括：采用焚烧处理技术销毁化学剂和武器库存；使用中和技术销毁散装化学剂储备；使用中和技术销毁化学剂的武器库存；从库存中分开销毁化学战装备（CWM），销毁二元化学武器、以前的生产设施、回收的化学武器；化工库存应急准备。

（三）化学生物武器条约管理

核化生国防项目助理国防部长作为国防部化学和生物条约的管理人，负责为国防部监督化学武器公约和生物武器公约的执行。

化学武器公约（CWC）在1997年由国会批准，除了有限的防御工作外，禁止收购、开发、生产、储存或持有化学武器。此外，化学武器公约要求销毁所有化学武器库存。化学武器条约管理主要是确保国防部的所有部门和国际报告符合化学武器公约要求。

生物武器公约（BWC）于1975年被批准，2009年11月奥巴马政府公布了总统打击生物威胁国家战略。该国家战略的目标是：促进全球安全保障；加强安全和负责任的行为规范；及时获知当前和新出现的风险；具有准确的洞察力；采取合理的措施来减少潜在风险；改变生物威胁的国际对话，促进各国之间形成强大持续的讨论。生物武器条约通过在生物武器公约审议会议及其他国际论坛中提升国家战略目标的开发和配套措施来支持核化生国防项目助理国防部长。

（四）核武器条约管理

核化生国防项目助理国防部长作为国防部核条约管理者，主要负责全面禁止核试验条约（CTBT）和附加议定书（AP），以及国际原子能机构（IAEA）对国防部保障协定的执行情况。

全面禁止核试验条约于1996年9月10日通过联合国大会表决，禁止出于军事或民用目的在所有环境中进行的一切核试验爆炸。该条约制约了新的和更先进的核武器的发展，并限制无核武器国家获得发展核武器的能力。全面禁止核试验条约建立了全面禁止核试验条约组织（CTBTO）来实现其目标和宗旨，并确保缔约各方执行其规定。为确保各方能够遵守，该条约建立了广泛核查制度，包括国际监测系统（IMS）、磋商和澄清措施、现场检查，以及建立信任措施等。

（五）反大规模杀伤性武器系统

反大规模杀伤性武器系统产品组合了基金项目、技术工程和相关活动，集成了分析、传播、定制、编辑反大规模杀伤性武器信息等功能，是一个能够提供包括人员、组织、数据、技术的集成系统，可以为国防部及其内部机构和国际合作伙伴开发和提供反大规模杀伤性武器态势感知能力。反大规模杀伤性武器系统办公室负责采办监督工作，代表威胁化减与军备控制助理国防部长帮办管理资源以及在国防部间和国际组织间建立伙伴关系。

目前,反大规模杀伤性武器系统主要侧重于开发、测试和部署一个名为"星座"的反大规模杀伤性武器态势感知原型系统。"星座"系统将提供一个跨域信息分享、能够支持决策的信息环境和平台,并支持各种感兴趣的社群交流。"星座"利用美国国防部和情报界的新兴技术对反大规模杀伤性武器进行知识管理,建成后将提供一个动态、全面的全球反大规模杀伤性武器系统环境。

第五节　国防威胁化减局

国防威胁化减局是国防部直属局,也是作战支援机构,接受核化生国防项目助理国防部长领导。国防威胁化减局主要负责应对大规模杀伤性武器(化学、生物、放射性、核以及高能炸药)威胁,主要职能是减少威胁、控制威胁、作战支援以及技术发展。

国防威胁化减局的前身是1947年至1997年的国防核局。1947年取消"曼哈顿"计划后,成立特种武器项目管理部门,主要负责核武器的军事训练。1959年至1971年,特种武器项目管理部门改称为国防原子能支持机构(DASA);1971年至1996年,国防原子能支持机构改称为国防核局(DNA);1996年至1998年,国防核局改为国防特种武器局(DSWA);1998年,国防部将国防特种武器局、现场检验局、国防技术安全管理局和核化生防御计划助理国防部长组合起来,成立了国防威胁化减局,负责减少核化生武器和其他常规武器的威胁,对国防部的大规模杀伤性武器有关事务提供技术支持,同时负责相关技术装备的采办管理。

一、职责任务

国防威胁化减局的主要任务包括:①组织、指导和管理所分配的资源;②设计和管理国防威胁化减局的方案和活动;③跨国防部集成分配打击大规模杀伤性武器活动及任务;④保障国防部实现美国核武器态势与政策的主要目标;⑤为防止核扩散以及核恐怖主义提供业务和技术支持,在减少核力量水平上保持战略稳定,并保持核武库的安全、可靠、有效;⑥为国防部防扩散任务及活动提供保障;⑦为国防部打击大规模杀伤性武器任务以及相关活动提供支持;⑧保障国防部与跨政府机构有效合作,提高其他国家应对大规模杀伤性武器的能力;⑨管理核试验人员审查方案;等等。

自2006年1月26日起,国防威胁化减局主任还被赋予额外的责任,兼任美国战略司令部打击大规模杀伤性武器指挥官,负责为美国政府机构打击大规模杀伤性武器活动维护和提供国家应对能力、资源、活动储备清单。国防威胁化减局的愿景是"通过减少大规模杀伤性武器的威胁,让世界更加安全"。

二、人员与经费

国防威胁化减局近几年的运行和维护经费分别是:2013财年4.06亿美元;2014财年4.195亿美元;2015财年4.143亿美元。

国防威胁化减局在全世界超过14个地点共雇佣1850名工作人员(包括文职人员与军事人员),包括俄罗斯、哈萨克斯坦、阿塞拜疆、乌兹别克斯坦、格鲁吉亚和乌克兰。

三、工作关系

国防威胁化减局主任直接向核化生国防项目助理国防部长报告工作,接受采办、技术与后勤副国防部长的领导与管理,响应参谋长联席会议的作战支援及其他相关活动。

国防威胁化减局是作战支援机构,设置一名局长、副局长,其他下属组织单元由局长从国防部长分配的资源中建立。其他国防部部门负责人,在各自领域内支持国防威胁化减局的任务、能力以及功能,包括技术情报和业务支持等。

第十三章 能源、设施与环境管理机构

能源、设施与环境是国防采办工作实现高效益发展的重要考虑因素。以能源为例,现代武器系统、平台、设备以及相关产品需要消耗大量能源,国防采办项目需要统筹考虑能源问题,适时采用多样化能源,确保有利于提高能源效能和费效比。美国国防部在采办、技术与后勤副国防部长下设立能源、设施与环境助理国防部长,专门管理国防部在能源、设施与环境方面的事务。

第一节 能源、设施与环境助理国防部长

国防部能源、设施与环境助理国防部长是国防部长和采办、技术与后勤副国防部长在与能源、设施与环境有关事务方面的首席顾问。国防部能源、设施与环境助理国防部长下属机构包括5个帮办,以及商业系统和信息主管、国防部选址交流站执行主任和经济调整办公室,组织机构如图13-1所示。

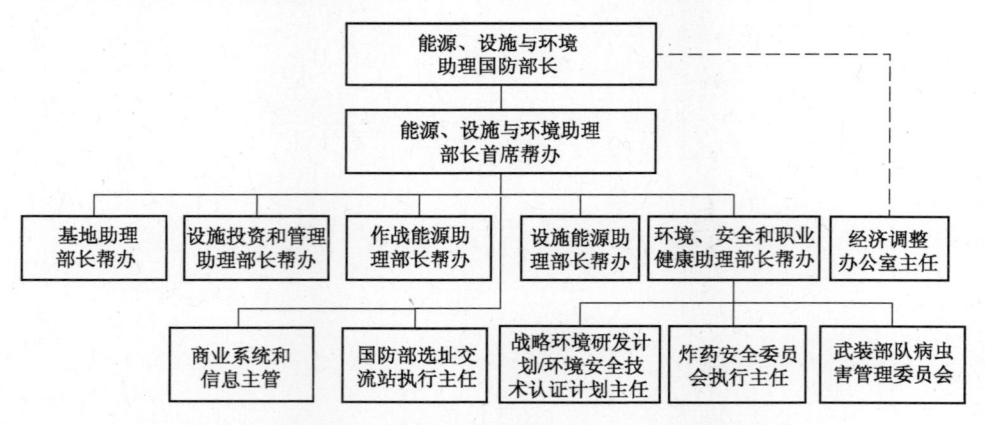

图13-1 能源、设施与环境助理国防部长办公室的组织机构

能源、设施与环境助理国防部长的职能包括:①负责监督国防部在能源、设施与环境方面的预算、政策和管理;②采办和使用作战能源以及设施能源,以保障作战行动和基地运行,确保能源安全、提高能源效率以及促进可再生能源;③负责8800亿美元不动产管理,包括500多座设施、56.2万幢建筑物以及2500

万英亩土地;④国防部机构、基地调整和关闭设施的保障管理;⑤环境、安全和职业健康(ESOH)活动,包括遵守法律、自然和文化资源管理以及危险废弃物和弹药的环境清理。此外,国防部能源、设施与环境助理国防部长还负责监管国防部的经济调整办公室以及国防部选址交流站。

人物专栏

现任能源、设施与环境助理国防部长简介

彼得·佛特杰尼(Peter Potochney)从1984年开始担任国防部文职工作,并担任佐治亚州东玛丽埃塔设施援助办公室副主任,负责设施管理相关事项。1986年,他被调到五角大楼工作,负责设施和采办管理领域的工作。1989年,他被选入新组建的基地关闭与调整理事会,并首次担任助理处长,主要负责海军和海军陆战队的基地关闭与调整相关问题。

1995年,彼得任基地关闭办公室主任。1996年1月,他开始担任房屋署署长。在此期间,他负责制定政策,并对涉及军事需求的政府和私营部门房屋运营和所有权相关问题进行监督。

2002年,彼得担任基地关闭与调整委员会主任,负责政策制定和监督工作。2008年11月,彼得被任命为新成立的基地委员会主任,该委员会负责基地关闭与调整委员会相关工作、美国和海外基地以及不动产管理等事务。

彼得于1975年获得新泽西州蒙特克莱尔州立大学生物学学士学位,曾在美国海军服役,并于1976年到候补军官学校任职。另外,他还曾担任康涅狄格州哈特福特市国防合同管理办公室的合同副主任。

第二节 设施能源助理国防部长帮办

设施能源助理国防部长帮办的职责是监督国防部设施能源计划,努力实现设施能源目标。该帮办办公室负责发布设施能源政策和指导文件,组织国防部设施能源策略实施,协调完成与设施能源相关的所有国会报告。

国防部管理着美国本土和海外500多个军事设施的30多万座建筑。国防部的建筑类型多种多样,包括营房、物资供应处、数据中心、办公楼、实验室和飞机维修站。设施能源主要包括用于加热、制冷以及为这些建筑提供电源

的传统能源。同时,它还包括国防部设施所拥有的超过16万辆非战术交通工具所使用的燃料。国防部每年为固定设施提供能源的花费为40亿美元。另外,这些基地主要依靠商业电网,很容易受到设施老化、恶劣天气以及直接破坏的干扰。

国防部的设施能源策略旨在降低固定军事设施的能源成本,提高能源安全性。这包括:通过节约和提高能源效率,降低传统能源的需求;扩大可再生能源和其他形式的(现场)分配能源的供应;直接提高军事设施的能源安全;利用先进技术。这一策略支持国防部的战略目标和国家的能源安全目标。这一策略的成功实施将改善国防部设施的能源表现,最终降低能源成本,降低国防部对化石燃料的依赖,促进私营领域的能源技术创新,提高能源安全。

第三节 作战能源助理国防部长帮办

作战能源助理国防部长帮办是国防部长和采办、技术与后勤副部长在作战能源(OE)计划和程序方面的首席顾问。作战能源助理国防部长帮办的主要职责是管理和监督所有国防部作战能源计划,确保能够为全球范围内美军训练和行动提供所需的作战能源保障。

作战能源(OE)在美军法规中的定义是"为军事行动训练、机动和维持军事力量和武器平台所需要的能源",它包括舰艇、飞机、战斗车辆和战术发电机使用的能源。作战能源既包括战术动力系统和发电机使用的能源,也包括武器平台本身使用的能源。国防部将作战能源看作在军事行动中使用的直接保障军事行动的能源,以及在训练中保障部队军事行动战备的能源,包括非持续性位置(临时基地)使用的能源。2014财年,美国国防部使用了8700多万桶燃料,成本近140亿美元。整体上,作战能源占国防部能源使用总量的70%。

长期以来,能源一直是军事行动的基本条件。从拿破伦战马的草料,"大白舰队"的装煤站,巴顿将军诺曼底登陆使用的燃料,到支持阿富汗分布式应急基地的空中加油和中途补给,能源——主要是石油——是军事力量的前提条件。现在,美国联合部队在天空、陆地和海洋的移动、速度、持久、待命时间和活动范围都是以作战能源为前提的。

美军认为,将作战能源在需要的时间运送到需要的地点的能力正在面临越来越大的挑战。例如,面对简易爆炸装置、非常规对手和叛乱袭击,最后一英里的战术能源再补给将持续成为作战环境中的一个难题。类似地,能够用远程精确打击美军作战和后勤部队的反介入/区域拒止(A2/AD)武器也将为美军在全球范围内投送和维持力量的能力带来挑战。反介入/区域拒止的威胁、各种各样的对手以及距离的阻隔为作战能源的保障带来了更大的风险。

作战能源助理国防部长帮办的战略目标是：

（1）提高未来作战能力。首先，国防部专注于提高军队的长期作战能力。对于开发中的系统，需要评估其在未来战斗场景类别中的有效性和可保障性。国防部将会把能源可保障性充分整合到军事能力的开发中，投资于专门用来提高对抗环境下行动能力的创新，以改进未来作战的有效性和能力。

（2）发现和降低后勤和行动风险。通过与国防部长办公厅、联合参谋部、作战司令部和各军种部合作，国防部对于与行动计划和行动概念中的能源相联系的特定风险已经有了比较好的理解，不过这种理解仍然不完整。为了利用军事演习、模拟、仿真和其他先进分析工具，国防部将专注于发现风险，优先考虑缓解这些风险的资源。

（3）提高部队当前任务的有效性。国防部认识到，不断提高美军战斗任务和和平时期任务的能源保障能力十分重要。为此，国防部大力开展各种装备和非装备方案分析，以有效改进短期能源使用保障工作。如果条件允许，国防部将优先考虑那些能够提高能源供应链稳健性和灵活性、提高对抗环境下的行动能力、支持亚太地区再平衡的短期计划。

第四节　设施投资与管理局

设施投资与管理（FIM）局代表国防部长管理国防部设施。设施投资与管理局是国防机构、国防部现场活动和美国特别行动司令部关于设施管理政策的牵头制定部门。设施投资与管理局管理着全世界范围内55.5多万个设施，它们位于5000多个地点，覆盖面积超过2800万英亩。

设施投资与管理局的主要计划包括：军事建设；机构维护、修复和现代化改造；政府拥有和租赁的家庭住宅；房主帮助计划；统一设施标准等。

设施投资与管理局的政策和监督责任贯穿设施全寿命周期的各个领域。为了支持国防部的全球安全任务，设施投资与管理局需要：确保设施资产和服务随时随地处于可用状态；使用所有必要的功能和能力；使用具有成本效益、安全、环保的方法。

设施投资与管理局的目标是：提高美国全球军事设施的安全性、成本效益和持续性。它需要：制定稳定的政策和程序，积极管理设施生命期过程的所有方面；保证数据和工具处于可用状态，以监督和验证国防部的设施计划，完善政策；设计一整套工具，以支持整个设施全寿命周期过程中各部局的规划、预算和执行；向领导层提供积极的现状报告和建议，及时应对紧急问题。

第五节　环境、安全和职业健康助理国防部长帮办

环境、安全和职业健康助理国防部长帮办负责国防部相关自然和文化资源管理以及危险废弃物和弹药的环境清理，保证相关设施和人员安全以及职业健康。该帮办的主要职能包括：①确保国防部制定的政策和计划符合环境法；②考虑温室气体，制定气候变化适应规划；③负责自然和文化资源的管理；④负责受污染场地的清洁；⑤负责安全与职业健康；⑥负责消防与紧急服务；⑦负责绿色/持续建筑管理；⑧负责设施应急管理；⑨负责国际环境达标和清洁工作；⑩负责制定持续发展战略规划；⑪负责为解决新出现的污染物制定防治规划；⑫负责进行国际国防环境合作。

环境、安全和职业健康助理国防部长帮办下属机构主要包括武装部队病虫害管理委员会和国防部炸药安全委员会。其中，武装部队病虫害管理委员会是根据国防部4715.01指令成立。该委员会最初成立于1956年，名为武装部队病虫害控制委员会，1979年更名为武装部队病虫害管理委员会。该委员会每年在华盛顿特区召开两次会议，讨论与国防部有关的病虫害管理话题。武装部队病虫害管理委员会通过最大限度地使用非化学技术或毒性最低的化学技术控制病虫害和疾病媒介，保障军队战备和预防性防御，在环境领域起到带头作用，避免未来的污染问题。

第六节　经济调整办公室

经济调整办公室成立于1961年，是国防部的直属机构，负责应对因重要国防计划调整而对当地政府与社会带来的影响，协调解决部队结构调整、基地关闭、基地扩张以及军事行动等活动与当地经济发展之间产生的各种问题。经济调整办公室可以帮助各有关军事部门与相关州和社区建立良好持久的关系，帮助相关州和社区与有关军事部门合作，以支持国防部的任务。多年来，经济调整办公室与全美范围内的多个社区开展合作，力求将各个军事设施整合成一个更大的社群，为提高当地经济增长和民众生活质量积极创建良好环境。

附　　录

国防部 5100.01 指令——美国国防部及其主要机构的职能

签发日期:2011 年 12 月 21 日
签发人:国防部长罗伯特·盖茨

1. 目的

a. 重新发布国防部 5100.01 指令(参考文献[a])。

b. 根据《美国法典》第 10 章(参考文献[e]),制定国防部及其主要机构的职能,保障武装部队核心任务领域工作的开展,包括国防部广泛的军事行动和其他活动,以实现《国家安全战略》《国防战略》以及《国家军事战略》(参考文献[b,c,d])所规定的战略目标。

2. 适用范围

本指令适用于国防部长办公厅、各军种部、参谋长联席会议主席办公室、联合参谋部、各联合作战司令部、国防部总监察长办公室、各国防业务局、国防部直属单位,以及国防部其他下属机构(以下统称"国防部各部局")。

3. 国防部的职能

根据更高权力机构的规定,国防部将管理武装部队并用于:

a. 支持和保卫美国宪法不受国内外任何敌人侵犯。

b. 通过及时有效的军事行动,确保美国及其领地和对美国利益攸关地区的安全。

c. 支持和推进美国国家政策,维护美国国家利益。

4. 国防部各机构间的关系

a. 国防部在国防部长的管辖、指导与控制之下履行其所有职能。

b. 国防部由国防部长办公厅、参谋长联席会议、联合参谋部、国防部总监察长办公室、各联合作战司令部、各军种部、各国防业务局、国防部直属单位,以及根据法律或根据参考文献[e]第 111、113、192 节的规定由总统或国防部长指定设置的其他办公室、业务局、单位、组织和司令部组成。这些机构负责人的职责由国防部长根据现行法律赋予。

(1) 国防部长办公厅和参谋长联席会议，尽管有所区别并各自单独组建，但为了直接、有效地向国防部长提供参谋和建议，它们将进行全面协调和合作。

(a) 国防部长办公厅是国防部的首要参谋机构，负责国防政策的制定、规划、资源管理、经费与项目的评估与监督，并通过正式或非正式渠道与美国政府其他部门，以及外国政府和国际组织开展合作交流。国防部长办公厅还负责监管各国防业务局和国防部直属单位的工作。

(b) 参谋长联席会议主席及参谋长联席会议其他成员就赋予他们的职责向总统和国防部长负责。在不影响参谋长联席会议成员独立性的前提下，除参谋长联席会议主席与副主席外，参谋长联席会议的其他成员负责从联合作战的角度向各自军种的部长提供军事方面的建议。

(2) 总监察长办公室是国防部内的一个独立监督部门。它依据《美国法典》第5篇以及国防部5106.01指令(参考文献[f,g])所规定的职责，负责国防部项目和行动的审计、监督及调查。

(3) 联合作战司令部司令就下达给他们的军事任务向总统和国防部长负责，并根据《美国法典》第10篇第164节(参考文献[e])的规定，在国防部长的领导下，对所属部队行使指挥权。作战指挥线从总统到国防部长再到各联合作战司令部司令。参谋长联席会议主席在作战指挥线中，负责向联合作战司令部司令传达总统和国防部长的命令。

(a) 下达给联合作战司令部司令的命令由总统或国防部长发布，或者由参谋长联席会议主席根据总统和国防部长的授权和指示发布。

(b) 除非另作专门规定，从总统或国防部长到联合作战司令部司令的信息应通过参谋长联席会议主席传达；从联合作战司令部司令到总统或国防部长的信息也应通过参谋长联席会议主席传达。

(c) 其他权力机构向联合作战司令部司令传达信息，通常应与参谋长联席会议主席协调。国防部长办公厅、业务局、直属单位、有关司令部包括联合作战司令部就共同关心的问题进行沟通与交流，相关内容的副本必须提供给参谋长联席会议主席。

(d) 根据国防部长的授权、指挥与控制，参谋长联席会议主席充当联合作战司令部司令的代表，对联合作战司令部的行动进行监督，特别是联合司令部的作战需求方面。总统和国防部长可以赋予参谋长联席会议主席其他职责，以协助总统和国防部长履行其指挥职能。

(e) 美国特种作战司令部是一个由参考文献[e]第167节赋予特殊职能、职责和权限的联合作战司令部。这些特殊的职能、职责与各军种部和各国防业务局的许多职权相似，包括规划、计划、预算、采办、训练、组织以及为部队提供装备与人员,并制定特种作战部队的战略、条令、战术与程序。

(4)每个军种部(海军部包括美国海军、海军陆战队、海岸警卫队),将在军种部长领导下单独组建,并在国防部长的管辖、指导与控制下履行职责。国防部长或由国防部长书面授权或根据法律规定的代表通过军种部长向各军种部下达命令。

(a)各军种部长以及在军种部长权限管辖下的文职人员和军职人员,必须与国防部长办公厅通力合作,以便实现国防部的有效管理和经济高效地贯彻国防部长的命令。

(b)国防部长应就国防部对军种职责有直接影响的军事行动和活动及时向各军种部长进行通报。

(c)国民警卫局是国防部的一个联合机构。在国民警卫队战略规划与总体发展方面,国民警卫局局长是国防部长的首席顾问,他通过参谋长联席会议主席向国防部长提供建议。对于国民警卫队承担的与陆军部和空军部职责有关的事务,国防部长通常通过陆军和空军部长行使对国民警卫队的管辖、指导与控制。依据国防部5105.77指令(参考文献[i]),在不受陆军或空军部长管辖、指挥和控制的国民警卫事务方面,包括联合事务、跨部局事务以及政府间事务,国民警卫局行使重要的管理职能。

(5)各国防业务局和国防部直属单位在国防部长的管辖、指挥和控制下,履行各自的保障与服务职能。

5. 国防部各机构的职能

国防部主要机构的职能见本指令附录2-8。

6. 发行范围

本指令经批准公开发行,并且可以从国防部国防技术信息中心网站获取,网站地址为http://www.dtic.mil/whs/directives。

7. 生效期

本指令自颁布之日施行。

(王磊 译 周开埏 校)

国防部 5134.01 指令——国防部采办、技术与后勤副部长

签发日期:2005 年 12 月 9 日发布,2008 年 4 月 1 日修订

签发人:国防常务副部长戈登·英格兰

1. 修订与目的

1.1 本指令更新采办、技术与后勤副国防部长的相关责任、职能、工作关系和权力。

1.2 授权采办、技术与后勤副国防部长,在本指令规定的职权范围内,颁布相关政策和指示,并作为国防部长在此领域最重要的助手,直接向国防部长汇报。

1.3 授权采办、技术与后勤副国防部长,在必要时,对采办与技术副国防部长帮办、后勤与物资战备副国防部长帮办、国防研究与工程事务主管、核化生国防项目助理国防部长等职位相关的国防部指令进行修订。

2. 适用范围

本指令适用于国防部长办公厅、军种部、参谋长联席会议主席、各作战司令部、国防部总监察长办公室、国防部业务局、国防部直属机构以及国防部其他实体下属机构(以下统称国防部各部局)。

3. 职责

采办、技术与后勤副国防部长是国防部长在以下领域最重要的助手和顾问:国防采办系统;研究与开发;建模与仿真;系统工程;先期技术;研制试验鉴定;生产;系统集成;后勤;军事基地管理;军事建筑物;采购;环境、安全、职业健康管理;公用事业与能源管理;商务管理现代化;文件服务;核化生国防项目等。在此职位上,采办、技术与后勤副国防部长应做到:

3.1 作为国防采办执行官,对监督国防采办系统绩效、加强国防部 5000.01 指令和行政管理预算局第 A109 号通告的政策执行负全部责任。

3.2 作为国防采办委员会主席,遵照国防部 5000.02 指示行使权力。

3.3 作为国防部采购执行官,负责美国总统 12931 行政令和《美国法典》第 41 篇第 7 章所述相关工作。

3.4 制定和颁布国防部国防采办系统和国防承包商管理监督的相关政策和程序。

3.5 制定相关政策并监督研制试验鉴定相关工作;在国防采办Ⅰ类项目试验鉴定主计划方面,与作战试验鉴定局协调配合;与作战试验鉴定局共同监督联合试验鉴定项目,并管理国外比较试验项目。

3.6 规定相关政策,与国防部总监察长、国防部主计长共同对国防合同相关活动进行审查和监督,避免国防部各部局重复建设。行使这一职责不应影响1978年总监察长法案赋予国防部总监察长的权利。

3.7 统筹协调国防部范围内的研究、开发与生产项目,避免重复建设,确保有限资源获得最大限度效益。

3.8 制定相关政策和程序,改进、理顺和强化国防部各部局技术获取与开发项目流程,鼓励市场开放竞争,以技术驱动样机研制,在降低成本、加快部署进度的前提下提高军事能力;同时,通过创新和采购商业现货技术来探索进一步降低成本的可能性。

3.9 制定采办相关的规划、战略、指南等,并实施相关评估,以确保采办里程碑评审和规划计划预算与执行过程可以及时有效地开展。

3.10 与国防部政策副部长和法律总顾问协调配合,遵照国防部5530.03指令,共同制定涉及采办事务的、与盟国或国际组织间的各类协议。

3.11 开展国防工业能力评估,制定相关政策,以确保美国国防工业能力能够满足国防部需求。

3.12 依照美国总统12626行政令,监督指导战略性、关键性装备项目的管理和绩效情况。

3.13 与人员与战备副国防部长协调配合,为国防部采办、技术与后勤人员队伍的有效管理,制定政策和程序。

3.14 与政策副国防部长协调配合,为采办、技术与后勤项目的有效开展制定政策和程序,为当前安全目标提供支撑。

3.15 与国防部主计长协调配合,为国防部所有资产、工厂、设备等,以及资产会计系统战略规划的拟制和监督,制定会计政策和指南。

3.16 与政策副国防部长协调配合,确保国土防御、特种作战和低强度冲突项目、系统和采办相关活动,能够为作战司令部和作战部门提供有效支撑。与情报副国防部长协调配合,确保情报和情报相关项目、系统和采办相关活动,能够为作战司令部和作战部门提供有效支撑。

3.17 会同政策副国防部长,发起和管理合作研究发展项目,推进符合国家安全利益的互利型国际合作研究发展项目的设立。

3.18 管理国防部长办公厅研究项目。

3.19 担任国防业务系统管理委员会副主席,设立一个投资评审委员会并担任主席,对自身负责的所有国防业务系统的规划、设计、采办、开发、部署、操作、维护、升级以及各个计划的成本收益与风险进行评审。国防业务系统管理委员会的职能之一就是要确保所有国防业务系统在设计、开发和维护过程中保持与国防部信息技术政策法规的一致性和适用性。

3.20 依照《美国法典》第29篇第794d部分规定,制定采办政策和程序,确保残疾人能够接触、使用到国防部的电子信息技术。

3.21 担任国防科学委员会和国防威胁化简咨询委员会的主办人。

3.22 担任核武器理事会主席。

3.23 依照美国总统12196行政令,行使国防部长职权,任命国防部指定机构的安全与健康官员。

3.24 制定公共事业和能源管理相关的政策、程序。

3.25 制定国防部小企业政策并监督实施。

3.26 制定国防部基础设施和环境管理相关政策、程序,以支持军事准备相关的设施建造、维护、升级,包括:营建;基地的停用与启用,包括对受影响社会团体的经济补偿;私有化和竞争性采购;基地运行;能源使用与存储;不动产管理;针对基础设施容纳和维持能力的环境管理系统;安全;职业健康;火灾防范;防疫管理;爆炸物安全。

3.27 针对所有国防部长负责的或其他政府机构授权国防部长负责的基地关闭和调整事宜,制定政策和程序,包括颁布条例、行使法令条例相关的职权,但不包括:

3.27.1 公法101-510第26篇规定的与特定设施的关闭与调整相关的国防部长职权与责任。

3.27.2 公法102-484第330节规定的与赔偿相关的国防部长职权。

3.28 依照"国家披露政策-1",以及"国际武器贸易条例"、"出口管理条例"中规定的出口许可证审批程序,会同政策副国防部长、国防安全合作局局长,针对采办、技术与后勤相关的信息、技术与系统,制定对外披露和销售的政策、程序(包括国际合作、对外军售和直接商业销售)。

3.29 依据国防部5230.28指示,担任低可探测/应对低可探测执行委员会主席。

3.30 根据低可探测/应对低可探测出口议题,向国防部常务副部长提供技术、武器系统出口方面的建议,为国家披露政策决策提供支持。

3.31 作为装备部长参加北约装备部长会议以及其他类似的装备部长级的双边或多边会谈。制定并发布政策、程序,管理国防部采办系统事务,为北约装备部长会议、北约高级后勤会议、北约研究与技术组织以及其他类似的多边、双边论坛提供支撑。

3.32 依照国防部2060.01指令,制定政策和程序,确保所有国防部的活动完全符合美国已参与的军控协议,并确保国家安全信息不外泄。

3.33 依照国防部长备忘录,担任国防后勤执行官,全面负责改善和维护国防后勤与全球供应链管理系统。与参谋长联席会议副主席共同主持国防后勤委员会,评估和确认物资准备状态和供应链的可用性,就全球供应链资源分配的决策问题向国防后勤局长提供咨询。

3.34 制定政策和程序,确保国防部内外的试验鉴定设施和资源能够满足国防部的试验鉴定需求。

3.35 依照国防部5000.59指令,设立和维护国防部建模与仿真的管理和行政结构。担任国防部建模与仿真执行理事会的发起人。制定政策、计划和方案,协调、统一、理顺国防部的建模与仿真工作,包括国防部建模和仿真主计划和投资计划。制定标准和协议,确保国防部建模与仿真方面的投资能够有效支撑作战需求和采办进度,以及通用工具、方法和数据库的开发,以提高互操作性、数据可交换性、系统架构开放性和软件可重用性。

3.36 同步本身和各个下属机构的战略规划工作,尤其是"平衡计分卡"和"战略规划"。同步各个方面的改革倡议,包括问题和差距解决方案。

3.37 发布政策指南,规范国防部各部门间文件服务的运作与管理(打印、快速大量复制、文档转换以及自动化服务)。代表国防部与印刷联合委员会、政府印刷局、行政管理与预算局以及其他政府机构协调印刷相关政策事宜。

3.38 构建和维护国防采办大学的架构。

3.39 依据国防部5101.01指令,定期对分管的国防部执行机构进行评估,评估其是否仍然必要、经费运转如何以及是否能够满足最终用户的有效性和效率要求。

3.40 确保采办、技术与后勤相关政策、方案的制定确实有助于绩效、经济性、有效性和效率的提升。确保所有采办、技术与后勤副国防部长管理、领导和控制下的国防机构和国防领域事务能够积极有效地满足国防部内外的用户需求。

3.41 履行国防部长赋予的其他职责。

4. 关系

4.1 在履行承担的职责和职能时,采办、技术与后勤副国防部长应该:

4.1.1 直接向国防部长报告。

4.1.2 在国防部长和国防部常务副部长领导之下,在处理法律授权管理的所有国防部事务和国防部长授权管理的所有国防部事务时有优先权。在其他所有事务上,管理优先权排在国防部长、国防部常务副部长以及各军种部长之后。

4.1.3 对以下官员进行授权、指导和指挥:

4.1.3.1 采办与技术副国防部长帮办

4.1.3.2 后勤与物资战备副国防部长帮办

4.1.3.3 国防研究与工程主管

4.1.3.4 核化生国防项目助理国防部长

4.1.3.5 军事设施与环境副国防部长帮办

4.1.3.6 通过国防研究与工程主管对国防高级研究计划局局长

4.1.3.7 通过后勤与物资战备副国防部长帮办对国防后勤局局长

4.1.3.8 导弹防御局局长

4.1.3.9 通过核化生国防项目助理国防部长对国防威胁化简局局长

4.1.3.10 通过采办与技术副国防部长帮办对国防合同管理局局长

4.1.3.11 国防业务转型局局长

4.1.3.12 通过军事设施与环境副国防部长帮办对经济调整办公室主任

4.1.3.13 国防部试验资源管理中心主任

4.1.3.14 通过国防研究与工程署署长对国防技术信息中心主任

4.1.3.15 通过采办与技术副国防部长帮办对弱小企业利用主管

4.1.3.16 在法律许可的前提下，在国防部长提供的资源范围内成立或可能成立的其他类似机构。

4.1.4 为避免重复及实现最大效率和效益，在可行的情况下，可以利用国防部现有的系统、设施和机构，以及其他联邦政府部门。

4.1.5 在国防部信息技术政策和法律许可的前提下，在信息技术管理事务上与国防部首席信息官进行协调。

4.1.6 直接与军种采办执行官进行工作联系。

4.1.7 与其他国防部长办公厅官员和国防部其他有职责联系的部局领导相互配合并交换信息。

4.2 在为国防采办委员会评审的计划项目任命计划执行官或项目管理人员，或者重新任命上述官员时，国防部部局领导应当咨询采办、技术与后勤副国防部长。

4.3 在任命国防合作办公室主任或安全援助机构负责人，或者履行与其他国家在武器装备项目领域开展国防合作职能的国家打击办公室或安全援助机构相关人员，或者重新任命上述人员时，国防部部局领导应当咨询采办、技术与后勤副国防部长。

4.4 在采办、技术与后勤副国防部长相关权限范围内，批准项目转移或重新安排项目资金之前，国防部主计长应当与采办、技术与后勤副国防部长进行协调。

4.5 政策副国防部长应当与采办、技术与后勤副国防部长进行协调，以确保出口控制政策和程序能够保护美国国家安全利益,并且这些政策和程序在技术方面是可靠的。

4.6 其他国防部长办公厅官员和国防部其他部局领导应当在与此指令相关的授权、职责和功能的所有事务上与采办、技术与后勤副国防部长进行协调。

5. 职权

采办、技术与后勤副国防部长被授予以下职权:

5.1 在所有被赋予的义务与职责范围内对国防部各部局领导进行指导。

5.2 决定采取适当的措施来回应国防采办委员会的评审结果。采办、技术与后勤副国防部长的决定应当写入由采办、技术与后勤副国防部长发布的,由国防部各部局贯彻执行的采办决策备忘录。

5.3 若采办、技术与后勤副国防部长认为有必要,可要求国防部主计长停止向采办项目发放资金,以确保采办项目满足国防部指令设立的里程碑出口标准,以及由国防部长或采办、技术与后勤副部长设立的其他出口标准。

5.4 如果无法从国防部其他部局得到所需的设备或服务,可在国防采办大学安置相关设备。新的设备和服务应通过标准程序、项目和预算流程进行安置。

5.5 在授权和所分配的职责范围内,通过国防部指示发布国防部政策,包括确定国防部长办公厅官员和国防部部局领导等附带职责。此类指示应与国防部5025.01指示要求保持一致。此外,在所分配的职责范围内,采办、技术与后勤副部长有权发布其他指示、出版物、一次性指令性备忘录,用以执行经国防部长批准的政策。致军种部的指示应通过军种部长发布。致作战司令部的指示通常应通过参谋长联席会议主席发布。

5.6 根据国防部8910.01指示要求,获得执行所分配职责需要的报告和信息。

5.7 必要时直接与国防部各部局领导联系,以履行所分配的职责,包括发出建议与援助请求。与军种部的联系应通过军种部长或其指定人员,或者法律、其他国防部指示规定的国防部长指派人员。与作战司令部指挥官的联系应通过参谋长联席会议主席予以传达。

5.8 在非国防部负责的政府项目中,采办、技术与后勤副部长被指派为国防部主要责任人时,应为国防部的参与做出工作安排。

5.9 必要时,与其他行政部门官员、立法部门代表、州及地方政府官员、公众,以及外国政府代表联系,以履行所分配的职责。与立法部门代表联系,应通过立法助理部长协调,并与国防部立法计划保持一致。

5.10 在授权委派部局采办执行官时,可以批准一些指定的位置为关键领导位置。

5.11 相关授权见附件2。

6. 发布

本指令经批准公开发布，并且可以通过因特网从国防部网站获取，网站地址为 http://www.dtic.mil/whs/directives。

附件1(略)

E2. 附件2 授权

E2.1.1 除法律或行政命令对国防部长做出特殊限制的权力外，根据国防部长赋予的权力，并在其职权、指导和管控范围内，遵照国防部政策、指令和指示要求，授权采办、技术与后勤副部长在其所分配的职责范围内行使法律、行政命令、条例等相关权力，以及部门协议赋予国防部长的所有权力。这些权力包括但不限于：

E2.1.1.1 行使商务部授予国防部长有关"国防优先等级与分配系统"(DPAS)的所有权利。此外，行使1991年1月8日12742行政令授予国防部长的权力。

E2.1.1.2 根据1958年8月28日公法85-804"授权制定、修改和修订合同以促进国防发展的法案"要求，在与1958年11月14日10789行政令、联邦采办条例第50章保持一致的情况下，代表国防部长行使合同处置权。

E2.1.1.3 在《美国法典》第10篇赋予的职责范围内，为国防高级研究计划局、导弹防御局、国防合同管理局、国防后勤局、国防威胁化简局、国防业务转型局、经济调整办公室、国防部试验资源管理中心、国防技术信息中心、国防采办大学，以及国防部其他部局做出部长决策、声明和审批。适当时，授予采办、技术与后勤副部长的权力可转授给这些机构及其他部局领导。

E2.1.1.4 根据《购买美国货法案》要求，代表国防部长制定决策，以及授权豁免执行该法案。

E2.1.1.5 根据公法96-39第三篇、1979年贸易协定法案(《美国法典》第19篇第2511节及其后内容)、1980年12月31日美国12260行政令等法规规定，代表国防部长接受美国商务代表授权，免除从特定国家采购的禁令。

E2.1.1.6 根据1950年12月27日第81届国会第2次会期公法891规定，代表国防部长行使批准免于执行航海和船只检查法律申请的权力，国防部长向陆军部长授权的情况除外。

E2.1.1.7 根据1953年9月3日10485行政令(1978年2月3日12038行政令对其做出修订)规定，对跨越美国边境运输电能和天然气的设备向能源部提出建议。

E2.1.1.8 根据《美国法典》第10篇第2404节规定，就采办、交易和销售既定燃料源和服务,行使国防部长的权力和职责。

E2.1.1.9 代表国防部长执行行政管理与预算局1976年4月5日A-109通告中"重要系统采办"的相关权力。

E2.1.1.10 根据《美国法典》第50篇第1512(1)款要求,就致命化学品或生物战制剂的运输或试验做出决策。

E2.1.1.11 根据《联邦咨询委员会法案》10(d)部分(《美国法典》第5篇附录Ⅱ10(d)款)规定,就其职权内联邦咨询委员会的所有闭门会议制定书面决策。

E2.1.1.12 代表国防部长执行2003年5月29日修订的行政管理预算局A-76通告,国防部1100.04指令授权给人力与战备副部长的职责除外。

E2.1.1.13 国防部长保留高度敏感机密项目的决策权,除此以外,按《美国法典》第10篇第2430节规定,行使国防部长指定重大国防采办项目的职权。

E2.1.1.14 代表国防部长对《美国法典》第10篇所要求的重大国防采办项目和重大系统,履行确认、提交报告和批准豁免等职责和权力。权力包括但不限于以下事项:

E2.1.1.14.1 提交采办报告节选(SAR)(《美国法典》第10篇第2432节),包括SAR豁免通告和只含研究、发展、试验鉴定内容的SAR。

E2.1.1.14.2 制定和提交单位成本报告所要求的证明材料(《美国法典》第10篇第2433节)。

E2.1.1.15 行使1987年1月23日12580行政令授予国防部长的所有权力,根据综合环境反应、赔偿和责任法案(《美国法典》第42篇第9601节及后续章节)对国防部设备和船只排放有害物质的情况做出回应。

E2.1.1.16 依据《美国法典》第10篇第160章的规定,代表国防部长履行有关国防环保计划的权利和义务。

E2.1.1.17 依据《美国法典》第10篇第2354节的规定,代表国防部长履行对国防部各部局和各军种的管理职责。

E2.1.1.18 根据修订后的《联邦采办政策办公室法案》第25节的规定,担任联邦采办审查委员会委员。在采办、技术与后勤副部长不在位时,由副部长首席帮办行使副部长职责。根据修订后的《联邦采办政策办公室法案》第25节、1992财年和1993财年的《国防授权法案》第809节,以及1991年《公法》102-190的规定,该项职责将会以书面形式予以明确。

E2.1.1.19 履行修订后的《联邦采办政策办公室法案》第25节(d)所规定的职责。第25节(d)(1)分节规定,与采购相关的审查和法规审批的职责,不会转授给采办、技术与后勤副部长办公室以外的任何人。

E2.1.1.20 根据《美国法典》第10章第2350节a的规定,代表国防部长行使联合研究与发展项目的决策权。根据《美国法典》第10章第2350节b和《武器出口控制法案》第27节的规定,负责北约的联合工程项目。《美国法典》第10章第2350节a(b)(2)规定的决策权和《美国法典》第10章第2350节b(c)(3)规定的自动放弃权不可转授。

E2.1.1.21 根据《美国法典》第10章第2535节的规定,代表国防部长履行提供全面连续的国防工业保护计划的权力和职责。

E2.1.1.22 根据1988年2月25日总统12626行政令的规定,代表国防部长履行《战略和关键材料储备积累法案》(《美国法典》第50章第98节,下同)中规定的职责。

E2.1.1.23 根据《美国法典》第40章第501节、《联邦管理条例》、《联邦法典条例》第41条第102-82.25部分的规定,或者依据总务管理局长颁布的其他授权,代表国防部长签订期限在10年内的公共事业服务合同。

E2.1.1.24 根据《1991财年国防授权法案》(公法101-501)第248节的规定,代表国防部长制定日本国防技术办公室的政策导向,并实施监督。

E2.1.1.25 根据《美国法典》第10章第2410节i、1993年《国防部拨款法案》(公法102-396)第9069节、1992年《国防部拨款法案》(公法102-172)第8072节a的规定,针对无法证实是非以色列次级抵制的国外机构,可代表国防部长解除合同授予禁令。

E2.1.1.26 根据1991年10月18日总统12777行政令、《联邦水污染控制法案》(《美国法典》第33章第1321节)和《1990石油污染法案》(《美国法典》第33章第2701节,下同)的规定,代表国防部长履行联邦自然资源管理的责任。

E2.1.1.27 根据《1998年联邦机构清单改革法案》(公法105-270)的规定,代表国防部长履行相关职责。

E2.1.1.28 根据《美国法典》第10章第2865节的规定,代表国防部长负责管理能源节约投资项目、能源年度报告和其他能源事务。

E2.1.1.29 根据用于明确联邦能源管理领导机构的《国家能源节约政策法案》(公法95-619,法令(Stat.)第92章第3206节,《美国法典》第42章第8252节,下同)的规定,以及《1992能源政策法案》(公法102-466,法令(Stat.)第106章第2776节)、《美国法典》第3章第301节和总统13123行政令的规定,代表国防部长履行相关职责。

E2.1.1.30 根据《美国法典》第10章第2688节的规定,在防止国防部公用系统私有化方面履行国防部长的全部职责和权力。

E2.1.1.31 根据《美国法典》第10章第2222节的规定,对任何用于保障采办、后勤以及其他国防部基础设施和环境的国防业务系统的规划、设计、采办、部署、作战、维持和现代化，代表国防部长进行审查、批准和监督。

E2.1.1.32 根据《美国法典》第10章第2865节的规定和第10章第2801节的补充规定，担任国防部高级能源官员，并履行国防部长全部职责和权力。

E2.1.1.33 根据《2002财年国防授权法案》第318节、公法107-107（2001）的规定，代表国防部长管理轻型运货车辆的采购政策和需求。

E2.1.1.34 根据《美国法典》第42章第13212节的规定，确保采购用于军事目的的摩托车辆，能够满足联邦海军代用燃料车辆的采办要求。

E2.1.1.35 根据《美国法典》第35章第181节、第182节和第184节的规定，代表国防部长行使有关发明创造的保密管理和专利质押职责。

E2.1.1.36 与国防部5025.01指令一致，有必要对相关条款进行再次说明：

E2.1.1.36.1 根据《美国法典》第10章第133节a的规定，国防部5134.13指示调整了采办和技术副国防部长帮办的责任、职能、关系和权力。

E2.1.1.36.2 根据《美国法典》第10章第133节b的规定，国防部5134.12指示调整了后勤与装备战备副国防部长帮办的责任、职能、关系和权力。

E2.1.1.36.3 根据《美国法典》第10章第139节a的规定，国防部5134.03指示调整了国防研究与工程署署长的责任、职能、关系和权力。

E2.1.1.36.4 根据《美国法典》第10章第142节的规定，国防部5134.08指示调整了核化生国防项目国防部长助理的责任、职能、关系和权力。此授权不可被转授。

E2.1.2 采办、技术与后勤副国防部长在适当时，转授上述职权，法律、总统行政命令、国防部指令或条例以书面形式禁止转授的除外。

（魏俊峰 谢冰峰 刘文平 赵超阳 张成鲁 译　张代平 魏俊峰 校）

国防部 5118.03 指令——国防部主计长

签发日期：2012 年 4 月 20 日
签发人：国防部常务副部长阿什顿·卡特

1. 目的

a. 本指令重新颁布国防部 5118.03 指令，以更新《美国法典》第 10 篇第 113 节和 135 节规定的、国防部长授权的国防部主计长/首席财务官的职责、职能、关系和权限。

b. 依据国防部 5025.01 指示规定，授权国防部主计长/首席财务官为直接向国防部长报告的首席参谋助理，制定其职责、职能和权限范围内的国防部政策。

c. 替代《副国防部长备忘录》。

2. 适用范围

本指令适用于国防部长办公厅、各军种部、参谋长联合会议主席办公室及联合参谋部、各作战司令部、国防部总监察长办公室、各国防机构、国防部各直属单位以及所有国防部下属机构（以下统称国防部各部局）。

3. 定义

参考术语（略）

4. 职责与职能

国防部主计长/首席财务官是国防部长在预算和财务方面的首席参谋助理和顾问。国防部主计长/首席财务官管理预算制定与实施；财务管理与监督；财务管理人员队伍；绩效和财务信息的改进融合以及审计准备情况；财务系统；会计政策；合同审计管理；财务管理改进方案。国防部主计长/首席财务官是国防部长的首席财务管理顾问，应当履行《美国法典》第 31 篇第 902 节规定的所有职能和职责。基于此，国防部主计长/首席财务官应：

a. 利用成本评估与计划鉴定局局长和首席管理官帮办提供的建议，管理国防部"规划计划预算与执行系统"的预算和执行阶段，并提出建议。向国防部首席管理官帮办、成本评估与计划鉴定局局长提供国防部"规划计划预算与执行系统"中规划、计划阶段相关事项的分析、建议。

b. 指导编制和报告国防部预算，并与管理与预算局及国会沟通预算和财务事务，核准预算的执行和控制，维持对国防部所有财务资源使用的有效控制和问责制度。与国防部首席管理官帮办进行协调，开展针对提高国防开支效率的分析。

c. 指导和监督国防部财务管理工作人员招聘、保留、培训和职业发展,包括建立由高级执行官领导的职业体系管理办公室。

d. 指导提高国防部财务信息水平,制定相关政策,视情与首席管理官帮办协调,以使财务信息获得无保留审计意见。与首席管理官帮办共同担任财务改进与审计达标管理委员会联合主席,并监督对国会的财务改进与审计达标问题报告。

e. 与首席管理官帮办协调,进行国防部内财务系统的设计、开发和实施,以及管理改进项目,尤其是与财务管理相关的改进项目。国防部主计长/首席财务官应:

(1) 提供建议并协助国防部长开展有关工作;

(2) 依据管理与预算局行政通告 A-123 号和国防部 5010.40 指示,建立和维护国防部"管理人员内部控制计划",以减少非财务经营、财务报告以及财务系统的浪费、欺诈、管理不当和效率低下等问题。设立并主持高级评估小组,汇报财务报告内部控制情况。

(3) 提高会计和运行数据的准确性和可靠性。

(4) 制定、宣传、监督实施国防部合同审计管理以及财务管理改进的季度、年度和长期绩效目标(包括措施和里程碑节点情况)。确保《年度绩效计划》和《国防部战略计划》(《四年一度防务评审报告》)中确定年度和长期目标。设立相关计划,落实国防部战略,提高财务管理绩效。

f. 建立并监督实施统一的国防部政策、原则和程序,必要时包括:

(1) 编制、报告和执行预算;财务管理项目和体系;财务改进和审计准备、会计和出纳体系(包括非拨入资金体系);适用于非拨入资金退休计划的会计体系;现金和信贷管理;债务收取;财务进度与统计报告;依据管理与预算局 A-11 行政通告和国防部 7000.14-R 文件,执行《防止赤字法案》的职责;与合同审计相关的技术、组织和行政事务。

(2) 与财务机构保持联系,包括在美国和国外经营国防部设施的财务机构。

(3) 国际财务事项,包括国际财务协议的适当性。

(4) 确定国防部各部局对外提供产品和服务的价格,包括对国外政府的军火销售。

(5) 向美国政府问责办公室提供国防部预算材料和其他记录,供其查阅。

g. 充当国防部的首席财务官,应:

(1) 监督国防部所有计划与运行的财务管理活动。

(2) 依据有关规定,监督国防部会计和财务管理系统的开发和维护,包括财务报告和管理控制。

（3）领导、管理国防部财务管理人员和活动，进行政策指导和监督，包括实施国防部资产管理系统（含现金管理、信贷管理、债务收取以及资产和库存管理控制系统）。

（4）监控国防部实际债务、支出和发生成本预算的财务执行情况。与国家情报总监办公室磋商，监控国防部在国家情报项目方面的执行情况。与国防部首席管理官帮办协调，根据管理与预算局 A-136 行政通告，编制并酌情向国防部长和国家情报总监提交执行情况报告，包括国防部机构财务报告。

（5）至少每两年审查一次国防部因提供服务和产品而征收的服务费、专利费、租赁费和其他费用，并提出修改收费标准的建议，以反映国防部因提供上述服务和产品所产生的成本。

h. 建议并协助国防部长管理和组织国防部内部的合同审计职能。

i. 建议并协助国防部长管理和组织国防部内部的财务会计职能。

j. 建议并协助国防部长改进具体事件财务报告（例如战争报告成本），以提高报告的可信性、透明性和及时性。

k. 充当国防周转资金（DWCF）理事会主席，协作开发、审查和推荐国防周转资金政策和程序。

l. 审查、评价和管理支持国防部信息管理和全寿命周期项目的财务系统，包括数据标准的开发、改进和维护。制定相关政策和程序，确保会计、财务和资产管理系统及其他国防部信息解决方案的设计、开发、维护和使用遵守《美国法典》第40篇第11316节和国防部8000.01指令。

m. 作为财务战略计划制定、整合、实施和维护，财务实践再工程，财务管理相关的业务信息系统架构以及相关战略的首席参谋助理，依据有关规定，审查、批准和监督财务业务系统的计划、设计、采购、部署、经营、维护和现代化。进行经济分析的编制和验证，以支持财务系统。

n. 在适当的情况下，与参谋长联席会议主席协调，评估国防部财务管理绩效，以及预算、会计和管理改进产品与服务对国防部各部局需求的响应性，并给予国防部长相应建议。

o. 确保设计和管理预算、会计和综合管理改进政策与项目，提高绩效标准、经济性和效率，并确保国防部主计长/首席财务官管理、领导和控制的所有国防业务局和国防部直属单位关注国防部内外组织客户的需求。

p. 定期审查职能和职责，以确保国防部主计长/首席财务官管辖的国防部行政机构职责符合国防部5101.01指令的规定。

q. 履行国防部长或副部长规定的其他职责。

5. 关系

a. 在履行既定职责和职能时,国防部主计长/首席财务官应:

(1) 直接向国防部长报告。

(2) 管理、领导和控制下列人员:

(a) 国防财会局局长。

(b) 国防合同审计局局长。

(c) 国防资源管理研究所所长。

(d) 其他下属官员。

(3) 与国防部长办公厅官员、国防部各部局负责人和负有附带或相关职责和职能的联邦机构协调并交换信息。

(4) 尽量使用国防部或其他联邦机构现有的系统、设施和服务,避免重复浪费以实现最高的效率和最大的节约。

(5) 与国会预算监督委员会就国防部预算和会计事务保持联络。

(a) 作为国防部与参议院拨款委员会、众议院拨款委员会(包括调研参谋处)和国会预算办公室的主要联络人。

(b) 与管理与预算局保持联络,作为国防部预算和管理事务联络人。

(6) 在选任国防业务局和国防部直属机构主计长(或同级别职位)前,接受专业资格相关的咨询。

b. 其他国防部长办公厅首席参谋助理和国防部各部局负责人在遇到管辖范围内的,且在本指令中规定的权限、责任和职能相关的所有事项时,应与国防部主计长/首席财务官进行协调。

6. 权限

依据国防部长的权限,在其管理、领导和控制下,依照国防部政策和发行文件,授予国防部主计长/首席财务官在既定责任和职能范围内,行使法规、行政命令或机构间协议授予国防部长的所有权限,除非法规或行政命令明确限制国防部长的权限,并授权如下:

a. 在国防部指示和指令性备忘录中发布与本指令所规定权限和责任相关的国防部政策,包括明确其他国防部长办公厅首席参谋助理和国防部各部局负责人附带责任的权限。本权限不得进行再授权。此外,在既定责任和职能范围内,国防部主计长/首席财务官拥有按照有关规定批准和签署其他国防部指示、国防部手册和一次性指令型备忘录的权限,以执行经国防部长或副部长核准的政策。对各军种部的指示应通过各军种部长或委托人发布。对作战司令部的指示通常应通过参谋长联席会议主席进行沟通。

b. 为国防资源管理研究所制定政策,并监督其运行情况。国防资源管理研究所作为国防部联合机构,在国防部主计长/首席财务官的全面监督下运作。指定海军部长作为国防资源管理研究所的执行机构,享有相关权利和义务,直到国防部长撤销或废除这一委托。

　　c. 必要时,依据国防部8910.01指示,获取报告和信息,以执行既定责任和职能。

　　d. 必要时,与国防部各部局负责人直接沟通,以执行责任和职能,包括建议和请求帮助。与各军种部的沟通应通过各军种部长、法律规定的各军种部长委托人或在其他国防部发布的文件中直接由国防部长指定的委托人进行传达。与各作战司令部司令官的沟通,通常通过参谋长联席会议主席进行传达。

　　e. 为国防部参与非国防部的政府项目做好安排,并在相关事项中担任主要的审批官员。

　　f. 在履行责任和职能时,酌情与其他政府官员、立法部门代表和公众人士进行沟通。与立法部门代表的沟通,应酌情与国防部立法事务助理部长进行协调,还应符合国防部立法程序。

　　g. 批准或保留国会所核准和拨出的国防部项目执行资金的支用权。

　　h. 批准个人因公持有现金的要求,包括预付款,并依据《财政部财务手册》等规定,对掌管国防部所管理与控制经费的情况进行重新授权。

　　i. 依据有关规定,为国防部及其各部局内签付员和国防部责任官员职能的行政管理,制定相关政策并分配责任,包括制定国防部责任官员的经济责任,以及批准签付员豁免经济责任。

　　j. 在国防部内落实《财政部财务手册》的相关内容,当财政部长授权行政部门和机构负责人时,批准该授权。

　　k. 酌情与国家情报主任办公室以及其他国防部各部局协调,批准为拨给国防部的资金开立账户,并依据法定权限,发布开立账户管理条例。

　　l. 行使国防部长权限,制定国防部物品和服务报销率以及价格,并批准免除或减免上述报销率和价格的请求,这些权限都是国防部长依照法规可以行使的权限。

　　m. 依据其他法规和国防部及军事建设拨款与授权法案中颁布的划拨权限,做出划拨决策,并向国会或委员会做出落实上述资金划拨所需的报告或通知。此项权限不可进行再委托。依据国家情报总监权限,向国防部账户转入、转出及在各个国防部账户之间互转国家情报项目资金,将与国家情报总监进行协调。

　　n. 依据有关规定,在军事设施内经营联合交换和杂货店时,如因需要调整杂货食品售价并征收附加费,将会导致非拨款资金手段遭受损失,则应授权将国防物资局的资金划拨给非拨款资金手段,以补偿上述损失。

o. 批准资金重新安排的所有请求,《美国法典》第 50 篇第 403-1 节(又称《1947 年国家安全法案》第 102A 节)(修订版)禁止的除外,并向国会或其委员会做出上述重新安排所需的报告或通知。此项授权不可进行再委托。

p. 根据有关规定,向管理与预算局、总统和国会提交《防止赤字法案》违规行为报告。在国家情报总监办公室向管理与预算局、总统和国会提交报告前,协调与国家情报项目资金相关的《防止赤字法案》违规行为报告。

q. 依据有关规定以及与规定相关的国防部过渡规定,批准调整责任,监督并行使结账相关的所有必要权限。

r. 根据有关规定及年度拨款和授权法案规定的条款和条件,提供账目管理、收款、专项资金和账目存支服务,并向国会提交上述资金和账目状况的报告。上述资金包括但不限于国防部海外军事设施投资还本账户、军事基地重组与关闭账户、国防合作账户、国防部海运资金以及自愿离职奖励资金。

s. 依照 12333 行政令,为国防和军事情报活动提供财政监督,以支持国防部履行职责。

t. 依据有关规定或其他法定权限,接受赠送给国防部的礼物。

u. 依据有关规定,通知国会的各国防委员会紧急和非常支出资金的拟定义务或开支。

v. 在遇到国防财务会计局经营和职责相关的事项时,应:

(1)依据《美国法典》第 5 篇第 5584(a)(2)节及其他有关规定,放弃索赔;并依照国防部 1340.22 指令,向国防部法律总顾问建议放弃相关索赔。

(2)依据有关规定,免除或取消成员债务。

(3)依据有关规定,对国防财务会计局活动引起的或向国防财务会计局提起的索赔,进行收款、和解、延缓或结束收款行动。

(4)依据有关规定,申请国防部法律总顾问做出付款和认证决策。

(5)依据有关规定,确定因逾期或错误直接存款所导致的金融机构收费的偿还条件。

(6)依据有关规定,当某成员因精神问题导致无法管理有关事务时,应指定专人负责接收应付给该成员的(款项)总额。

(7)依据有关规定,调查对宣布婚姻的忠诚度。

(8)依据有关规定,做出工资津贴和医疗护理权利附带决定。

(9)依据有关规定,做出管理失踪人员账户的必要决定,失踪状态或死亡决定除外。

(10)做出管理年金计划的必要决定。

w. 依照有关规定,必要时重新颁布向国防部主计长/首席财务官管理、领导和控制的国防部长办公厅以总统资格任命、参议院确认的官员,重新颁布特许国防部指令。此项权限不可进行再委托。依照国防部 5105.53 指令,行政管理局局长应继续制定并维护上述特许国防部指令。

x. 除非本指令、法律、行政命令,或法规另有规定,酌情以书面形式再委托上述权限。

7. 发布

无限制。本指令获准公开发行,可在国防部指示网站进行下载,网址为 http://www.dtic.mil/whs/directives。

(李宇华 译)

国防部5143.01指令——国防部情报副部长

签发日期:2014年10月24日发布,2015年4月22日修订
签发人:国防部长查克·哈格尔

1. 目的

　　a. 根据《美国法典》第10卷第113条和第137条赋予国防部长的权力,并依照《美国法典》第50卷第3001条、公法108-458、总统12333行政令和总统13470行政令的规定,本指令重新发布国防部5143.01指令,以对国防部情报副部长的职能、责任、关系和权限加以更新。

　　b. 根据国防部5025.01指示,针对国防部长办公厅那些由总统任命、参议院批准且处于国防部情报副部长的管辖、指导与控制之下的官员,授权国防部情报副部长重新发布与雇佣合同相关的国防部指令。

　　c. 遵从与国家情报总监权限和责任相关的法律和总统指示。

　　d.《国防部常务副部长备忘录》就此废止。

2. 适用范围

　　本指令适用于国防部长办公厅、各军种部、参谋长联席会议主席办公室及联合参谋部、各作战司令部、国防部总监察长办公室、国防业务局、国防部直属机构以及其他所有隶属于国防部的组织实体(下文统称"国防部各部局")。

3. 责任与职能

　　在涉及情报、反情报、安全、敏感活动及其他相关情报事项(本指令称为"既定责任"或"国防情报、反情报和安全")的问题上,国防部情报副部长是国防部长和国防部常务副部长的首席参谋助理兼顾问。在此方面,国防部情报副部长对国防情报局、国家地理空间情报局、国家安全局/中央安全局、国家侦察局和国防安全局行使国防部长的管辖、指导与控制职权,并对这些机构的活动实施监督;对所有相关的政策、计划和项目实施规划监督、政策监督和战略监督。为履行既定职责,国防部情报副部长:

　　a. 担任级别低于国防部长和国防部常务副部长的国防情报、反情报和安全领域的高级官员。

　　b. 视情与国家安全委员会人员、其他政府机构及国防部各部局保持密切联系,制定相关政策、计划和方案,以实现对国防情报及其他能力的作战应用。经与国防部政策副部长协调,向国家安全委员会主官与副职委员会提供国防情报、反情报、安全、敏感活动及特别计划方面的视角。确保国防部的情报及与情报相关的敏感活动和特别准入计划符合国防部长和美国政府的指导要求。

c. 根据国防部长与国家情报总监之间的谅解备忘录,担任国防情报总监及国家情报总监在国防情报事项上的首席顾问,并针对本指令所规定的职责,在与国家情报总监办公室及情报界其他机构交流时充任国防部长的首席代表。

d. 根据总统 13587 行政令、总统备忘录以及国防部常务副部长备忘录,担任负责内部威胁计划的国防部高级官员;制定相关政策和指导方案,负责监督国防部内部威胁计划的实施;针对需求满足事宜提供资源配置方面的建议。

e. 促进国防情报、国防部支援活动与情报界活动之间的融合。

f. 依照国防部 5240.01 指令以及国防部长和国家情报总监的其他指导要求,为国防情报行业制定政策、确定优先事项并实施监督。根据有关规定,确保国防部的情报界成员机构在满足作战部队需求方面做到反应迅速且行动及时。

g. 对于国防情报:

(1) 对于国防情报分析:

(a) 提供监督和指导,确保分析产品符合国防部的政策需求、作战需求、规划需求和采购需求;对及时准确的决策行为提供支持;随时向国家需求提供支持。

(b) 针对各种相关能力及政策、计划和方案的落实进行监督和指导,确保为国防部的任务提供有效支援。

(c) 确保分析产品符合情报界和国防部的分析理念、方法和情报技巧。

(2) 对于国防人力情报:

(a) 根据国防部 5200.37 指令,制定政策并加以监督和指导。在国防人力情报政策及相关问题上担任国防部在情报界的代表。

(b) 根据有关规定,实施监督和指导,以确保国防人力情报执行单位合理组织架构,能够为国防部的任务和国防部长办公厅、国防部各部局及国家情报总监办公室的需求提供支援。

(c) 确定与国防部相关的国家情报需求,对国防情报活动提供指导。根据有关规定,视情与助理国防部长(负责特种作战与低烈度冲突事务)协商,指导和推进国防人力情报活动和来源行动的开展。

(d) 使用秘密情报技巧、技术、方法和流程对情报进行融合,并对向作战人员提供可用人力情报的活动加以监督。

(3) 对于技术搜集(即信号情报、地理空间情报、测量与特征情报以及生物识别类和取证类情报):

(a) 对国防部技术搜集能力(包括技术搜集支援)进行监督和指导。确保国家安全局/中央安全局、国家地理空间情报局和国家侦察局在执行各自任务时,视情对国防部和美国政府的作战需求、政策需求、规划需求和采购需求给予充分支持。

（b）针对各个技术搜集门类的行动同步和作战融合，以及国防技术搜集行动和国家搜集行动之间的同步和协调一致，制定政策并提供实施指导。

（c）对搜集优先次序排定流程，以及国家搜集优先次序排定流程和国防搜集优先次序排定流程之间的同步协调进行监督。

（4）对于国防公开来源情报：

（a）针对能力、政策、计划和项目实施监督与指导。确保相关活动为国防部任务提供支援，并满足各军种部和各作战司令部指挥官的需求。

（b）确保战略、政策、指导要求和活动与情报界保持一致。

（5）任命国防搜集主管，并针对国防部搜集管理政策、计划和项目实施监督和指导。

h. 对于国防反情报活动：

（1）在国家反情报执行官、国家反情报政策委员会及美国和国际反情报界的其他论坛方面，担任国防部长的代表。

（2）制定并监督政策、计划、指导和训练的落实情况。对各各种活动、项目和资源加以监控和监督，以确保其符合国防部和国家的反情报政策。

（3）对反情报政策和项目监管进行强化、监督和指导，以充分利用相关能力和资源，对经过批准的国防部和国家反情报优先事项提供支持。

（4）制定并监督国防部的可信度评估政策，并确保国防部满足其他政府机构的可信度评估需求。

i. 对于情报及与情报相关的所有敏感活动以及相关事项：

（1）针对为国防部情报及与情报相关的敏感活动、国防掩护计划、特种通信、向情报活动提供的技术搜集支援以及技术的秘密利用而实施的协调、评估、报告和落实工作，制定相关政策并加以监督和指导。

（2）根据国防部5210.36指令，为向国防部各部局和其他政府机构提供国防敏感活动支援，制定相关政策并实施监督和指导。

（3）针对其他政府机构所开展的敏感活动，向国防部长和国家安全委员会主官提供政策建议和行动建议。

（4）根据国防部第3200.17指示，担任国防部特种通信职能主管。

j. 对于国防安全项目及相关事项：

（1）根据总统13526、13556、13549和12977行政令的规定，作为国防部的政府高级安全官员，就风险管控安全政策以及项目的制定与融合事宜向国防部长、各军种部部长、参谋长联席会议主席及国防部其他部局领导提供建议，涉及核化生安全的事项除外。在国家级安全论坛上担任国防部长的代表。

（2）根据国防部5200.43指令，针对国防安全行业的管理和监督，制定相关政策并建立一体化战略架构。

（3）制定人员安全政策和指南，并对总统12968和13467行政令在国防部的落实情况以及国防部人员安全计划的实施情况加以监督。

（4）根据有关规定，履行国防部长在物理安全计划中的所有职责。制定物理安全政策和指南，并对相关计划及规定在国防部的落实情况加以监督。

（5）制定信息安全政策和指南，并对国防部的落实情况以及国防部信息安全计划的实施情况加以监督。

（6）根据总统12829行政令，履行国防部长在国家工业安全计划中的所有职责。制定工业安全政策和指南，并对工业安全计划在国防部的落实情况加以监督。

（7）根据总统和国家情报总监的指导要求，对敏感隔离信息防护的相关政策落实情况加以监督。

（8）根据国防部5205.07指令，制定国防部特别准入计划的相关政策，并对落实情况加以监督。

（9）就有关严重安全事件（包括未经授权披露机密信息）的甄别、报告、调查和转交，提供政策和指导。

（10）经与副国防部长（采办、技术与后勤）协调，针对关键项目信息甄别和防护事宜，制定相关政策和指南，并对落实情况加以监督。

（11）根据总统12号国土安全指令、联邦信息处理标准出版物第210-2号以及人事管理局备忘录的规定，针对通用准入卡发放的调查和裁定指南，提供相关政策并加以指导。

k. 对于作战支援：

（1）就作战支援事项与参谋长联席会议主席协商。

（2）针对向各作战司令部提供的国防情报作战支援，制定政策、方案、计划和指南，并对落实情况加以监督。对国防情报局、国家安全局/中央安全局、国家地理空间情报局和国家侦察局的活动加以评估和监督，以确保向国防部和美国政府的跨机构行动和活动提供有效支援。

（3）经与各作战司令部和各军种部协调，对联合情报行动中心和各军种情报中心的情报能力加以审查并吁请对其的关注，以确保其任务表现符合国防优先事项和国家优先事项的相关要求。

（4）针对国防情报机构向各作战司令部提供的联合目标引导情报规划和情报支援，提供指导并实施监督。

（5）针对所有的情报、监视和侦察类有人和无人式空间、空中、地面、地下和网络空间的活动，以及相关的任务部署、处理、利用和分发事宜，制定国防部的相关政策、战略、计划和指南，并对落实情况加以监督。针对情报、监视和侦察能力以及任务部署、处理、利用和分发一体化解决方案，使之成为国防部的关注焦点并大力宣扬。对国防部所属部门的工作进行协调、监督和评估，并针对情报、监视和侦察能力一体化的优化提出建议。

（6）为应对规划过程和行动过程存在的缺陷，对针对部署和优化情报、监视和侦察能力相关的挑战而实施的资源配置、方案设计和问题解决事宜，确定并推荐解决方案。

（7）针对侦察监视活动与行动，执行项目政策并对之实施监督。针对敏感侦察行动的计划和需求，担任国防部的跨机构协调负责人。针对技术搜集和行动部署事宜，提供专业技能服务。在国家论坛和国际论坛上，针对敏感侦察行动及与之相关的活动，担任国防部的代表。

（8）参与能力开发流程（例如联合能力集成与开发系统），确定并评估联合军事情报、反情报和安全领域的能力需求，以提供作战人员所需的能力。

（9）根据国防部 5205.02E 指令，经与国防部政策副部长协调，针对军事欺骗和行动安全的同步应用，制定国防部的相关政策、方案和指南并对落实情况加以监督。提供任务支援和行动支援，确保上述政策、方案和指南与情报、行动及相关规划单位之间实现责任共担和紧密协同。

l. 对于国际情报交流：

（1）对于国防情报和反情报机构与外国政府和国际组织间情报和反情报关系的发展、管理和协调实施监督。

（2）为推进和协调国防情报和反情报机构与外国政府和国际组织间的情报关系，制定相关机制。

（3）经与国防部政策副部长协调，与选定的外国防务合作机构、外国政府的情报或安全机构以及国际组织，建立并维系国防情报联系，制定和维持国防情报交换计划。确保此类联系和计划符合国防部 5530.03 指令等的规定。在建立和维系此类联系时，应视情与各作战司令部指挥官进行协商。

m. 对于国防部外国装备计划：

（1）为所有的双边和多边交流活动提供战略指导。通过向外国装备或技术的采购和技术利用提供政策、计划和战略指导，制定国防部外国装备计划并实施监督。通过各军种部部长向各军种部以及国防情报机构领导提供规划指导和战略指导。对那些与外国装备计划相关的高风险、高成本或高度敏感的活动实施监督。

（2）为向国防部外国装备活动提供支援，创设国防部长办公厅外国装备采购和开发资金,并对其进行计划、预算编定和具体运作。

n. 对于情报信息共享:

（1）依照适用法律法规以及国防部和情报界的相关政策,针对情报信息共享制定国防情报政策、指南和战略,并对落实情况加以监督。

（2）促进整个国防情报行业与各作战司令部、联合参谋部、国家情报总监办公室、情报界其他机构、其他政府机构,以及同盟和联盟的任务伙伴之间的情报信息同步共享。

（3）依照请求,经与国防部政策副部长、参谋长联席会议主席和国防部各部局领导协调,对国土防御工作提供情报信息共享支援。

（4）依照国家信息披露政策1号文件和国家情报共享指南,视情做出向外国政府和国际组织披露和发布军事情报的决定。经与国防部政策副部长协商,对向外国披露军事情报的落实情况加以监督。

o. 根据公法113-66第932条的规定,针对那些与本指令所确定职责相关的网络空间作战提供支援的网络空间能力和活动:

（1）如果可行,经与国防部政策副部长、国防部长办公厅其他首席参谋助理以及参谋长联席会议主席协商,重点向各军种部和各作战司令部指挥官提供作战支援,制定政策、方案和指南并对其实施监督。

（2）针对那些与国防部各部局、跨机构伙伴和盟友的活动相融合的各种网络空间作战行动,确保向其提供均衡式情报支援。

（3）针对向网络空间作战提供支援的情报能力和资源的长期规划和实施事宜,通过对未来研究活动和战略信息环境预测活动加以协调,为国防部和国防情报的政策制定和投资提供依据。经与副国防部长(采办、技术与后勤)协调,在国防部研发过程中充分利用商业、学术及其他关系资源,以迅速开发新技术、构建新理念、培育新能力并使之制度化。

p. 对于国防情报行业任务支援:

（1）在与国防部各部局和国家情报总监协商的基础上,视情制定战略、战略规划及其他战略指南,并将其付诸实施。

（2）关于规划设计、方案制定、预算编定和具体执行及其他预算事项:

（a）针对国家情报界项目和联合资助项目的战略制定、规划设计、方案制定、预算编定和具体执行以及评估事宜,与国家情报总监进行协调。

（b）根据有关规定,参与国防部规划设计、方案制定、预算编定和具体执行流程;针对资源决策面临的威胁和产生的影响,提供相应的视角和预测结果;确定优先事项,提出方案和财政上的指导方针,并拟定预算证明材料。

（c）根据国防部5205.12指令,作为军事情报计划的执行领导,通过行使军事情报计划和国家情报计划中与国防部各部局相关的职责,向国防情报、反情报和安全领域的计划、项目、所需能力和资源分配提供政策指导并对其实施监督。与国家情报总监办公室进行协调,制定、同步并落实国家情报计划和军事情报计划的年度优先事项。

(d) 对国防情报、反情报和安全领域的所有预算事项加以监督。针对军事情报计划的预算问题,与国防部主计长/首席财务官进行协商和协调,针对军事情报计划和国家情报计划的预算问题,与国家情报总监进行协商和协调。根据国防部 7045.20 指令,针对与战场态势感知能力体系相关的情报和非情报资金使用情况,与各军种部进行协商和协调。

(e) 根据有关规定,对战场态势感知能力体系加以管理;针对国防部情报、监视和侦察能力及环境系统能力的所有投资和风险情况,对相关的规划、组织、协调和结算工作实施监督,并视情与美国战略司令部司令进行协商。

(f) 针对国防情报的规划设计、方案制定、预算编定和具体执行事宜,与采办、技术与后勤副国防部长,人员与战备副国防部长,国防部主计长/首席财务官,成本评估与计划鉴定局局长,各军种部部长,参谋长联席会议主席以及美国特种作战司令部司令进行协商和协调。

(g) 支持司法助理国防部长和国防部主计长/首席财务官向国会提交情报、反情报和安全领域的项目和预算并为之辩护,评估国会相关行为对这些事项产生的影响。

(3) 关于采购和能力事项:

(a) 针对那些对情报、反情报和安全领域的能力和计划造成影响的采购项目,视情向副国防部长(采办、技术与后勤)、国防部首席信息官、成本评估与计划鉴定局局长、参谋长联席会议主席、国防采购委员会、国防空间事务委员会以及国家情报总监和其他政府机构首脑提供建议和帮助。

(b) 针对情报、反情报和安全领域的技术、系统和装备,行使副国防部长(采办、技术与后勤)、国家情报总监及其他相应官员所赋予的采购职权。

(c) 确保国防情报、反情报和国防安全机构首脑所行使的采购职权符合副国防部长(采办、技术与后勤)的相关规定。

(d) 经与参谋长联席会议主席和国家情报总监协调,对军事情报能力和国家情报能力的开发和运用加以监督,以向各作战司令部指挥官、国防政策以及军事行动的计划和实施提供支援。

(e) 高度重视并推动对高优先级国防部长情报计划以及与情报相关的快速反应能力的审查和实际落实。确定那些与采购相关并可能延迟情报能力实际落实的流程,并探索规避此类流程的措施。

（4）关于技术植入：

（a）确定能力差距和机遇，以提升情报、反情报和安全领域的能力。

（b）根据国防部采购规章等规定，视情与副国防部长（采办、技术与后勤）、作战试验鉴定局局长、研究与工程助理国防部长以及国防部各部局领导一起，对研究、开发、试验鉴定工作实施监督。由国家情报计划资助的项目必须在与国家情报总监协调的基础上进行。

（5）关于国防情报及对指定的特别准入计划的管理和监督：

（a）对国防部特别准入计划监督委员会的指导加以落实。担任所有指定的特别准入计划的监督主管。

（b）在国防部情报副部长办公室设立并持续运作特别准入计划中心机构，推动指定特别准入计划的管理工作并向其提供行政支持，同时对由国家情报计划资助的国防部所有的特别准入计划进行定期审查，确保其符合国家情报总监的相关政策。

（c）对那些不属于国防部情报副部长主管的特别准入计划提供情报支援，并实施监督。

（6）关于人力资本和人力资源管理：

（a）根据国防部1400.35指令，视情对有关国防情报职位的人事政策实施监督，以确保国防情报机构进行合理的人员配备、装备配置、训练和结构调整，做好准备向国防部任务提供支援并满足国防部和情报界需求。

（b）根据有关规定，与副国防部长（人员与战备）一起，制定与国防文职情报人员系统的国防情报职位（包括国防情报高级行政职位和国防情报高级职位）相关的政策，并对其落实情况实施监督。

（c）就国防情报职位而言，充任人事管理局局长的角色，对《美国法典》第5卷中的职位和雇员实施管理，除非法律或国防部政策另有规定。

（d）针对国防情报、反情报和安全机构人员的训练（包括联合情报训练）、认证、教育和职业发展制定政策并实施监督，并视情确保国防情报标准融入国防部和情报界的其他训练之中。

（e）在既定的责任区域内，针对所有的军事人员和国防文职情报系统人员，监督政府机构雇员政策在国防部的落实情况。批准此类雇员到外部机构工作，将依照国防部1000.17指示和1400.36指示的规定办理。

（f）考虑国防部各部局提出的传票发布申请，可以发布两类传票，一类传票是从联邦政府外收集信息的出庭受审传票，另一类是从不再担任联邦雇员和军事职务的个人获取证词的做证传票，这两类传票对履行参考文献[c]所分配的职责是必要的。

（g）视情向各军种部部长提供各军种部情报机构首脑工作表现情况介绍,并向国家情报总监征求其对上述首脑的评价情况。

（h）针对军事情报计划,对联合情报人力验证流程加以协调、实施和监督。

（i）根据国防部1200.17指令,针对预备役部队情报机构的整合事宜,制定并提供政策指导、资源支持并实施监督,同时确保相关实践和程序能够有效利用预备役部队情报机构并对其资源进行高效配置。

（7）根据国防部8330.01指示等规定,担任国防部情报信息系统互操作性和管理流程的中心联系人。就国防部各部局总体规划、方案设计和综合开发工作进行协调、监督和评估,以支持情报信息共享、体系架构和互操作需求。

q. 根据国防部5240.1-R规章和08-052指令型备忘录,就国防情报机构有问题、重大或极敏感情报活动,向首席管理官帮办办公室的国防部高级情报监督官汇报,或者指示国防部各部局向首席管理官帮办办公室或国防部高级情报监督官汇报。

r. 设计并管理相关政策和计划,确保提高工作标准、经济性标准和效能标准,同时确保在国防部情报副部长管辖、指导与控制下的国防部各部局,能关注和响应国防部内外组织客户需求。

s. 为确保完成任务,经与国防部其他部局领导和国家情报总监协调,对政策、计划和指南加以制定、贯彻和监督。

t. 根据08-011指令型备忘录等规定,为履行国防部情报副部长的情报监督审批职责,制定程序并加以落实。

u. 在那些与既定职责相关的理事会、委员会及其他团体中任职,并针对所有既定职责,代表国防部长出席美国政府的其他论坛。

v. 根据国防部5101.01指示的规定,对国防部情报副部长认定的执行代理的任务完成情况进行定期评价,确定其在满足终端用户需求方面是否还有继续推进的必要、是否需要继续投入,以及效果和效能如何。

w. 履行国防部长或国防部常务副部长规定的其他此类职责。

4. 关系

a. 在履行既定职责方面,作为国防部高级情报官员,国防部情报副部长服从国防部长和国防部常务副部长的管辖并接受其指导和管控,并且:

（1）直接向国防部长汇报。

（2）针对以下国防部各部局领导,行使国防部长的管辖、指导与控制职权:

（a）国防情报局局长。

（b）国家地理空间情报局局长。

（c）国家侦察局局长。

(d) 国家安全局局长/中央安全局首长。

(e) 国防安全局局长。

(f) 根据适用法律的规定,在国防部长所提供资源的范围内,国防部情报副部长设立的其他此类职位或机构。此种职权包括向国防部长推荐这些职位的人选;针对国家情报总监职权范围内的国家情报及相关事项,行使此种职权时需与国家情报总监协调。

(3) 担任国防部长与国家安全委员会工作人员、其他政府机构之间的联络中心,并且根据本指令所规定的职责,担任国防部长与国会、各州相关机构、外国政府以及国际性、商业型和学术类组织之间的联络中心。

(4) 针对军事情报计划进出资金的转移、调整和重组方面的所有事宜,向国防部主计长/首席财务官提供建议。在转移或重组军事情报计划资金之前,咨询国家情报总监办公室。针对所有的重组计划,视情与国防部各部局领导进行协调或协商。与国家情报总监进行协调,确保国防情报计划和国家情报计划之间实现有效、互补和相互的支援。

(5) 针对本指令规定的所有职责,按照要求,视情与国防部各部局领导、国防部长办公厅首席参谋助理、首席网络顾问、其他政府机构首脑(包括情报界相关机构和国家情报总监)进行协调。

(6) 尽可能利用国防部及其他联邦机构的既有系统、设施及服务,以避免重复建设,实现战备程度、持久性、经济性和效能的最大化。

(7) 根据有关规定,与副国防部长(人员与战备)一起,对国防文职情报人员系统政策加以落实,并针对支撑性数据系统的相关问题,视情向副国防部长(人员与战备)提供建议。

b. 国防部长办公厅其他首席参谋助理和国防部各部局领导将就其管辖范围内与本指令所规定的权限、责任和职能相关的所有问题与国防部情报副部长进行协调。

c. 根据有关规定,针对那些向国防情报、反情报和安全领域的目标和任务提供支援的政策、计划及其他相关活动(包括对建议、资源、援助及其他职能的请求),参谋长联席会议主席与各作战司令部指挥官协商并征求其建议。参谋长联席会议主席促进与各作战司令部指挥官之间的联系,以确保国防情报、反情报和安全领域的互操作性以及对联合作战的支援,当涉及本指令所规定的与情报相关的职能时更是如此。

d. 根据国防部5101.02E指令,针对所有的国防空间事务,国防部空间事务执行代表视情与国防部情报副部长进行协调。

e. 针对那些向国防部长、国防部常务副部长、参谋长联席会议主席、国家情报总监或国防部之外的其他高级官员提供的情报评估或其他具有重大意义或时机较为敏感的情报，国防情报机构首脑会向国防部情报副部长提供副本。

f. 根据国防部 5144.02 指令，针对国家安全局/中央安全局的网络安全任务及相关预算事宜，国防部首席信息官会与国防部情报副部长进行协调。

g. 根据 1978 年《总监察长法案》及其他适用的指令和指示，包括国防部 5106.01 指令和国防部 7050.03 指示，针对国防部情报副部长按照本指令规定实施的项目、计划及其他活动，国防部总监察长办公室及国防部其他监察长对其进行审计、调查、评价和评估。

5. 权限

根据国防部长赋予的权力且在国防部长的管辖、指导与控制下，依照国防部相关政策和签发文件精神，国防部情报副部长得到授权：

a. 在既定的职责范围内，行使法规、行政令、规章或跨机构协定赋予国防部长的所有职权，法规或行政令对国防部长有特别限定的情况除外。

b. 在本指令规定的权力和职责范围内（包括明确国防部其他首席参谋助理和国防部各部局领导连带责任的权力），制定国防部指示、指令型备忘录和国防部政策。此权力不得委托下放。根据有关规定，此类文件须经充分协调方可发行。此外，在既定的职责范围内，国防部情报副部长有权审批和签署其他类型的国防部指示、国防部指南和指令型备忘录，以贯彻落实经国防部长或国防部常务副部长批准的相关政策。国防部签发文件中对各军种部的责任分派必须通过各军种部部长下发。国防部签发文件中对各作战司令部指挥官的任务分派必须与参谋长联席会议主席进行协调。

c. 根据国防部 8910.01 指示，为履行既定职责，按需获取报告和信息。

d. 必要时直接与国防部各部局领导进行联系，以履行既定职责，包括建议和援助请求的传达。与各军种部的联系，应通过各军种部部长，或者法律另行规定或国防部长指示的其他渠道。与各级作战指挥官的联系，应遵照国防部 5100.01 指令签名之上的第 4 款第 2 项第（3）目的规定。

e. 针对国防部参与的、国防部情报副部长担任国防部主要负责人的美国政府项目，制定计划和安排。

f. 针对国防情报、反情报和安全领域的事项，代表国防部长与国家情报总监办公室直接联络。

g. 视情与其他政府机构官员、公众成员，外国政府、国际组织和非政府组织的代表，以及各州、地方和部族实体的负责人进行联系，以履行既定职责。与立法部门代表的联系，通过司法助理国防部长办公室进行。与国防拨款委员会的联系，则通过国防部主计长/首席财务官办公室进行协调。依照国防部 5122.05

指令,与新闻媒体代表的联系通过负责公共事务的助理国防部长办公室进行。

h. 依照有关规定,在征得国防部履行情报职能的下属单位领导同意后,代表国防部长将这些机构指定为国防情报机构。此外,作为国防部长办公厅的负责人,国防部常务副部长会授权国防部情报副部长批准对此类机构和职位的指定。

i. 依照国防部 5200.01 指南第 1 卷等规定,行使绝密级初始定密权,并发布相应的定密指南。

j. 根据有关规定,实施有关国防文职情报人员系统的授权。

k. 依照有关规定,针对那些向国防情报、反情报和安全领域的活动直接提供支援的个人服务合同,做出相关决定。

l. 根据有关规定,代表国防部长取消禁令,准许将某些合同交给由外国政府控制的实体。

m. 行使赋予国防部长的权力,以取消该条第(1)款和第(2)款的相关要求。

n. 根据有关规定,针对国防部长办公厅那些由总统任命、参议院批准且处于国防部情报副部长的管辖、指导与控制之下的官员,按照需要重新发布与雇佣合同相关的国防部指令。本权力不得委托下放。依照国防部 5105.53 指令的规定,行政管理局局长负责继续制定和延用这些与雇佣合同相关的国防部指令。

o. 经与采办、技术与后勤副国防部长协调,行使国防部长赋予的权力,与国家情报总监共同做出决定并呈交所需的报告。

p. 为履行既定职责,按照需要与国防部各部局、其他政府机构以及各州或地方政府谈判和缔结协议。

q. 依照参考文献[2]第 2723 条的要求,视情与国家情报总监和联邦调查局局长协商,代表国防部长做出决定并通报国会,涉及核化生安全方面的决定除外。

r. 行使参考文献[2]第 431 条至第 437 条所规定的国防部长职权,对情报商业化相关活动的审批除外,因为此类活动须由国防部长或国防部常务副部长审批。

6. 可发布性

可向公众发布。本指令可从互联网上的国防部文件发布网站获取,网站地址为:http://www.dtic.mil/whs/directives。

(任国军　薛　峰　邢　巍　逯艳若　卢胜军 译)

国防部 5106.01 指令——国防部总监察长

签发日期:2012 年 4 月 20 日发布,2014 年 8 月 19 日修订
签发人:国防部常务副部长阿什顿·卡特

1. 目的

根据《美国法典》第 10 编第 113 章和第 141 章(参考文献[b])以及《美国法典》第 5 编附录修订的《1978 年总监察长法》,本指令更新了原国防部 5160.01 指令(参考文献[a])中关于国防部总监察长的任务、组织与管理、职责与功能、工作关系以及权力内容。

2. 适用范围

本指令适用于国防部长办公厅、各军种部、参谋长联席会议主席和联合参谋部办公厅、联合作战司令部、国防部总监察长办公室、国防业务局、国防部直属机构,以及国防部其他部门或机构(以下统称国防部各部局)。

3. 任务

国防部总监察长依据公法 97-252 第 1117 部分和 1983 年国防授权法案设立,该法案作为国防部法律框架内独立的部分,对国防项目和运行有关的事务进行监督、检查、评估和监管。为了支持国防部完成任务,国防部总监察长有责任履行参考文献[c]所赋予的职责。

4. 组织和管理

国防部总监察长是国防部独立和客观的组成部分,主要包括:

a. 国防部总监察长是国防部监察长办公室首脑,由总统提名和任命,由参议院批准。

b. 常务副监察长按照《美国法典》和国防部指令,在总监察长死亡、辞职等情况下,履行总监察长职权。

c. 负责审计和调查的副监察长。

d. 总顾问和总顾问办公室负责提供与国防部总监察长任务、责任以及职责有关的事务的法律建议。由国防部总监察长指派并直接向其汇报工作。

e. 其他官员和雇员按照法律的规定履行相关职责。

5. 责任和功能

国防部总监察长应当:

a. 作为国防部长在审计和犯罪调查,以及预防和侦查国防部项目与运行中欺诈、浪费、权力滥用等事务方面的首要参谋顾问。

b. 在国防部(包括各军种)发起、执行、监督以及合作办理审计、调查、评估、

检查等事务。

c. 在职权范围内,提供与欺诈、浪费、权力滥用及计划的有效性相关的审计、调查、评估、检查的政策和指南。

d. 与国防部其他组成部分协调和划清相互职责、责任和功能。

e. 监视和评估国防部所有活动以及与国防部计划、任务、职能、内部评论有关的以及与非联邦审计人员相关的审计、调查、评估、检查工作。

f. 考虑国防部各部局发布的关于从联邦政府外收集信息的传票,以及从不再担任联邦雇员和军事职务的个人处收集证据。

g. 以适当的方式,调查合同及内部审计、调查、评估、检查结果而发现的欺诈、浪费、权力滥用问题。

h. 制定监督和评估计划执行方面的政策,提供有关国防部所有关于犯罪调查、法律实施以及协调司法部等活动的指南。

i. 为非联邦审计人员开展审计工作制定审计标准,创建工作指导原则,以便他们审计时遵照使用。

j. 对提供给国防部各部局、非国防部联邦部门、有合同关系的公司的审计、调查、评估、检查人员的信息访问获取权进行协调和监督,以便其获取国防部档案资料或部局信息开展相关审查工作。

k. 当 GAO 在国防部内执行调查、检查和其他审计活动时,就与 GAO 的工作关系制定政策。作为联邦总审计长在国防部的主要联络人,负责与 GAO 有关的调查、检查、报告和其他活动。监督和分发有关 GAO 的活动信息,避免工作重复并确保协调与合作的有效性。在国防部总监察长不能有效解决国防部长办公厅主要参谋人员与部局领导在监督、检查、报告以及其他活动方面的分歧时,就提交国防部长或常务副部长决定。

l. 制定政策,评价计划执行情况,监督国防部部局对合同审计、内部审计、内部评估报告以及联邦总审计长的审计和非联邦审计人员审计结果的反应和行为情况。对 GAO、国防部总监察长以及其他国防部内部审计组织的审计结果和建议执行情况进行跟踪随访。

m. 监督和重点关注内部审计、调查、评价、监察等活动,以及国防部各部局的监察部门(包括各军种部),避免重复并确保工作有效覆盖、顺畅协调和共同合作。这并不能限制和影响国防部总监察长的职责和功能。

n. 评估与国防部计划和运行相关的正在实施或将要实施的法律规章,对国防部计划和运行中存在效益和效率方面以及阻止欺诈、浪费、权力滥用问题上的影响提出意见建议。

o. 定制、落实、监督以及协同完成国防部计划和运行中提升管理效益和效率,以及阻止和检查欺诈、浪费、权力滥用问题的相关政策。

p. 制定国防部与联邦机构。州、部族、地方部门以及非政府实体的相关政策。

（1）有关国防部管理效益和效率,或者预防和侦查受国防部管理或资助的计划和运行中有关欺诈、浪费、权力滥用问题。

（2）参与有关欺诈、浪费、权力滥用问题的鉴定。

q. 通过国防部总监察长每半年向国会提交的报告等形式,确保国防部长和国会能够全面、充分了解计划和运行中的欺诈、权力滥用问题,以及管理上的漏洞和不足。

（1）在出现欺诈、权力滥用、管理不足等问题时,提出正确的行动建议。

（2）报告实施这些行动过程的进展情况。

r. 管理运行国防部热线项目,并且直接负责在国防部各部局的实施,依照适当法律、国防部规章和政策,确保来自于指控的质询能够得以执行,接受和调查下列控诉和信息:

（1）违反法律法规。

（2）管理失当、资金浪费、权力滥用。

（3）涉及国防部并有碍于健康和安全的明显问题。

s. 保持国防部内的举报人保护计划,以鼓励人们向有关部门报告欺诈、浪费、权力滥用问题;提供对报复者的控诉方式,当举报人面临报复能够依据法规提出改进建议。

（1）接受和调查文职官员按照一般方式提出的控诉。

（2）按照正确的方式,对国防部各部局开展的包括国防情报部门在内的文职人员提出的指控调查进行监督。

（3）揭露和调查受到有关法规保护的指控,包括联邦采办条例或国防部补充条例。

（4）接受和调查军职人员精神健康而开展的直接评估。

（5）按照正确的方式,对国防部各部局开展非精神正常人员指控调查进行监督。

t. 作为国防部首要的问题收集部门,对国防部合同商和次承包商反映影响合同关系的涉及民事或犯罪的权力滥用问题,管理国防部合同商举报项目。

u. 接受或评价需要及时关注的指控或举报信息,这些指控或信息来自国防情报局、国家地理情报局等,也许已经向国会报告。

v. 接受和调查关于对国防部高级官员行为不当的指控,按照正确的方式对国防部各部局高级官员的指控调查进行监督。

w. 确保国防情报机构的监察长能够在履行职务时获得必要的信息。

x. 审计、评估、监督和评价国防情报部门的项目、政策、程序和行为,以便他们能够正确使用来自于国家情报部门的资金。这些工作要与国防部情报助理部长在各自领域的监管职责履行情况进行协调。

y. 以国防部总监察长认为适当的方式,调查计算机影响全球信息栅格的相关事务。

z. 参与适合的倡议和建议组织,减少欺诈、浪费、权力滥用,以提升效益、效率和完整性。

aa. 除法律、法规或政策限制提供以外,以明显、易得和容易理解的方式,尽可能共享信息。

ab. 组织、指挥和管理国防部总监察长办公室及其资源。

ac. 作为国防部总监察长系统的领导者,负责配备国防部所有组成部门的监察长。

(1) 协调和厘清国防部关于总监察长的权力、责任、职能和训练的政策。

(2) 在国防部总监察长认为必要时,拟制、协调、执行以及提供统一的训练和认证工作,明确联合监察长的职责、责任和功能。

(3) 关于作战司令部总监察长的责任和功能。

ad. 回应特别委员会、特别委员会办公室关于违法、管理不当以及其他事务的调查要求。

ae. 保持特别接入项目具有充足和奉献精神的骨干力量,那些受过训练的人员能够执行项目以及与项目有关的检查、调查、评价和审计工作。

af. 如果指定了牵头监察长或副监察长,执行参考文献[c]第8L节的职责规定,对海外应急行动进行全面监督。

ag. 完成国防部长和其他相应法律法规赋予的其他职责。

6. 关系

a. 国防部总监察长在履行职责的过程中,应当:

(1) 国防部总监察长只接受国防部长和常务副部长的领导并向其报告工作,不对其他国防部领导负责。国防部长和常务副部长不能阻止总监察长已经发起、执行或者结束的审计、调查、评价和检查工作,也不能制止审计和调查过程中发出传票的行为,除非相关法规有明确规定。

(2) 除了事件本身的原因外,国防部总监察长要与国防部各部局协同行动,在执行审计、调查、评价和检查等事务前,对于国防部各部局领导的司法管辖范围内事务,通知相关的国防部部局领导。

(3) 对联邦总检察官、特别顾问办公室、情报系统总监察长的活动要给予特别关注,避免重复劳动,确保合作与协同效率。

（4）只要国防部总监察长有理由认为存在违反联邦刑事法律的事情,都需要及时向国防部法律总顾问报告。

（5）遇有《统一军事司法典》规定的可疑或确信刑事犯罪行为,应当迅速向相关军种领导和国防部长报告。

b. 指令中没有规定的事务应当按照权力限制原则进行解释,或者由相关军种部长、国防部主计长(首席财务官)在各自的组织机构中的要求进行解释。

7. 权力

a. 按照国防部法律总顾问为国防犯罪事务调查局总办制定的指导要求,执行逮捕行动。

b. 可以查看国防部各部局与业务相关的所有记录(电子形式或其他形式)、报告、调查情况、审计报告、评价报告、文件、论文、推荐信以及其他信息或材料。

（1）除了国防部长有书面明确限定,国防部各部局的任务官员、雇员或者军种人员不能拒绝国防部总监察长或其委派的人员收集信息,不能阻止执行审计、调查、评价和检查工作。

（2）在需要接触保密信息时,国防部总监察长办公室的官员应当拥有适当的安全许可和接触授权。

c. 对于指令中的相关事务,国防部总监察长可以直接与国防部各部局人员进行接触交流。在实际层面,各军种部的责任和功能也要求军种部长能够与国防部总监察长保持直接沟通,在适当的情况下,这种交流可以经过这一部门的总监察长。

d. 在必要的情况下,可以请求国防部各部局的审计、调查、评价和检查部门提供帮助。在这种情况下,应当通过相关部局领导来完成请求。

e. 可以请求联邦、州、部落、地方政府部门提供信息和帮助。

f. 按照法律保护的权利和证据的要求,可以获得国防部总监察长认为需要调查的事务上的个人经过宣誓的陈述。

g. 按照国防部 5210.56 指令的有关规定,授权国防部总监察长办公室的人员携带枪械。

h. 在国防部指示或一次性国防部指令型备忘录中,在职责范围内制定政策,包括明确国防部主要助理部长、国防部各部局领导相关责任的权力。这种权力不能再委派。

（1）这种国防部指示或国防部指令型备忘录应当经过协调产生。

（2）在授权范围内,国防部总监察长为了执行国防部长制定的政策,可以批准和签发国防部指示、国防部手册和国防部指令型备忘录。

(3)对于军种的指示应当通过军种部长发出,对于作战司令部的指示应当经过与参谋长联席会议主席沟通协调。

i. 执行包含在附件2中的管理权。

8. 发布

在互联网上可以查询。

附件1(略)

附件2 授权

根据国防部的既定要求,按照国防部的政策规定,国防部总监察长或者在国防部总监察长缺位情况下的代理总监察长,可以据此获得组织、雇用、指导和管理等正常运行所需要的对国防部总监察长办公室的所有授权。

a. 按《美国法典》第10编173章和174章,《美国法典》第5编3109(b)章,《美国法典》第5编附录《联邦咨询委员会法修正案》,以及国防部5105.04指示,国防部总监察长为了履行国防部总监察长办公室的职能,在国防部长和行政管理局局长的支持下,可以利用顾问委员会及雇用非长期的专家或顾问。

b. 按照1953年4月27日发布的总统10450行政令"政府雇员安全要求"、1995年8月2日发布的总统12968行政令"接触保密信息要求",以及国防部5200.02指令:

(1)可以指定国防部总监察长办公室任何职位为敏感职位。

(2)在一种公务职能必须先于调查和裁定过程的非常情况下,可以授权在适当调查进行过程中的人员获得短期敏感职位,进而使其获得相应权力。

(3)如果从国家安全利益考虑,可以启动人员安全调查工作,暂停原有的获取保密信息的权力,但要将详细情况说清楚,否则需继续雇用该员工。采取该段所示的任何行动必须按照国防部5200.02条例所规定的程序进行。

c. 授权和批准

(1)按照《联合旅差条例》最新版第2卷"国防部文职人员"有关规定,安排国防部总监察长办公室文职人员出差事务。

(2)按照《联合旅差条例》最新版第1卷"军职人员"有关规定,仅可安排派遣到国防部总监察长办公室的军职人员临时出差事务。

(3)根据《美国法典》第5编5703章和《联合旅差条例》最新版第2卷有关规定,无偿提供咨询或高级专业服务,且其活动与国防部总监察长办公室工作直接相关或有联系的人员的受邀请差务。

d. 按照《美国法典》第37编412章以及第5编4110章和4111章,批准派遣到国防部总监察长办公室的军职人员参加国防部长或其指定人员同意的涉及技术、科学、专业或者类似组织的会议旅差花费。

e. 根据《美国法典》第 44 编 3102 章、国防部 5015.02 指令相关规定，开发、建立和保持有效且持续的记录管理项目。

f. 根据《美国法典》第 44 编 3702 章规定，为国防部总监察长办公室有效管理和运行，可以授权在报刊杂志以及符合要求的出版物和媒体上发布通知公告。

g. 根据有关法规要求，在国防部总监察长办公室建立和保存适合有效的资产账目，指派成立检查监督委员会，批准检查监督报告，落实资产管理责任制，授权管理的资产丢失、损坏、失窃、损毁或者其他不能使用的情况都要登记在册。

h. 依照国防部 5200.08 指示，为了保证资产和地域安全，可以在国防部总监察长办公室有效管辖范围内发布有关安全规定。

i. 根据有关规定和程序，为履行所赋予的职能，建立和保持合适的发布系统，以颁布共同事务条例、指示、参考文献及其变化情况。

j. 为有效履行国防部总监察长办公室的职能，按要求与各军种部、国防部各部局、其他联邦政府部门建立支持和服务协议。

k. 直接管理，或者通过军种部、国防部合同管理服务机构或其他联邦机构管理合同，根据任务要求获得合适的物资、装备和服务。

l. 根据总统 13526 行政令，行使最高定密权。这一权力不能委派他人。

m. 向国防部总监察长办公室的官员、雇员以及直接服务于国防犯罪调查处资产没收工作的合同人员颁发证件和证书。

n. 根据《美国法典》第 18 编 926C 章、国防部 5525.12 指示相关规定，向退休的强制执行工作人员颁发带有照片的身份卡。

o. 保管印章并对印章使用记录的真实性进行宣誓。

p. 除以上明确要求或法规规定以外，适当时可以书面再次进行授权。

（赵超阳 译）

国防部 5141.02 指令——作战试验鉴定局

签发日期:2009 年 2 月 2 日发布
签发人:国防常务部长戈登·英格兰
1. 目的
本指令:
a. 重新颁布了国防部 5141.02 指令,规定了作战试验鉴定局局长职责和职能、关系与权限。
b. 授权作战试验鉴定局局长为直接向国防部长报告的首席参谋助理,以在国防部指示中发布与本指令规定的职责、职能和权限等有关的国防部政策。
2. 适用范围
本指令适用于国防部长办公厅、各军种部、参谋长联合会议主席及联合参谋部办公室、各作战司令部、国防部总监察长办公室、各国防业务局、国防部各直属单位以及其他所有隶属于国防部的组织实体(下文统称"国防部各部局")。
3. 定义
见术语。
4. 职责和职能
作战试验鉴定局局长是国防部长和副部长在本指令所规定职责和职能方面的首席参谋助理和顾问。作战试验鉴定局局长应当:
a. 履行参考文献[b]第 139 节和第 2399 节规定的职责。
b. 规定进行实弹演习试验鉴定(LFT&E)方面的政策和程序。
c. 发布关于实弹试验鉴定以及相关所需设施和资源的指导,并与国防部各部局负责人协商。
d. 针对空间重大采办项目及国防部 3100.10 指令(参考文献[c])规定监管的其他空间项目,为国防部空间采办执行官及国防部采办部局提供试验鉴定方面的建议。
e. 为国防部长指定隐蔽系统,以及被视为符合参考文献[b]要求的隐蔽产品改进计划的主要军需品或导弹计划。
f. 为国防部长,准备参考文献[b]第 2366(d)节规定向国会提交的报告。
g. 必要时,向国防部长,国防部采办、技术与后勤副部长和支持系统采办审查的其他相关官员提供报告。
h. 在下列方面进行监督并向国防部长提供建议:
(1)作战试验鉴定局充分计划、执行和报告作战试验鉴定的能力和资源。

（2）国防部和国防部部局对用于作战试验鉴定与实弹试验鉴定的靶标和威胁模型进行的管理与资助,以接近真实的作战环境。"

（3）功能能力地区发展蓝图的作战试验鉴定和联合试验鉴定。

i. 管理下列方面:

（1）通过对作战司令部和军种部监督、重点实践的系统进行作战试验鉴定,提升部门内互操作性和信息保障性。

（2）联合试验鉴定计划。

（3）联合实弹演习计划。

（4）对策中心。

（5）联合飞行器生存性计划活动。

（6）弹药效能联合技术协调小组的活动,并制作《联合弹药效能手册》。

（7）试验鉴定威胁资源活动机构的活动。

（8）靶场管理活动项目。

（9）作战试验鉴定局局长在国防部长提供的资源内制定的其他计划。

j. 支持国防部情报副部长,监控信息作战靶场和基础设施的开发并提供建议。制定支持政策和程序,并监督对信息作战靶场执行的活动。

k. 根据资金可用性,优先安排中央试验鉴定投资计划开展的威胁系统模拟开发项目。

l. 担任资源提升项目(REP)工作小组的联合主席。优先安排在中央试验鉴定投资计划的资源提升项目中开展的候选项目顺序。

m. 监督联合环境发展蓝图中的试验实施情况。

n. 根据国防部2000.19E指令(参考文献[d]),为联合简易爆炸装置对抗组织主任提供支持。

o. 协助参谋长联席会议主席工作,确保联合能力集成与开发系统文件中规定预期联合作战任务环境、任务等级有效性测量以及关键性能参数,并通过试验或分析进行证实,拥护参谋长联席会议主席3170.01F指示(参考文献[e])。

p. 依据国防部5134.09指令(参考文献[f]),监督和评估导弹防御局执行的作战能力演示。

q. 依据国防部5000.02指示(参考文献[g]),制定支持作战试验鉴定和联合试验鉴定所使用模型和模拟试验的校核、验证与确认政策。

r. 为国防部长监督国际试验鉴定计划。

（1）批准国际协议授权的下列活动:互相使用靶场和资源、试验鉴定合作计划、项目设备转让、合作项目人员和精通调查,以及国际试验操作程序。

（2）担任国际试验操作程序的国际试验鉴定指导委员会主席。

s. 监督和规定相关政策,确保作战试验鉴定和联合试验鉴定中充分提出人类受试者的保护并检验对道德标准的遵守性,以便支持国防部3216.02指令(参考文献[h])。

t. 提升国防部内以及国防部与其他联邦机构、州、地方和外国政府,以及平民社区之间关于国防作战试验鉴定的协调、合作和相互理解。

u. 履行国防部长或副部长规定的其他职责。

5. 关系

a. 作战试验鉴定局局长。在履行既定职责和职能时,作战试验鉴定局局长应当:

(1) 直接向国防部长报告。

(2) 作为国防部常务副部长授权成立的试验鉴定执行官委员会的常任委员。

(3) 主持联合试验鉴定计划高级咨询委员会和执行指导小组。

(4) 依据国防部1322.18指令和国防部3200.15指令(参考文献[i,j])规定,与国防部人员与战备副部长协调,促进作战试验与培训基础设施的高效开发和支持,以及推动综合试验与训练活动。

(5) 在可能的情况下,使用国防部和其他联邦机构现有的系统、设施和服务,避免重复浪费并获得最高的效率和最大的节约。

(6) 根据国防部5105.71指令规定(参考文献[k]),与试验资源管理中心主任(归国防部采办、技术与后勤副部长管理)协调本指令中规定的、影响试验资源管理中心职责的所有试验鉴定设施和资源。

(7) 与国际合作局局长(归国防部采办、技术与后勤副部长管理)协调支持IT&E计划的国际协议提案。

(8) 与国防部网络与信息集成助理部长/首席信息官、各军种部、各作战司令部和国家安全局,协调与军种部和作战司令部主要实践一起进行的信息安全保障和互操作性试验的计划和执行。

(9) 与其他有间接或相关职责和职能关系的国防部长办公厅官员进行协调,并与其交流信息。

b. 其他国防部长办公厅官员和国防部各部局负责人。其他国防部长办公厅官员和国防部各部局负责人在遇到其所管辖范围内的,且与本指令中规定的权限、职责和职能有关的所有事项时,应与作战试验鉴定局局长协调。在适当的情况下,国防部各部局负责人应迅速向作战试验鉴定局局长报告影响作战试验鉴定以及实弹演习试验鉴定所用资源和设施的所有活动。

c. 各军种部长。各军种部长应履行参考文献[b]第139节规定的职责。此外，各军种部长应迅速向作战试验鉴定局局长报告各军种部进行的隐蔽系统所有实弹演习试验鉴定活动的结果，以及各军种部进行的实弹演习试验鉴定活动的所有研究结果。

　　d. 导弹防御局局长。导弹防御局局长应履行参考文献[b]第139节中规定的职责。

　　e. 国防部总监察长。国防部总监察长应履行参考文献[b]第2399节中规定的职责。

　　6. 权限

　　依据国防部长的既定权限，在国防部长的领导、管理和控制下，并按照国防部政策和指示，授予作战试验鉴定局局长在既定职责和职能范围内，行使法规、行政令或机构间协议授予国防部长的所有权限，法规或行政令明确规定仅限于国防部长的权限除外。作战试验鉴定局局长具有下列权限：

　　a. 遵守国会关于国防部试验鉴定信息的请求。

　　b. 与国防部采办、技术与后勤副部长共同批准主要和其他指定国防采办项目的国防部试验鉴定主计划、试验鉴定战略以及综合项目管理文件中的试验鉴定部分，与国防部网络与信息集成助理部长/国防部首席信息官共同批准主要和其他指定的自动化信息系统的国防部试验鉴定主计划、试验鉴定战略以及综合项目管理文件中的试验鉴定部分。批准由作战试验鉴定局局长监督的采办系统作战试验活动的试验计划。

　　c. 批准实弹演习试验鉴定战略，如果战略目的是为了支持免除完整系统等级实弹演习测试，还应包括批准备选实弹演习试验鉴定战略。

　　d. 代表国防部长处理参考文献[b]第23401节规定的试验设施互相使用方面的合作协议事项。

　　e. 决定国防部长办公厅试验鉴定监督表上系统作战试验需要采购的物品数量。

　　f. 与国防部采办、技术与后勤副部长共同主持国防部试验与训练指导小组。

　　g. 在国防部指示中发布与本指令所规定职责、职能和权限有关的国防部政策，包括建议国防部长办公厅官员和国防部各部局负责人间接责任的权限。这一类国防部指示应严格遵守国防部5025.01指示(参考文献[1])中的相关要求。这些权限不可再委托。更进一步来讲，在已规定的职责和职能范围内，作战试验鉴定局局长拥有按照参考文献[1]发布其他国防部指示、国防部手册和一次性指令性备忘录的权力，以上这些文件都是对经过国防部长核准政策的具体落实。给各军种部的指示应通过有关的军种部长发布。给各战区司令部的指示

237

在通常情况下应通过参谋长联席会议主席传达。

h. 必要时，与各国防部各部局负责人直接进行沟通，以履行既定职责和职能，包括建议和帮助请求的传递。与各军种部的沟通，应通过各军种部长、法律规定的各军种部长代表或在其他国防部发布的文件中直接由国防部长指定的代表进行传达。与各战区司令部司令的沟通，在通常情况下应通过参谋长联席会议主席进行传达，关于人员保障方面的协议备忘录除外。

i. 必要时，依据国防部8910.01指示(参考文献[m])获取报告和信息，以履行既定职责和职能。

j. 为国防部参与指定由作战试验鉴定局局长主要负责的非国防政府计划做好安排。

k. 在履行既定职责和职能时，应酌情与其他政府官员、立法部门代表和成员、公众人士和外国政府代表进行沟通。与立法部门代表的沟通，不仅应酌情与国防部立法事务助理部长和国防部主计长/国防部首席财务官进行协调，还要遵守相关的国防部立法程序。

7. 可发布性

无限制。本指令获准公开发行，并可在国防部指示网站进行下载，网址为http://www.dtic.mil/whs/directives。

（王　磊译）

国防部 5134.03 指令——研究与工程署署长

签发日期:2003 年 11 月 3 日发布
签发人:副国防部长保罗·沃夫维兹

1. 再次发布和目的

本指令参照参考文献[a]第 137 节和第 113 节所赋予的国防部长权力,对参考文献[b]进行再次发布,以对研究与工程署署长的责任、职责、关系以及权力进行更新。

2. 适用范围

该指令适用于国防部长、各军种部、参谋长联席会议主席、作战司令部、国防部总监察长办公室、国防业务局、国防部直属单位以及国防部其他实体机构(以下统称"国防部各部局")。

3. 定义

研究与工程包括科技项目(由基础研究、应用研究以及先期技术开发组成)和先期部件开发与样机项目,分别对应 1、2、3、4 类预算活动。

4. 责任与职能

研究与工程署署长是采办、技术与后勤副部长,国防部长以及常务副部长在研究与工程方面的首席参谋助理。在这方面,研究与工程署署长将:

4.1 担任国防部首席技术官。

4.2 制定战略和支持方案,以更好地利用技术和样机来满足国防部的需求,并确保美国的非对称技术优势。

4.3 进行分析与研究,制定政策,对技术发展实施领导、监管,提供意见建议,制定和发布研究与工程计划项目指南。

4.4 审查、修改、批准各军种部、国防部业务局制定的研究与工程计划项目,消除不必要立项的计划项目,合并部门间重复申报的项目。

4.5 积极参与规划、计划、预算与执行过程,为预算制定提供指导。

4.5.1 对包括国防部各部局在内的整个过程进行监督,寻找关键技术领域。基于以能力为基础的规划方法,为有关这些关键技术领域以及研究与工程项目总体内容的《国防规划指南》和《转型规划指南》提供信息输入。

4.5.2 在国防部各部局的协同下,制定《技术规划指南》,并在预算准备初期递交国防部长予以审批。《技术规划指南》应与国防部政策和国防部门转型目标保持一致,概述规划投资重点。

4.5.3 通过国防部采办、技术与后勤副部长,向国防部长提出合适的研究与工程资金预算建议。

4.5.4 在计划审查过程中，作为计划审查小组或同等管理结构中的成员对研究与工程计划进行阐述。

4.5.5 通过国防部采办、技术与后勤副部长，对于特定研究与工程项目和技术领域的总统预算请求上报预算，向副国防部长（主计长）/首席财务官提出相关资源与规划调整建议，以达到参谋长联席会议主席以及各军种部长所确立的军事目的和目标。

4.5.6 就总统预算请求能否满足国防部目的与目标、是否为研究与工程资源的最好分配方式方面向国防部长提出建议。若建议被否决，则开始寻找获得预期结果所需的重新分配方式。

4.6 对国防部实验室中有关研究与工程的事务进行监督；该实验室由军种或其他国防部门运作。

4.7 促进国防部内部以及国防部与其他联邦机构、民间团体之间对于研究与工程的协调、合作和相互理解。

4.8 在国防部政策副部长、国防部采办、技术与后勤副部长以及军队各部门的协作下，确保与盟友国以及友好国家之间的研究与工程交流。

4.9 为国防技术安全管理局就有关国际采办和出口活动的技术问题提供支持。

4.10 在与采办与技术副部长帮办的合作中，为技术快速转型相关政策的制定提供建议与帮助。

4.11 制定并维系一项研究与工程计划，以对国防部研究与工程项目的质量和进展进行衡量与评估。

4.12 参照采办、技术与后勤副部长的指令，并在采办、技术与后勤副部长办公室主任的协作下，在特许项目中为国防部各部局的研究与工程特许接触计划提供特定的技术评估。

4.13 就以下方面为采办、技术与后勤副部长提供技术支持：

4.13.1 负责国防采办委员会审查项目中有关研究与工程方面的事务，包括参照国防部5000.02指令，对技术成熟度进行完整评估。

4.13.2 负责国防工业基地维护中有关研究与工程方面的事务。

4.14 为研究与工程署署长职能领域相关的委员会、理事会以及其他小组效力，并在国防部外有关研究与工程事务方面代表国防部长、副国防部长以及国防部采办、技术与后勤副部长。

4.15 参照国防部长、副国防部长或国防部采办、技术与后勤副部长的可能指示，执行其他类似职能与责任。

5. 关系

5.1 在履行指定职责与责任的过程中,研究与工程署署长应:

5.1.1 参照国防部5134.01指令,在采办、技术与后勤副部长的权力、指示和监管下工作。

5.1.2 对国防高级研究计划局局长行使权力、指导和监管。

5.1.3 恰当使用国防部和其他联邦机构的已有设备和服务,避免重复工作,并在现代化、成熟度、效率以及经济性之间取得平衡。

5.1.4 与国防部长办公厅其他官员、国防部各部局领导以及拥有附属或关联职能的联邦官员进行协作、交换信息。

5.2 在预算活动1到4的资金所支持的项目中,流入或流出资金的转移或重新安排应在获得批准前经由副国防部长(主计长)/首席财务官和研究与工程署署长协商。

5.3 国防部长办公厅的其他官员和国防部各部局领导在上述第4部分所提及的所有责任与职能相关事务方面都应与研究与工程署署长进行协商。

6. 权力

研究与工程署署长具有以下权力:

6.1 参照国防部5025.01-M指令,发布国防部指令、国防部出版物以及一次性指令型备忘录,在指定责任领域执行国防部长所批准的政策。军种指令应通过军种部长予以发布。作战司令部指令则应通过参谋长联席会议主席予以发布。

6.2 遵循国防部8910.01指令中的政策和标准获取报告和信息,以在必要时执行指定职能。

6.3 直接与国防部各部局领导进行沟通,执行指定职能,包括建议与帮助请求的传达。与军种的沟通应通过军种部部长或其指派人员传达,否则将按照法律或遵循国防部长在其他国防部文件中的指令予以执行。除特殊情况外,与作战司令部司令之间的沟通应通过参谋长联席会议主席传达。

6.4 在执行指定职能时,应在必要时与其他联邦机构成员、立法部门代表、公众人士以及外国代表进行沟通。

6.5 为国防部参与那些由研究与工程署署长主要审理的非国防政府项目制定安排计划。

(王 磊译)

国防部5105.64指令——国防合同管理局

签发日期:2013年1月10日发布
签发人:国防部常务副部长阿什顿·卡特

1. 目的

根据参考文献[a]的授权,本指令旨在建立国防合同管理局作为国防部的一个业务局,并赋予其职责、功能、职权与业务关系。

2. 适用范围

本指令适用于国防部长办公厅、各军种部、参谋长联席会议主席、各作战司令部、国防部总监察长办公室、各国防业务局、国防部直属单位以及国防部其他实体机构(以下统称"国防部部局")。

3. 任务

国防合同管理局负责为国防部及其他授权的联邦机构、外国政府、国际组织以及其他授权机构提供合同管理服务。

4. 组织与管理

国防合同管理局作为国防部的一个作战保障局,根据参考文献[a]第193节的规定,由国防部采办、技术与后勤副部长进行授权、领导与控制。国防合同管理局由局长以及该局长在国防部长授权的资源范围内建立的下属组织机构组成。

5. 职责与职能

国防合同管理局局长负责:

5.1 组织、领导与管理国防合同管理局以及分配给该局的资源。

5.2 制定政策、规划与程序;制定资源需求;确保国防合同管理局的人员遵守安全规定;对国防合同管理局的海外机构实施管理和指导。

5.3 根据《联邦采办条例》(参考文献[b])、《联邦采办条例国防部补充条例》第42部分(参考文献[c])的相关规定,履行合同管理服务职能。通常国防合同管理局不对弹药合同、海军监管的舰船建造合同以及海军研究局的合同提供合同管理服务,除非主管军种部提出请求。

5.4 监督、管理和执行国防采购管理审查计划。

5.5 根据国防部5000.63指示,为国防采办条例委员会提供成员。

5.6 执行国防部长、常务副部长或采办、技术与后勤副国防部长指定的其他职能。

6. 职权

国防合同管理局局长被专门赋予以下职权：

6.1 直接与国防部各部局、其他行政部门和机构以及适当的非国防部机构进行交流。与作战司令部司令的交流，应通过参谋长联席会议主席传达，除非交流的内容仅涉及合同管理服务。

6.2 获取国防部 8910.01 指令(参考文献[e])规定的报告与信息，以及国防部部局的相关建议与协助，以执行国防合同管理局的相关职责与任务。

6.3 制定相关的程序、标准与做法，对国防合同管理局规定的职责与任务实施管理。

6.4 行使附件中规定的管理授权。

7. 业务关系

国防合同管理局局长在行使职权的过程中，应：

7.1 与国防部其他部局及其他相关的行政部门和机构保持适当的联系，以便在指定的职责领域进行信息与项目的交流。

7.2 在相关的职责领域，从军种部及其他国防部部局获取支持，以便完成制定给该局的职责与任务。

7.3 负责向参谋长联席会议主席提供作战保障，并在适当情况下提供其他服务。为此，获得参谋长联席会议主席授权可以与国防合同管理局局长进行直接交流，并可以在与采办、技术与后勤副国防部长的协调下，直接向国防合同管理局局长分配任务。

8. 行政管理

8.1 国防合同管理局局长由国防部长根据参谋长联席会议主席与采办、技术与后勤副国防部长的建议任命。

8.2 国防合同管理局将获得国防部长认为需要的人员、设施、资金以及其他的管理保障。

8.3 可行情况下，国防合同管理局应使用国防部以及联邦政府其他部门的现有设施与服务，以避免重复建设，并取得现代化、战备、持续保障、效率与经济性之间的适当平衡。

8.4 各军种部可根据规定权限与程序，向国防合同管理局派驻军事人员以执行相关的联合任务。

附件：国防合同管理局局长职权

在国防部长以及采办、技术与后勤副国防部长的授权、指导与控制下，依据国防部政策、指令与指示的相关规定，国防合同管理局局长行使以下职权。

1. 行使国防部长依据《美国法典》第 5 篇第 301、302(b)、3101 以及 5107 节的规定,对该局的文职人员进行招募、指导与管理。

2. 对《美国法典》第5篇第5102章"1949年等级划分法"未规范到的雇员,应根据"联邦工资系统"确定的等级,确定工资等级。在确定上述工资等级的过程中,国防合同管理局局长应遵守国防部工资确定机构制定的工资等级表。

3. 根据《美国法典》第5篇第2903节的规定,主持对进入联邦政府行政机构的人员进行公职宣誓,或根据有关雇佣法律的规定进行其他形式的宣誓。必要时,应以书面形式指示国防合同管理局的官员和雇员进行宣誓。

4. 建立国防合同管理局奖励授予委员会,根据《美国法典》第5篇第4503节、人员管理办公室规章以及国防部1996年12月颁布的1400.25-M文件"国防部文职人员手册"第400章第451分章"奖励"的规定,对提出建设性建议、发明创造、特殊贡献或其他个人贡献(包括采取特别行为或服务)使国防合同管理局受益或产生影响的文职人员进行现金奖励,并进行荣誉奖励。

5. 保存单位公章,并保证加盖公章的官方文件的真实性。

6. 根据《美国法典》第10篇第173节、《美国法典》第5篇第3109(b)节以及1989年9月5日的国防部5105.04指令"国防部联邦咨询委员会管理计划"的规定,成立相关的咨询委员会,并经国防部长批准雇佣临时专家或顾问,为完成国防合同管理局履行职能提供咨询。

7. 根据1953年4月27日发布的总统10450行政令"政府人员招募的安全要求"、1981年12月4日发布的总统12333行政令"美国情报机构"和1995年8月4日发布的总统12968行政令"接触保密信息"并在必要时根据1999年4月9日发布国防部5200.02指令"国防部人员安全计划"的规定,应当:

7.1 将国防合同管理局的所有职位都指定为"敏感性"职位。

7.2 在紧急情况下,可在尚未完成全面调查及其他相关调查包括"国家机关审查"的情况下,任命某人在一定时期内担任国防合同管理局的某一职位。

7.3 实施人员安全调查,并在需要的情况下,为了确保国家安全利益,可对分配、派遣到国防合同管理局或由该局雇佣的人员中止其接触保密材料许可。根据本段所采取的任何措施,都应按照1987年1月发布的国防部5200.02-R"人员安全计划"的规定实施。

8. 授权与审批

8.1 分配或派遣到国防合同管理局的军职人员短期出差,应遵守现行《联合公务差旅规定》第1卷"军职人员"的规定。

8.2 国防合同管理局文职人员出差应遵守现行《联合公务差旅规定》第2卷"国防部军职人员"的规定。

8.3 与国防合同管理局相关机构的能力建设直接相关或有一定联系的非

国防部人员,担任咨询、顾问或其他高度专业化的技术服务的,如果受邀出差,同样应遵守《联合公务差旅规定》第2卷"国防部文职人员"的规定。

8.4 国防合同管理局文职人员加班应遵守《美国法典》第5篇第55章V分章以及人员管理办公室(OPM)发布的适当规定。

9. 根据《美国法典》第37篇第412节及第5篇第4110与4111节的规定要求由国防部长或其指定的官员批准时,批准分配或派遣到国防合同管理局的军职人员出差参加技术、科学、专业会议或类似机构会议的经费开支。

10. 根据《美国法典》第44篇第3102节以及2000年3月6日发布的国防部5015.02指令"国防部档案管理计划"的规定,开发、建立和维持一个有效、持续的档案管理计划。

11. 如果国防合同管理局认为更有利和符合政府的最大利益时,应使用政府购买卡进行小额器材与服务的采购,人员服务的采购除外。

12. 根据《美国法典》第44篇第3702节规定,为国防合同管理局有效管理和运行的需要,批准在报纸、杂志或其他公开期刊上发布广告、通知或提议。

13. 根据1994年8月发布的国防部5025.01-M文件"国防部指令系统规程"规定的相关政策与程序,为履行其职能,建立和保持一套适当的出版系统,以发布通用的供应与服务条例、指令与参考文献及其相关内容的变化。

14. 为有效履行国防合同管理局的职能与职责,必要时可与军种部、其他国防部部局或其他政府部门签订保障与服务协议。

15. 为完成国防合同管理局的任务,可直接或通过军种部、国防部合同管理服务部门或适当时通过其他联邦政府部门签订和管理所需要的供应品、设备和服务合同。如果根据相关法律或总统行政令,限制军种部长一级的人员行使这种权力,则应由适当的副国防部长或助理部长行使。

16. 根据相关的法律法规,建立和维持适当的资产账户并任命调查委员会,审批调查报告,解除个人责任,中止国防合同管理局核定资产账户中由于丢失、损坏、被盗、破坏以及其他认为无用的资产的经营责任。

17. 根据1991年4月25日发布的国防部5200.08指令"国防部设施与资源的安全",发布必需的安全规章以保护国防合同管理局局长所管辖的财产与场所。

18. 根据《美国法典》第10篇第2667节的规定,在有利于国家安全或对公众有利的情况下,出租国防合同管理局控制的资产。

(王　磊译)

国防部5105.22指令——国防后勤局

签发日期:2006年5月17日发布

签发人:国防部常务部长戈登·英格兰

1. 重新颁布及目的

依据参考文献[a]第113、191、193和197节授予国防部长的权限,本指令重新颁布了参考文献[b],以更新国防后勤局的使命、职责、职能、关系和权限,国防后勤局归国防部采办、技术与后勤副部长管理。

2. 适用范围

本指令适用于国防部长办公厅、各军种部、参谋长联合会议主席、各作战司令部、国防部总监察长办公室、各国防业务局、国防部各直属单位以及所有其他隶属国防部的组织实体(下文统称"国防部各部局")。

3. 使命

国防后勤局是国防部军事后勤系统的功能集成单位,在平时和战时向各军种部和各作战司令部,及其他国防部部局和联邦部门,提供世界范围内有效和高效的后勤保障,在获得法律授权时,也向各州和地方政府组织、外国政府和国际组织提供后勤保障。

4. 组织与管理

按照参考文献[a]第193节规定,国防后勤局是国防部的一个作战支援局。按照国防部5134.01指令(参考文献[c])规定,国防部后勤与装备战备副部长帮办,在国防部采办、技术与后勤副部长的领导下,负责指挥控制国防后勤局。国防后勤局由局长和局长在国防部长分配的资源内建立的下属机构组成。

5. 职责与职能

国防后勤局局长应:

5.1 组织、领导和管理国防后勤局及分配的所有资源;采购配给的产品;管理、监管和控制分配给国防后勤局的所有项目、服务和产品。

5.2 向国防部长办公厅、参谋长联席会议主席和作战司令部司令、各军种部、其他国防部部局以及其他指定组织(视情况而定),提供关于后勤事务方面的建议和帮助。

5.3 支持国防部采办、技术与后勤副部长作为国防部后勤执行官所承担的职责,通过与军种部和美国运输司令部等关键利益相关单位协调,集成和改善全球供应链管理。

5.4 代表国防部所有下属部门,向通过批准标准应用确定适合单一机构集成管理的供应与服务产品,或有关机构特别分配的供应与服务产品,提供商品与供应链管理。

5.5 实施与提供物资装配和供应产品(下文统称"产品")相关的后勤服务。

5.6 管理分配的国防部范围的后勤管理系统、项目和活动,包括提供技术援助、保障服务、供应链集成,以及符合现行国防部信息技术政策的信息。

5.7 维护国防部世界范围内的配送系统,完成所有后勤管理功能,以确保对军种部和作战司令部的后勤需求做出反应,并提供集成保障,包括:产品管理分类;编目;需求确定;供应控制;采购;质量保证;工业反应与动员计划;接收、储存、保管和包装、分发、装箱、资产目录统计、运输管理和配送控制;报废管理;危险装备/废物管理;维修与制造;保质期控制;物资控制;技术后勤数据与信息;工程保障;价值工程;标准化;再利用和市场筹划;管理战备储备和全国国防储备项目;文档自动化和印制;其他相关的后勤管理职能(视情况而定)。

5.8 根据参考文献[a]第197节规定,建立向联邦政府、州或州下属机构,或任何个人提供后勤信息数据产品的收费标准。

5.9 开展供应与服务系统(符合现行国防部信息技术政策)的系统分析与设计、程序开发和维护,以及执行国防部长分配的其他后勤事务。

5.10 开发、监控和维护与总务管理局(GSA)的高效供应关系,确保国防部各部局及时获得所需的总务管理局产品。

5.11 向作战司令部提供保障:

5.11.1 建立国防后勤局地区司令部(DRC)并任命国防后勤局地区司令官,为地理作战司令部提供保障。地区司令部应提供协调的响应性后勤保障,制定政策、计划和程序以及资源需求,并确保遵守安全规定,以及提供国防后勤局海外活动管理和指挥。

5.11.2 建立保障组织,为地理作战司令部及下属国防后勤局应急支援队(DCST)提供服务,目的是在应急行动中进行前瞻性部署。国防后勤局应急支援队应向作战司令部提供联络官、后勤运作与计划官和其他后勤保障官,由国防后勤局地区司令部管理。

5.11.3 向已经建立的作战司令部联合部署分配作战中心提供人力增加支持。

5.12 提供数据管理、数据标准和标准信息,以保障国防部的企业后勤能力。此外,建立和维护适当的信息技术保障组织,以提供事务处理枢纽,保障国防部后勤基础设施,例如国防自动访问系统中心和国防后勤信息服务。

5.13 管理后勤转型项目,以改善后勤数据互操作性(集成数据环境)和后勤数据可见性(例如联合总资产可见性、自动识别技术和国防部电子商城)。

5.14 不依赖总务管理局的联邦供应合同/多项授标计划合同管理项目,单独管理国防部范围的订购多项授标合同。

5.15 执行分配给国防部执行机构的职责,按照现行法律和国防部5101.01指令,为以下作战人员提供点对点保障:

5.15.1 国防部5101.08指令规定的国防部散装汽油执行机构。

5.15.2 国防部5101.09指令规定的国防部医疗物资执行机构。

5.15.3 国防部5101.10指令规定的国防部生活物资执行机构。

5.15.4 国防部5101.12指令规定的国防部建筑/阻隔材料执行机构。

5.15.5 分配的国防部执行机构的其他职责。

5.16 必要时向国防部后勤与装备战备副部长帮办报告关键绩效指标。

5.17 作为印刷和高速高容量复制的国防部单一管理者,进行文件自动化制作服务(国防后勤局的一个直属机构),包括国防部内部设施的运行以及从国防部外部采购上述服务,并充当国防部文档转换和/或自动化服务的首选供应商,但不包括情报局、战术活动机构以及国民警卫队和后备队组织。

5.18 设计和管理国防后勤局项目和活动,以改进业绩、经济和效率标准,并论证国防后勤局关注其组织客户(国防部内外)的需求。

5.19 履行国防部长,国防部采办、技术与后勤副部长或国防部后勤与装备战备副部长帮办授予的其他职责。

6. 关系

6.1 在履行既定职责和职能时,国防后勤局局长应当:

6.1.1 直接向国防部后勤与装备战备副部长帮办报告。

6.1.2 与其他国防部部局、行政机构和部门、州和地方政府组织、外国政府和国际组织保持联络,交换关于既定职责方面项目和活动的信息。签订国际协议时,按照国防部5530.03指令(参考文献[i])与外国政府沟通交流。

6.1.3 与各军种武器系统管理者保持密切工作关系,确保工作一致及技术项目和参考数据的交换。

6.1.4 与司令官、美国运输司令部合作,共同改进配送流程,确保符合国防后勤和全球供应链管理系统需求。

6.1.5 尽可能使用国防部和其他联邦机构已有的系统、设施和服务,避免重复浪费并获得最高的效率和最大的节约。维护既定设施和其他资产,完成组织使命。

6.2 参谋长联席会议主席应:

6.2.1 审查国防后勤局的规划设计文件,评估对作战需求的响应能力,并通过国防部后勤与装备战备副部长帮办向国防后勤局局长提出修订建议。

6.2.2 让国防后勤局参与联合训练演习。

6.2.3 通过国防部后勤与装备战备副部长帮办,向国防后勤局局长推荐与国防战备相关的任务。

6.2.4 拟定联合后勤需求和优先顺序,并通过国防部后勤与装备战备副部长帮办提交给国防后勤局局长。

6.3 作战司令部司令官获得授权后,酌情履行以下职责:

6.3.1 重大紧急情况下,承担应急作战区域所有国防后勤局功能的临时作战控制责任,随后通过参谋长联席会议主席、适当的作战司令官和国防后勤局局长,立即通报国防部长。

6.3.2 确保国防后勤局参与危机行动计划,并确保国防后勤局应急支援队在为紧急事件开发的阶段性部队部署数据中有效。

6.3.3 按照国防部2000.12指令(参考文献[j]),审查责任区域内国防后勤局活动的反恐地位。

6.3.4 通过国防部后勤与装备战备副部长帮办,向国防后勤局局长提出任务,以参与保障联合培训项目的主要演习。

6.3.5 确保各个部门司令部的司令:

6.3.5.1 履行相关作战司令部分配或委派的与国防后勤局功能有关的职责和权限。

6.3.5.2 按照国防后勤局局长和各个部门司令部司令在军间支援协议和以绩效为基础的协议中的约定,提供国防后勤局单位人身安全和行政后勤保障。

6.4 参谋长联席会议主席、作战司令部司令、军种部门部长和其他国防部部局负责人在各自职责范围内,向国防后勤局局长提供影响国防后勤局既定职责和职能的保障和后勤规划信息。

7. 权限

国防后勤局局长被授予下列权限:

7.1 指挥、领导、监督或控制按照现行法律、国防部法规、联邦采办条例和《国防部补充条例》指定给国防后勤局的财产、供应和服务相关的所有采购活动,以满足军种部门和其他授权客户的需求。如任何法律或行政令明确规定由部长级别人员行使上述权限,则应由国防部采办、技术与后勤副部长行使上述权限。

7.2 必要时与国防部各部局负责人进行沟通,以履行既定职责和职能,包括建议和帮助请求的传递。与军种部的沟通,应通过军种部部长或法律规定的军种部部长代表或在其他国防部发布的文件中直接由国防部长指定的代表进行传达。与作战司令部司令官的沟通,在通常情况下应通过参谋长联席会议主席进行传达。

7.3 根据国防部政策,在履行既定职责和职能时,应与其他政府官员、立法部门代表、公众人士和外国政府代表(视情况而定)进行沟通。与立法部门代表进行的沟通,应与国防部立法事务助理部长或国防部主计长/首席财务官进行协调,并遵守国防部立法程序。

7.4 依据国防部8910.01指令(参考文献[m])获取报告和信息,以履行既定职责和职能。

7.5 根据提高效能和经济的需要以及法律授权,建立新的国防后勤局设施,或向国防部后勤与装备战备副部长帮办建议将军种部现有设施,重新分配给国防后勤局,或供国防后勤局使用。

7.6 提供国防采办监管委员会成员资格,与军种部门、国防合同管理局和其他联邦机构一起参与制定和出版《联邦采办条例》,并按照国防部5000.63指令与军种部和国防合同管理局一起参与制定和出版《国防部补充条例》。

7.7 行使附件2所规定的管理授权。

8. 行政管理

8.1 国防后勤局局长应为美国将军级别或将官级别现役军官,由参谋长联席会议主席和国防部采办、技术与后勤副部长提名,由国防部长向总统推荐。

8.2 军种部部长应根据联合职责分配批准授权和规定程序,向国防后勤局分配军事人员。

8.3 国防后勤局的规划、预算、筹资、审计、会计、定价和报告等活动应根据《国防部财务管理条例》和规定的国防部政策和程序。

附件1(略)

附件2 授权

E2.1.1 依据国防部长的既定权限,国防后勤局在国防部采办、技术与后勤副部长和国防部后勤与装备战备副部长帮办的管理、领导和控制下。按照国防部政策、国防部指令和国防部指示,以及国防后勤局的行政管理和运作需要,授予国防后勤局局长或者(如果没有局长)代理局长下列权限:

E2.1.1.1 行使《美国法典》第5篇第301、302(b)、3101和5107节授予国防部长的关于国防后勤局文职人员的聘用、领导和一般行政管理的权力。

E2.1.1.2 依据《联邦工资制度》规定的工资标准,确定《美国法典》第5篇第5102节规定不需要按照1949年《公务员分级法》进行分级的工资分级员工的薪酬。在确定上述薪酬时,国防后勤局局长应遵守国防部工资制定局制定的工资表。

E2.1.1.3 建立咨询委员会,并聘用临时或定期专家或顾问,以履行《美国法典》第 10 篇第 173 和 174 节、《美国法典》第 5 篇第 3109(b)节、国防部 5105.04 指令以及国防部 5105.18 指令规定的国防后勤局的职能。

E2.1.1.4 依据《美国法典》第 5 篇第 2903 节,为加入联邦政府行政部门的人员主持就职宣誓仪式,或法律规定的与聘用相关的任何其他宣誓仪式,必要时以书面形式委托国防后勤局官员和雇员履行该职能。

E2.1.1.5 依据《美国法典》第 5 篇第 4503 节、人事管理局(OPM)条例和国防部 1400.25-M 文件,建立国防后勤局奖励委员会,对提出建议、有发明创造、优异表现或有其他个人事迹(包括特殊行动或服务)的、有利于或影响国防后勤局及其下属部门活动的政府文职人员,给予现金奖励,并支出合理费用为其颁布荣誉。

E2.1.1.6 实施 10450 行政令《政府官员的安全要求》(1953 年 4 月 27 日颁布)、12333 行政令《美国情报活动》(1981 年 12 月 4 日颁布);12968 行政令《机密信息接触》(1995 年 8 月 2 日颁布)和国防部 5200.02 指令(视情况而定)中规定的监管程序:

E2.1.1.6.1 将国防后勤局的任何职位指定为"敏感"职位。

E2.1.1.6.2 在紧急情况下,授权任命一名人员在一定时间内担任国防后勤局的某个敏感职位,即使是在完全战场调查或其他相关调查(包括国家机构检查)尚未完成的情况下。

E2.1.1.6.3 开展人员安全调查,为了国家安全,必要时延缓对分配、指派到国防后勤局或国防后勤局聘用人员的忠诚调查。本分段规定的任何行动在执行时都必须遵守国防部 5200.02-R。

E2.1.1.6.4 为了国家安全,批准暂停或终止国防后勤局人员的职务。

E2.1.1.7 充当 1954 年修订的《国内税收法规》第 21 章所征收的就业税征缴机构,同时以该机构身份,依据 1954 年修订的《国内税收法规》(《美国法典》第 26 篇第 3122 节)以及修订的《社会安全法》(《美国法典》第 42 篇第 405(p)(1)和(2)节)要求或规定做出与国防后勤局人员相关的所有决策和认证。

E2.1.1.8 依据《美国法典》第 5 篇第 55 章第 5 分章和相关人事管理局条例,授权与批准国防后勤局文职人员的加班工作。

E2.1.1.9 授权与批准:

E2.1.1.9.1 国防后勤局文职人员的出差,应遵守《联合公务差旅规定》第 2 卷"国防部文职人员"最新版的相关规定。

E2.1.1.9.2 指定或指派国防后勤局军事人员的临时任务出差,应遵守《联合公务差旅规定》第 1 卷"军人"最新版的相关规定。

E2.1.1.9.3 与国防后勤能力建设直接相关或有一定关系的非国防部人员,担任咨询、建议或其他高度专业性技术服务的,如果受邀出差,同样应遵守《联合公务差旅规定》第2卷的相关规定。

E2.1.1.10 依据《美国法典》第37篇第412节和《美国法典》第5篇第4110节和第4111节获得国防部长或指定人员批准时,批准支出用于指定或指派国防后勤局军事人员因参加技术、科学、专业或其他类似组织会议所产生的费用。

E2.1.1.11 依据《美国法典》第44篇第3102节和国防部5015.02指令开发、建立并维护有效和持续的《记录管理计划》。

E2.1.1.12 利用政府采购卡为国防后勤局小规模采购物资和服务(不采购个人服务)(当确定这种方法更加有利且与政府最佳利益一致时)。

E2.1.1.13 依据《美国法典》第44篇第3702节,根据国防后勤局行政管理与运作需要,授权在报纸、杂志或其他公共期刊上发布广告、通知或提案。

E2.1.1.14 依据现行法律法规,为国防后勤局建立并维护适当的财产账户,并任命调查委员会,批准调查报告,减轻个人负债,并减免对授权财产账户中已经发生损失、损害、盗窃、毁灭或宣布无用的国防后勤局财产的责任。

E2.1.1.15 依据国防部5200.08指令,颁布必要治安条例,以保护国防后勤局局长管辖范围内的财产和地区。

E2.1.1.16 依据国防部5025.01-M文件中的政策和程序,为履行既定职能,建立和维护适当的出版系统,以颁布通用供应和服务条例、指令及其变更。

E2.1.1.17 依据国防部5530.03指令,根据有效履行国防后勤局职能和职责的需要,与军种部、其他国防部部局、其他联邦政府机构和外国政府签署保障和服务协议以及以绩效为基础的协议。

E2.1.1.18 依据《联邦管理条例》102-75.1055规定,行使联邦勤务总署署长委托给国防部长的权限,处置剩余私有财产。

E2.1.1.19 依据《美国法典》第10篇第2535节规定,行使国防部长关于国防工业储备的权力和职责。

E2.1.1.20 依据《美国法典》第10篇第2318节,指派国防后勤局官员或职员担任国防后勤局竞争提倡者。

E2.1.1.21 保管公章,并证实加盖公章的官方国防后勤局档案的真实性。

E2.1.1.22 行使《美国法典》第10篇第2404节授予国防部长的所有权限。

E2.1.2 除非另有说明或法律法规另有规定,国防后勤局局长可以酌情以书面形式重新委托上述权限。

(李宇华 译)

国防部 5105.36 指令——国防合同审计局

签发日期：2010 年 1 月 4 日发布
签发人：国防部常务副部长威廉·林恩三世

1. 目的

依据《美国法典》第 10 篇第 113、191 和 192 节授予国防部长的权限，本指令重新颁布了国防部 5105.36 指令，以更新国防合同审计局的使命、组织管理、职责、职能、关系及权限。

2. 适用范围

本指令适用于国防部长办公厅、各军种部、参谋长联席会议主席办公室及联合参谋部、各作战司令部、国防部总监察长办公室、各国防业务局、国防部各直属单位以及所有隶属国防部的机构（下文统称"国防部各部局"）。

3. 使命

国防合同审计局的主要使命是为公众利益服务，审计国防部的所有合同，并为负责采购和合同管理的所有国防部部局提供关于合同和分包合同的会计和财务咨询服务。这些服务应围绕合同和分包合同的谈判、管理和结算，确保以公平合理的价格花费纳税人缴纳的税款。如有必要，国防合同审计局也为其他联邦机构提供合同审计服务。

4. 组织与管理

a. 国防合同审计局是国防部的一个下设机构。根据国防部 51108.03 指令规定，由国防部主计长/首席财务官领导、管理和控制国防合同审计局。

b. 国防合同审计局由局长及其在国防部长分配的资源内建立的下属机构组成。

c. 在国防部内，除国防合同审计局外，不再设立其他独立的合同审计机构。

5. 职责与职能

国防合同审计局局长应当：

a. 组织、领导和管理国防合同审计局及分配的所有资源。

b. 向国防部负责采购和合同管理的官员提议新的或既有合同和承包商（视具体情况而定）的财务信息和建议，帮助其实现谨慎签订合同的目标。

c. 根据《政府审计准则》《联邦采办条例》《联邦采办条例国防部补充条例》以及其他现行法律法规，审计、检查和/或审查承包商和分包商的账目、记录、文件和其他证据，内部控制制度，会计、成本核算、一般商务活动和程序，合理履行本指令 5.d~5.j 所述的其他职能。

d. 批准、延缓批准或不批准承包商依据成本补偿合同直接提供的报销凭证的费用,并将这些凭证交给出纳主管。

e. 依据本指令 5.b,为提议或既有合同和承包商提供信息和建议,包括但不限于:

（1）重新确定、激励和类似合同所发生成本的可接受性。

（2）合同授予、谈判、修改、变更、管理、终止或结算所发生成本,以及承包商估计的上述事项将发生成本的可接受性。

（3）合同条款的财务或会计方面的适当性。

（4）承包商会计和财务管理制度、估算程序和财产控制的适当性。

f. 帮助采购或合同管理机构调查主要承包商的采购制度。

g. 向有管辖权和有责任采取行动的政府机构提供关于审计结果和建议的审计报告。

h. 与其他相关的国防部部局协调,对承包商的财务状况、财务和会计政策、程序或活动进行审查、审计、分析或质询。

i. 在主要的采购和合同管理办公室设立联络审计员和财务顾问(视具体情况而定)。

j. 审查与重大合同或承包商活动相关的政府问责办公室报告和响应措施建议,确保其实际情况的有效性。

k. 在适当的情况下,以顾问的身份出席并参与合同谈判和其他商讨合同成本、审计报告或相关财务问题的会议。

l. 按照要求,在采购政策和条例制定过程中提供帮助。

m. 向有关机构报告涉嫌欺诈、浪费和滥用事件。

n. 规划和管理国防合同审计局的机构和业务,提高绩效、经济性和效率,证明对顾客(国防部内外)需求的关注。

o. 履行国防部长、副部长或主计长分配的其他职责。

6. 关系

a. 在履行既定职能和职责时,国防合同审计局局长应当:

（1）直接向国防部主计长/首席财务官报告。

（2）与其他国防部部局、其他联邦机构、外国政府和私营组织保持联络,沟通项目、活动和职责的信息。

（3）尽量使用国防部和其他联邦机构现有的系统、设施和服务,避免重复浪费并获得最高的效率和最大的节约。

（4）接受军种部和其他国防部部局的支持和保障。

b. 国防部长办公厅首席参谋助理和其他国防部部局负责人在遇到与国防

合同审计局的运作、职能、职责和项目有关的事项时,应酌情与国防合同审计局局长进行协调。

c. 在根据成本(发生成本或估算成本)或成本分析进行的合同付款和价格谈判、管理和结算时,国防部各部局的采购和合同管理机构应尽量利用国防合同审计局的审计服务。

7. 权限

授予国防合同审计局局长下列权限:

a. 必要时,与国防部各部局负责人直接进行沟通,以履行既定职责和职能,包括提出建议、请求协助与各军种部的沟通,应通过各军种部长、军种部长法定代表或在其他国防部文件中直接由国防部长指定的代表进行传达。与各作战司令部司令官的沟通,通常应通过参谋长联席会议主席进行传达,仅涉及合同审计职能的沟通除外。

b. 在履行既定职责和职能时,应与其他政府官员、立法部门代表、公众人士和外国政府代表(视具体情况而定)进行沟通。与立法部门代表的沟通,应与立法事务助理部长或主计长/首席财务官(视具体情况而定)进行协调,同时要符合国防部立法程序。

c. 依据国防部 8910.01 指示,获取报告和信息,以履行既定职责和职能。

d. 尽量使用其他国防部门的设施和服务,以获得最高的效率和最大的节约。

e. 行使本指令附件 2 包含的行政管理权限。

8. 行政管理

a. 国防合同审计局局长应为文职人员,由主计长/首席财务官提名,由国防部长任命。

b. 任命国防合同审计局的其他人员时,应获得国防合同审计局局长或其委托人员的批准。

9. 发布

无限制。该指令公开发行,并可在国防部指示网站进行下载,网址为 http://www.dtic.mil/whs/directives。

附件 1(略)

附件 2 授权

依据国防部长规定的权限,在国防部主计长/首席财务官的监管、领导和控制下,按照国防部政策和文件,根据国防合同审计局的行政管理和运作需要,授予国防合同审计局局长或代理局长(如果没有局长)下列权限:

a. 保管公章及证实加盖公章的官方记录的真实性。

b. 合理执行 10450 行政令、12333 行政令、12968 行政令和国防部 5200.02 指令规定的监管程序,以及:

(1) 将国防合同审计局的职位指定为"敏感"职位。

(2) 在紧急情况下,任命人员在一定时间内担任国防合同审计局的某个敏感职位,即使是在完全领域调查或其他相关调查(包括国家机构检查)尚未完成的情况下。

(3) 为了国家安全,开展人员保密调查,必要时延缓对分配、指派到国防合同审计局或聘用人员的忠诚调查。本段规定的任何行动在执行时都必须遵守国防部 5200.02-R 文件的规定。

c. 授权与批准:

(1) 依据《联合公务差旅规定》第 1 卷,批准国防合同审计局军职人员的临时任务出差。

(2) 依据《联合公务差旅规定》第 2 卷,批准国防合同审计局文职人员的临时任务出差。

(3) 依据有关规定,与国防合同审计局业务直接相关或有工作关系的非国防部人员提供咨询、建议或其他高度专业性技术服务时的邀请出差。

(4) 依据《美国法典》第 5 篇第 55 章第 5 节和相关人事管理局条例,国防合同审计局文职人员的加班工作。

d. 依据《美国法典》第 37 篇第 412 节等规定,获得国防部长或委托人员批准后,批准资金用于指定或指派国防合同审计局军职人员因参加技术、科学、专业或其他类似组织的会议所产生的费用。

e. 依据《美国法典》第 44 篇第 3102 节和国防部 5015.02 指令,开发、建立并维护有效和持续的《记录管理计划》。

f. 利用政府采购卡为国防合同审计局采购物资和服务(不采购个人服务)(如果这种方法更加有利且与政府利益一致时)。

g. 根据国防合同审计局的有效行政管理与运作需要,在报纸、杂志或其他公开期刊上发布广告、通知或倡议。

h. 依据国防部 5025.01 指令发布国防部文件的政策和程序,为履行既定职能,建立和维护内部出版系统,以颁布公用供应和服务条例、指令和参考文献及其变更。

i. 根据有效履行国防合同审计局职能和职责的需要,与军种部、其他国防部部局或其他联邦政府机构签署保障和服务协议。

j. 就完成国防合同审计局使命所需的物资、设备和服务,直接签署合同或通过军种部、国防部合同管理服务部门或其他联邦机构签署合同(视具体情况而定）。

k. 依据现行法律法规，为国防合同审计局建立并维护适当的财产账户，并任命调查委员会，批准调查报告，减轻个人责任，并减免对授权财产账户中发生损失、损害、盗窃、毁灭或宣布无用的国防合同审计局财产的责任。

l. 依据国防部5200.08指示，以保护国防合同审计局局长管辖范围内的财产和地区，颁布必要的保密条例。

m. 依据现行国防部政策，为促进国防或有利于公众利益，出租国防合同审计局控制的财产。

n. 行使国防部长关于既定雇员的雇佣、领导和行政管理方面的权限。

o. 依据《联邦工资制度》规定的工资标准，按照有关规定，确定不需要按照1949年修正后的工资等级法案分级的员工的薪酬。在确定上述薪酬时，国防合同审计局局长应遵守国防部制定的工资表。

p. 依据有关规定，为加入联邦政府行政部门的人员主持就职宣誓仪式，或法律规定的、与聘用相关的任何其他宣誓仪式，必要时以书面形式委托国防合同审计局官员和雇员履行该职能。

q. 依据人事管理局条例和国防部1400.25指令，设立国防合同审计局奖励委员会，对提出建议，或者有发明创造、优异表现或其他先进个人事迹（包括特殊行动或服务）的，有利于国防合同审计局的政府文职人员，给予现金奖励，并支出合理费用，颁发荣誉纪念品。

r. 依据国防部5105.04指示等有关规定，在获得国防部长或行政管理局局长批准后，设立咨询委员会，聘用临时或定期专家或顾问，以履行国防合同审计局的职能。

s. 除非另有规定，或法律、行政命令、法规禁止，酌情以书面形式重新委托上述权限。

（张玉华 译）

国防部 5105.73 指令——国防技术信息中心

签发日期:2013 年 5 月 2 日发布

签发人:国防部常务副部长阿什顿·卡特

1. 目的

依据《美国法典》第 10 篇(参考文献[a])授予国防部长的权限,该指令重新颁布了国防部 5105.73 指令(参考文献[b]),以更新国防技术信息中心的使命、组织管理、职责和职能、关系、权限及行政管理。

2. 适用范围

该指令适用于国防部办公厅、各军种部、参谋长联合会议主席、各作战司令部、国防部总监察长办公室、各国防机构、国防部各直属单位以及其他隶属国防部的组织实体(下文统称"国防部各部局")。

3. 使命

国防技术信息中心是国防部研究与工程助理部长的中央科学、研究与工程情报支持办公室,帮助国防部研究与工程助理部长履行国防部 5134.3 指令(参考文献[c])规定的职责,并执行国防部 3200.12 指令和国防部 3200.14 指示(参考文献[d,e])规定的国防部科学与技术信息计划的功能。

4. 组织与管理

a. 国防技术信息中心是根据参考文献[a]第 191 和 192 节建立的一个国防部直属单位,国防部研究与工程助理部长在国防部采办、技术与后勤副部长的领导下,指挥控制国防技术信息中心。

b. 国防技术信息中心由行政主管和由行政主管在国防部长分配的资源内建立的下属机构组成。

5. 职责与职能

国防技术信息中心行政主管负责:

a. 在国防部科学、研究与工程信息的获得、储存、检索和分配服务、数据库和系统方面,充当国防部长,国防部采办、技术与后勤副部长和国防部研究与工程助理部长的首席顾问,支持国防部的研究、开发、试验评估和学习计划。

b. 提供系统、技术和分析工具,促进科学家、工程师和作战人员体系内的信息和观念交换,为发现、传播和协调提供便利。

c. 开发并提供国防部长办公厅首席参谋助理批准或指示的,或国防部各部局领导要求的专业化信息系统支持。

d. 为国防部科学与技术信息计划政策制定提供人员支持。

e. 依据该指令,规划、组织、指挥和管理国防技术信息中心及分配的所有资源。

f. 提供满足使命要求所需资源的规划、计划、预算、会计和报告,并通过国防部研究与工程助理部长,向国防部主计长/首席财务官和成本评估与计划鉴定主任,提交规划、计划、预算和执行流程文件。

g. 促进国防部内部,以及与其他联邦机构和文职人员体系之间,关于国防技术信息中心事项的协调、合作和理解。

h. 为国防部理事会、委员会和其他团体提供国防技术信息中心活动、职能和职责方面的服务。

i. 依据国防部长对国防部业务局和国防部直属单位两年复审的要求:

(1) 设计和管理国防技术信息中心项目和活动,以提高绩效、节约和效率标准。

(2) 证明国防技术信息中心关注国防部内外组织客户的需求。

j. 履行国防部长,国防部采办、技术与后勤副部长或国防部研究与工程助理部长分配的其他职责。

6. 关系

a. 在履行既定职责和职能时,国防技术信息中心主任应:

(1) 直接向国防部研究与工程助理部长报告。

(2) 保证国防部各部局知晓其负有间接或相关职能的国防技术信息中心活动。

(3) 根据需要和国防部5530.03指令(参考文献[f]),与美国政府的其他主要科学信息机构、北约成员国和其他盟国,以及其他政府和非政府机构建立并维护适当联络、咨询和协调,以交换既定职责方面的信息。

(4) 在可能的情况下,使用国防部和其他联邦机构现有的设施和服务,以避免重复浪费并获得最高的效率和最大的节约。

b. 其他国防部部局负责人在遇到其管辖范围内的,且与本指令中规定的相关职责和职能相关的所有事项时,与国防技术信息中心主任进行协调。

7. 权限

国防技术信息中心主任被授予下列权限:

a. 必要时,与国防部各部局负责人直接进行沟通,以履行既定职责和职能,包括建议和帮助请求的传递。与各军种部的沟通,应通过各军种部长、法律规定的各军种部长代表或在其他国防部发布的文件中直接由国防部长指定的代表进行传达。与各作战司令部司令官的沟通,必须遵守国防部5100.01指令(参考文献[g])第4b(3)段规定。

b. 在履行既定职责和职能时,应酌情与其他政府官员、州和地方官员、公众人士和外国政府代表进行沟通。与立法部门代表的沟通,应与国防部主计长/首席财务官办公室进行协调,通过国防部立法事务助理部长办公室进行。

c. 必要时,依据国防部 8910.01 指示(参考文献[h])获取报告和信息,以执行既定职责和职能。

d. 行使本指令附件 2 包含的行政管理授权。

8. 行政管理

a. 由国防部研究与工程助理部长选任国防技术信息中心行政主管。

b. 依据国防部 4000.19 指示(参考文献[i]),其他国防部各部局可以通过支持和军事间协议,为国防技术信息中心提供行政支持。

9. 可发布性

无限制。本指令获准公开发行,可在国防部指示网站进行下载,网址为 http://www.dtic.mil/whs/directives。

10. 生效日期

本指令:

a. 自 2013 年 5 月 2 日起生效。

b. 依据国防部 5025.01 指令(参考文献[j]),必须在出版之日起 5 年内重新颁布、作废或证实现行。否则,本指令将于 2023 年 5 月 2 日失效,并将从国防部发行文件网站上删除。

附件 1(略)

附件 2　授权

依据国防部长既定权限,在国防部采办、技术与后勤副部长的领导下,由国防部研究与工程助理部长指挥和控制,且按照国防部政策和发行文件,根据国防技术信息中心的行政管理和运作需要,特此授予国防技术信息中心主任或(在没有主任的情况下)代理主任下列权限:

a. 酌情依据第 10450 行政令(参考文献[k])、12968 行政令(参考文献[l])、国防部 5200.02 指示(参考文献[m])和国防部 1400.25 指令第 731 册(参考文献[n]):

(1) 合理指派国防技术信息中心的所有职位。

(2) 在调查和评判过程完成前必须履行官方职能的特殊情况下,授权正在接受适当调查者在一定时期内临时担任国防技术信息中心的敏感职位。

(3) 开展人员安全调查,为了国家安全,必要时延缓对分配、指派给国防技术信息中心或国防技术信息中心雇佣人员的安全调查。执行本段规定的任何行动时,必须遵守国防部 5200.02-R 文件(参考文献[o])所述的程序。

b. 授权与批准：

（1）情报技术信息中心文职人员出差,应遵守《联合公务差旅规定》第 2 卷（参考文献[p]）的相关规定。

（2）与国防技术信息中心能力建设直接相关或有一定关系的非国防部人员,受邀出差提供咨询、建议或其他高度专业性技术服务,应遵守参考文献[p]）的相关规定。

（3）国防技术信息中心文职人员的加班工作,应遵守《美国法典》第 5 篇第 5542 节（参考文献[q]）和《联邦法规》（参考文献[r]）第 5 篇第 550 节的相关规定。

c. 依据《美国法典》第 44 篇第 3102 节（参考文献[s]）和国防部 5015.02 指示（参考文献[t]）制定、建立并维护有效和持续的《记录管理计划》。

d. 依据《联邦采办条例》第 13.301 节和《国防部补充条例》第 213.301 节（参考文献[u]）,包括《建立和管理采购、差旅和加油卡计划用国防部政府签帐卡指南》（参考文献[v]）,使用政府商业采购卡。

e. 依据参考文献[s]第 3702 节,根据试验资源管理中心的有效行政管理与运作需要,授权在报纸、杂志或其他公共期刊上发布广告、通知或提案。

f. 为履行既定职能,建立和维护适当的出版系统,以颁布公用供应和服务条例、指令和参考文献及其变更,与参考文献[j]所述的政策和程序类似。

g. 依据《美国法典》第 31 篇第 1535 节（参考文献[w]）和参考文献[i],为有效履行国防技术信息中心职能和职责,与其他国防部各部局或其他非国防部联邦政府部门和机构,签署军种间和政府间支持协议,作为协议的接收方或供应方。

h. 就完成国防技术信息中心使命所需的供应品、设备和服务,酌情通过军种部、国防部合同管理服务部门或其他联邦机构签署并管理合同。如法律或行政令明确限制军种部部长级行使上述权限,则必须由适当的副国防部长或助理部长行使上述权限。

i. 依据现行法律法规,为国防技术信息中心建立并维护适当的财产账户,并任命调查委员会,批准调查报告,减轻个人负债,并降低对授权财产账户中发生损失、损害、盗窃、毁灭或宣布无用的国防技术信息中心财产的责任。

j. 依据国防部 5200.08 指示（参考文献[x]）,颁布必要治安条例,以保护国防技术信息中心主任管辖范围内的财产和地区。

k. 行使联邦勤务总署署长委托给国防部长处置剩余私有财产的权限。

l. 除非另有说明或法律法规禁止,国防技术信息中心主任可以书面形式重新委托上述权限。

（谢冰峰 译）

国防部 5134.10 指令——国防高级研究计划局

签发日期：2013年5月7日发布

签发人：国防部常务副部长阿什顿·卡特

题目：国防高级研究计划局

1. 目的

国防部长依据《美国法典》第10篇（参考文献[a]）授权本指令取代原国防部5134.10指令（参考文献[b]），规范国防高级研究计划局（DARPA）的使命、组织与管理、职责与职能、工作关系、管理权力。

2. 适用范围

本指令适用于国防部长办公厅、军种部、参谋长联席会议、各作战司令部、国防部总监察长办公室、国防部直属业务局、国防部直属机构以及国防部其他实体下属机构（以下统称"国防部各部局"）。

3. 使命

DARPA作为国防部的研究与开发组织，基本职责就是维持美国相对于对手的技术优势。

4. 组织与管理

依照《美国法典》第10篇（参考文献[a]）第191节和第192节，以及国防部5134.01指令（参考文献[c]）和国防部5134.03指令（参考文献[d]），DARPA作为隶属于国防部的直属业务局，在采办、技术与后勤副国防部长的授权、指挥与控制下，受研究与工程助理国防部长直接领导。DARPA设有一名局长，由局长利用国防部长赋予的资源，组建下属机构。

5. 职责与职能

DARPA局长的职责是：

a. 组织、领导和管理DARPA，以及本指令赋予DARPA的所有资源。

b. 开展可能对未来国家安全产生重大影响的有创造性和革新性的研究与开发项目，而不局限于目前已知的需求。

c. 组织开展革命性的、高风险、高回报的研究，在基础性科学发现与军事应用之间架起桥梁。

d. 采用有创新性的业务管理策略，如雇佣和轮换创新性人员，保证人才和思想不断更新，以减少DARPA研发项目的成本和周期，提高研发项目的影响力，并谋求将成功的研发项目尽快转交给各军种部或国防部业务局。

e. 就DARPA发起或指定的研究项目，为其他国防部其他部门提供适当的指南和帮助。

f. 通过研究与工程助理国防部长和采办、技术与后勤副国防部长,向国防部长提供有关国防高级研究计划局研究项目分配的建议。

g. 对分配给各军种部、其他政府部门、个人、私有企业、大学、科研机构的 DARPA 项目,开展相应的实施与监督工作,但要考虑到各军种部的基本职能。

h. 依据军事需求和对国家安全的影响大小,考虑满足需求所需要的工业基础或商业基础,安排先期研究计划,决定技术投资优先顺序。

i. 预测、计划未来军事指挥官可能需要什么样的能力,通过技术演示验证加快这些能力的研发速度。开展有可能适用于联合项目、部署部队支持项目、军种特定项目的演示验证计划,并在受到请求时,为军种部的样机项目提供帮助。

j. 当开展的研发项目取得重大新发现、新突破、新技术进展,或者某项目达到初期作战能力时,向研究与工程助理国防部长和国防部其他部门进行通报。

k. 按照规定的程序,准备国防高级研究计划局的年度计划预算评估,包括项目拨款优先顺序安排,并提交给副国防部长(主计长)/首席财务官。

l. 依据国防部长关于国防部业务局和国防领域相关活动的两年一度评审的要求,安排和管理国防高级研究计划局项目和活动,以实现以下目的:

(1) 提高性能、效益和效率。

(2) 证明 DARPA 致力于满足其既定用户的需求

m. 履行国防部长、常务副国防部长以及采办、技术与后勤副国防部长和研究与工程助理国防部长交予的其他职责。

6. 工作关系

a. 为履行其既定的职责与职能,国防高级研究计划局局长应:

(1) 直接向研究与工程助理国防部长报告。

(2) 合适时可利用国防部和其他政府部门现有的系统、设施和服务,以避免重复建设,获取最大的效率与效益。

(3) 与具有相关职责和职能的国防部其他部门领导以及国防部长办公厅主要参谋助理人员,进行协调与沟通。

b. 国防部其他部门领导以及国防部长办公厅主要参谋助理人员,与国防高级研究计划局局长协同,处理所有在其职权范围内的与国防高级研究计划局职能职责相关的事务。

c. 军种部长以及其他国防部部局领导应:

(1) 在各自职责领域内,利用拥有的资源,为国防高级研究计划局局长提供帮助与支持,协助其按照以上安排履行国防高级研究计划局的职能和职责。

(2) 管理下属机构、人员遵循 7(c)条款中制定的程序。

7. 职权

DARPA 局长被授予以下职权：

a. 协同军种部、国防部其他业务局或者其他联邦政府的组织机构，执行既定的工作命令。

b. 根据需要，在国防高级研究计划局范围内为高级研究项目分配经费。

c. 依据对国防部的相关政策和指示，就国防高级研究计划局工作相关的事宜，为 DARPA、各军种部以及其他国防部研发机构制定相关沟通程序。

d. 遵照《联邦采办条例》2.1 节和《联邦采办条例国防部补充条件》202.101 节相关规定，作为一个国防部业务局和合同签订单位的负责人（参考文献[e]）。

e. 依据实际情况和国防部指示，直接采办或通过一些军种部门、政府机构间接采办一些经过批准的研制、开发和试验所需的设备、设施。

f. 根据国防部 8910.01 指示要求，在必要时，获得履行其职责所需要的报告和信息。

g. 必要时，直接与国防部各部局领导联系，以履行其职责，包括发出建议与援助请求。与军种部联系，应通过军种部长或其指定人员，或法律和国防部指示规定的国防部长指派人员。与作战司令部指挥官的联系，应遵照国防部 5100.01 指令有关规定。

h. 必要时，与其他行政部门官员、公众、外国政府代表、外国科研单位和非国防部科研单位联系，以履行其职责。与立法部门代表联系，应通过立法事务助理部长协调，并与国防部立法计划保持一致。

i. 依据《美国法典》第 15 篇第 3710a 节行使国防实验室主任的权力，依据《美国法典》第 10 篇第 137 章行使国防部业务局领导的权力。

j. 负责与其他业务局、大学、非盈利机构以及其他参与和支持国防高级研究计划局任务的组织签订资助协议、合作协议和其他协议。负责对《美国法典》第 10 篇第 2358、2371 和 2373 节明确的工作任务制定程序。

k. 行使本指令附件 2 中涉及的管理授权。

8. 行政管理

a. 国防部长根据采办、技术与后勤副国防部长和研究与工程助理国防部长的建议，选取国防高级研究计划局局长（文职官员）。

b. 军种部长根据履行联合管理职责的授权和任命流程，对国防高级研究计划局中军事人员的任命提出建议，最终由国防高级研究计划局批准任命。

c. 从 DARPA 接受资金的国防部其他部门，应在相关财务和会计系统中，准确、完整、及时地记录账务状况，以支持国防高级研究计划局的会计财务工作。国防部相关部门要开展内部控制，确保国防高级研究计划局财务信息完整，并符合国防部 7000.14-R 要求。

d. 依据国防部 4000.19 指示,国防部其他部门通过签订跨军种协议对国防高级研究计划局提供管理支持。

9. 发布

本指令经批准公开发布,并且可以通过因特网从国防部网站获取,网址为 http://www.dtic.mil/whs/directives。

10. 生效日期

a. 本指令自 2013 年 7 月 13 日生效。

b. 依据国防部 5025.01 指示,本指令在发布 5 年之内必须重新发布、取消或者被证合格。否则,本指令将在 2023 年 7 月 1 日废止,并从国防部网站撤除。

附件 1(略)

附件 2 授权

经国防部长授权,在采办、技术与后勤副国防部长和研究与工程助理国防部长办公室的授权、指挥与控制下,依据国防部相关政策和法令,国防高级研究计划局局长,或当局长缺席时,与局长职能相同的人员在国防高级研究计划局管理和运营方面,履行以下权限:

a. 依照《美国法典》第 10 篇第 173 节和第 174 节、《美国法典》第 5 篇 3109(b)节、《联邦咨询委员会法》、国防部 5105.04 指示(参考文献[m])以及国防部 5105.18 指示(参考文献[n]),必要时,经国防部长或行政管理部门长官批准,采用咨询委员会、临时性雇佣专家或顾问等方式,履行 DARPA 的职责。

b. 依照总统 10450 行政令(参考文献[o])、总统 12968 行政令(参考文献[p])以及国防部 5200.02 指示(参考文献[q]),行使以下职责:

(1) 指定国防高级研究计划局某些职位为敏感职位。

(2) 在调查和裁决程序走完前必须履行官方职能的特定情况下,可把国防高级研究计划局的一个敏感职位在短期内临时性地授予正在对其开展相关调查的个人。

(3) 对职员进行安全调查。必要时,为确保国家安全利益,可延迟对所分配、选派到 DARPA 或其雇佣的人员进行安全调查。本规定指导的任何行动都应遵循国防部 5200.2-R 所规定的程序。

c. 授权和批准:

(1) 分配或选派到国防高级研究计划局的军职人员公务出差,应遵循《联合公务差旅规定》第 1 卷(参考文献[s])规定。

(2) 国防高级研究计划局文职人员出差,应遵循《联合公务差旅规定》第 2 卷(参考文献[t])规定。

(3) 邀请非国防部人员参与 DARPA 活动直接相关的咨询、顾问或其他高度专业化技术服务,应遵循《联合公务差旅规定》第 2 卷(参考文献[t])规定。

(4) 国防高级研究计划局文职人员加班工作,应遵循《美国法典》第5篇(参考文献[1])第5542节和《联邦法规汇编》第5篇550节规定。

d. 审批DARPA军职人员参加技术、科学、专业会议的差旅费,或国防部长及其指定代表批准的类似机构会议的差旅费,应遵循参考文献[v]和参考文献[1]的要求。

e. 依照《美国法典》第44篇第3102节(参考文献[w])和国防部5015.02指令(参考文献[x]),开发、建立并维持一个可持续发展的报告管理系统。

f. 当方便和符合政府最大利益时,使用政府范围采购卡为国防高级研究计划局支付除了劳务费外的材料和服务。

g. 依照《美国法典》第44篇第3702节(参考文献[w]),授权在报纸、杂志或者其他公共刊物上刊登广告、通知或项目招标书,以满足高效管理和运营国防高级研究计划局的要求。

h. 在职能范围内,建立和维持合适的内部出版系统,以发行国防高级研究计划局的规章、指示和参考文献及其修订情况,与国防部5025.01指令(参考文献[k])规定的政策和程序相似。

i. 依照《美国法典》第31篇第1535节(参考文献[y])和参考文献[j],与其他国防部部门、非国防部的联邦政府部门和机构,州政府和当地政府一起,作为接收方或供应方,参与签订部门间和政府间的支持协议,以高效履行DARPA职能与任务。

j. 直接或者通过军方部门、国防部合同管理服务部门或者其他联邦机构,间接参与和管理满足国防高级研究计划局任务要求的补给、装备和服务合同。在法律或总统行政令特别限制军种部长级别授权时,必须经副国防部长或助理部长级别官员授权。

k. 行使联邦勤务总署署长委托给国防部长的权力,应遵循《联邦管理条例》102-75.1055(参考文献[z])关于处理个人权力部分。

l. 为保护公民、信息、财产和位置,以国防高级研究计划局局长权限实施安全项目,发布必要的安全规章,应遵循国防部5200.08指示,国防部2000.12指示和国防部5200.01指示(参考文献[aa,ab,ac]和参考文献[q])。

m. 为DARPA建立和维持适当的财产账户,对账户中因丢失、损坏、被盗、毁坏或者其他方式不能再使用的财产,委任调查委员会,批准调查报告,减轻个人责任以及进行免责处理等,应遵循合适的法律和规章。

n. 除非另有特别说明,或者其他法律或条例禁止,才能视情以书面形式重新授权。

(谢冰峰 张成鲁 刘同 白舸 译
张代平 校)

参 考 文 献

[1] DoD Test and Evaluation Management Guide[M].6th ed.DOD,DAU,Dec 2012.
[2] DOD Test Resource Management Center Annual Report[R].DOD Test Resource Management Center,2015.
[3] John B.Defense Acquisition Reform and its Impact on Test and Evaluation[R].Foulkes Director Test Resource Management Center,Dec 8,2009.
[4] Test and Evaluation Master Plans Format Policy Memorandum[Z].USAF,Policy and Program Division, Apr 2010.
[5] Gordon M Kranz.DCMA's Role in the DoD Acquisition Program Management Process[Z]. November 10,2010.
[6] Fiscal Year 2015 Budget Estimates,Defense Contract Management Agency (DCMA),2015. 2
[7] Defense Acquisition Guidebook[Z]. 2013.
[8] Defense Acquisition Structures And Capabilities Review [Z]. 2007.
[9] Defense Acquisition Guidebook[EB/OL].http://akss. dau. mil/DAG/.
[10] How the Army Runs-A senior Leader Reference Handbook[M]. U. S. Army War College,2009.
[11] THE DEPUTY ASSISTANT SECRETARY OF THE NAVY. Department of the Navy-Acquisition and Capabilities Guidebook,SECNAV M-5000. 2 [Z].Dec 2008.
[12] USAF. United States Air Force Project Managers' Guide for Design and Construction[Z]. 2008.
[13] Directive-Type Memorandum (DTM) 09-025 - Space Systems Acquisition Policy (SSAP)[Z]. OCTOBER 18 2010.
[14] Air Force Instruction 63-101[Z]. The Secretary Of The Air Force,2009.
[15] Air Force Instruction 63-501[Z]. The Secretary Of The Air Force,2009.
[16] Army Regulation 70-1,Army Acquisition Policy[Z].31 December 2003.
[17] Department of the Army,Pamphlet 70-3,Army Acquisition Procedures[Z].28 January 2008.
[18] NAVAIR ACQUISITION GUIDE 2006/2007[Z].20 Sep 2006.
[19] PETER J SCHOOMAKER. Product Assurance-Army Quality Program[R]. 2007.
[20] Defense acquisition structures and capabilities review addendum[R]. june 2007.
[21] Introduction to defense acquisition management [M].10th ed. AUGUST 2010.
[22] DoDI 5000. 2,the Operation of Defense Acquisition System[Z].Jan 2015.
[23] DoDD 5105. 02,DEPUTY SECRETARY OF DEFENSE[Z].2015.
[24] DoDD 5134. 01,UNDER SECRETARY OF DEFENSE FOR ACQUISITION,TECHNOLOGY,AND LOGISTICS (USD(AT&L))[Z]. 2005.
[25] DoDD 5134. 3,DIRECTOR OF DEFENSE RESEARCH AND ENGINEERING (DDR&E) [Z]. 2003.
[26] DoDD 5134. 08,ASSISTANT SECRETARY OF DEFENSE FOR NUCLEAR,CHEMICAL,AND BIOLOGICAL DEFENSE PROGRAMS (ASD(NCB))[Z]. 2009.

[27] DoDD 5134.09, MISSILE DEFENSE AGENCY (MDA)[Z]. 2009.
[28] DoDD 5134.10, DEFENSE ADVANCED RESEARCH PROJECTS AGENCY (DARPA)[Z]. 2013.
[29] DoDD 5134.12, ASSISTANT SECRETARY OF DEFENSE FOR LOGISTICS AND MATERIEL READINESS (ASD(L&MR))[Z]. 2000.
[30] DoDD 5134.13, DEPUTY UNDER SECRETARY OF DEFENSE FOR ACQUISITION AND TECHNOLOGY (DUSD(A&T))[Z]. 2005.
[31] DoDD 5124.02, UNDER SECRETARY OF DEFENSE FOR PERSONNEL AND READINESS (USD(P&R))[Z]. 2008.
[32] DoDD 5124.08, PRINCIPAL DEPUTY UNDER SECRETARY OF DEFENSE FOR PERSONNEL AND READINESS (PDUSD(P&R))[Z]. 2009.
[33] DoDD 5124.09, ASSISTANT SECRETARY OF DEFENSE FOR READINESS AND FORCE MANAGEMENT[Z]. 2014.
[34] DoDD 5143.01, UNDER SECRETARY OF DEFENSE FOR INTELLIGENCE (USD(I))[Z]. 2014.
[35] DoDD 5143.02, PRINCIPAL DEPUTY UNDER SECRETARY OF DEFENSE FOR INTELLIGENCE (PDUSD(I))[Z]. 2010.
[36] DoDD 5105.19, DEFENSE INFORMATION SYSTEMS AGENCY (DISA) [Z]. 2006.
[37] DoDD 5105.21, DEFENSE INTELLIGENCE AGENCY (DIA)[Z]. 2008.
[38] DoDD 5105.22, DEFENSE LOGISTICS AGENCY (DLA)[Z]. 2006.
[39] DoDD 5105.36, DEFENSE CONTRACT AUDIT AGENCY (DCAA)[Z]2010.
[40] DoDD 5105.62, DEFENSE THREAT REDUCTION AGENCY (DTRA)[Z]. 2013.
[41] DoDD 5105.64, DEFENSE CONTRACT MANAGEMENT AGENCY (DCMA)[Z]. 2013.
[42] DoDD 5105.71, DEPARTMENT OF DEFENSE TEST RESOURCE MANAGEMENT CENTER (TRMC)[Z].2004.
[43] DoDD 5105.82, DEPUTY CHIEF MANAGEMENT OFFICER (DCMO) OF THE DEPARTMENT OF DEFENSE[Z].2008.
[44] DoDD 5105.84, DIRECTOR OF COST ASSESSMENT AND PROGRAM EVALUATION (DCAPE)[Z].2012.
[45] DoDD 5240.01, DOD INTELLIGENCE ACTIVITIES[Z].2007.
[46] DoDD 5125.01, ASSISTANT SECRETARY OF DEFENSE FOR RESERVE AFFAIRS (ASD(RA))[Z].2006.
[47] DoDD 5122.05, ASSISTANT SECRETARY OF DEFENSE FOR PUBLIC AFFAIRS (ASD(PA))[Z].2008.
[48] DoDD 5100.87, DEPARTMENT OF DEFENSE HUMAN RESOURCES ACTIVITY (DoDHRA)[Z].2008.
[49] DoDD 5141.02, DIRECTOR OF OPERATIONAL TEST AND EVALUATION (DOT&E)[Z].2009.
[50] DoDD 5142.01, ASSISTANT SECRETARY OF DEFENSE (LEGISLATIVE AFFAIRS) (ASD(LA))[Z].2006.
[51] DoDD 5118.05, DEFENSE FINANCE AND ACCOUNTING SERVICE (DFAS)[Z].2012.
[52] DoDD 5118.07, PRINCIPAL DEPUTY UNDER SECRETARY OF DEFENSE (COMPTROLLER) (PDUSD(C))[Z].2010.
[53] http://www.defense.gov/About-Dod/Biograhies/Biography-View/Article/602736.

[54] http://www.cape.osd.mil/.

[55] http://www.dfas.mil/.

[56] http://www.acq.osd.mil/DPAP/Defense Pricing.

[57] http://www.acq.osd.mil/ie/fim/program_areas.shtm.

[58] http://www.hci.mil/.

[59] http://www.acq.osd.mil/asda/.

[60] http://www.acq.osd.mil/mibp/.

[61] http://www.acq.osd.mil/osbp/.

[62] http://www.acq.osd.mil/dpap/.

[63] http://ww3.safaq.hq.af.mil/.

[64] http://www.army.mil/asaalt.

[65] http://www.secnav.navy.mil/mra/bcnr/Pages/default.aspx.

[66] 中国国防科技信息中心. 装备财务预算制度改革研究[R].北京:中国国防科技信息中心,2016.

[67] 邱蜀林,廖永东. 世界典型国家国防费管理研究[M].北京:军事科学出版社,2016.

[68] 总装备部财务理论研究中心. 总装备部财务理论研究论文集(2013年度)[C].北京:国防工业出版社,2015.

[69] 翟钢. 美国国防费管理概况[M].北京:国防工业出版社,2007.

[70] 谢文秀,张跃东. 装备经济管理[M].北京:国防工业出版社,2010.

[71] 大卫·S·索伦森.国防采办的过程与政治[M].陈波,王沙骋,译. 北京:经济科学出版社,2013.

[72] 财政部国防司,中国国防科技信息中心. 世界主要国家(地区)军费管理概况[M].北京:国防工业出版社,2003.

[73] 军事科学院外国军事研究部. 美国军事基本情况研究[M].北京:军事科学出版社,2013.

[74] 朱建新,王晓东. 各国国家安全机构比较研究[M].北京:时事出版社,2009.

[75] 任国军. 美国联合作战情报支援研究[M].北京:军事科学出版社,2010.

[76] 赵超阳,等. 变革之路—美军装备采办管理重大改革与决策[M].北京:国防工业出版,2014.

山石系列公开出版书目

国防采办辞典
——张玉华、李明、王江山、苟旭慧、邹国晨、周开郢、陈耀初

现代武器项目管理概论
——张玉华、薛荆枝、李明等

美军高技术装备项目管理概览
——吕彬、张代平、魏俊峰、王磊、姬鹏宏、张玉华、程享明、李宇华、刘洁、曹金霞、周德勇、周静

英国武器装备采办管理
——程享明、王磊、李宇华、周德勇、周静

装备采购风险管理理论和方法
——吕彬、李晓松、陈庆华

军民融合式装备保障论
——吕彬、肖振华

线性规划问题的正则型算法
——吕彬、郭全魁、陈磊

美国国防预研管理
——张代平、吕彬、魏俊峰

军民融合式武器装备科研生产体系评价
——李晓松、吕彬、肖振华

武器装备多维透视
——赵超阳、魏俊峰、韩力

变革之路：美军装备采办管理重大改革与决策
——赵超阳、谢冰峰、王磊、魏俊峰、刘文平、李宇华

美军武器装备采办里程碑节点审查
——李维、吕彬

西方国家军民融合发展道路研究

——吕彬、李晓松、姬鹏宏

跨越现实与未来的边界：美国国防高级研究计划局透视
——魏俊峰、赵超阳、谢冰峰、海碧、董齐光、张成鲁、齐卓砾

2014年世界国防费发展报告
——张玉华、王阳、海碧、董齐光

美军武器装备信息化建设管理与改革
——王磊、吕彬、程享明、张代平、詹鸣、靳飞、卢胜军、李晓松、谢冰峰、李宇华

钱学森情报思想及其应用研究
——卢胜军、栗琳

美军装备价格管理研究
——张玉华、朱锐、齐洋、张宇、董齐光、海碧、王阳、周磊、刘文平

世界国防科技管理领域发展报告(2016)
——张代平、赵超阳、魏俊峰、王磊、谢冰峰等

美国国防采办相关组织机构研究
——赵超阳、李宇华、王磊、谢冰峰、张代平、魏俊峰、李杏军、朱斌、张玉华、程享明、卢胜军、冯靖、董齐光、强弢、蔡文君

(以上图书除《钱学森情报思想及其应用研究》由航空工业出版社出版外，其它均由国防工业出版社出版)

待出
美军装备采办绩效评估研究
美国国防科研机构管理研究
科技军民融合前沿报告